ACT BIG!

Der aus Wiesbaden stammende Motivationspsychologe *Dr. Marc Stollreiter* studierte und lehrte an der Universität Wien. Er ist erfolgreicher Buchautor im Bereich Selbstmanagement und führt die Stollreiter Academy in Essen, in der er Coachs und Mentaltrainer ausbildet. Der Trainer und Berater ist auch ein gefragter Vortragsredner.

www.stollreiter-academy.com

Marc Stollreiter

ACT BIG!

Das oscarverdächtige Programm
für mehr Glück und Erfolg

Campus Verlag
Frankfurt/New York

ISBN 978-3-593-39928-7

Umschlaggestaltung: Guido Klütsch, Köln
Umschlagmotiv: © getty images
Satz: Fotosatz L. Huhn, Linsengericht
Gesetzt aus: Sabon und Helvetica
Druck und Bindung: Beltz Bad Langensalza
Printed in Germany

Dieses Buch ist auch als E-Book erschienen.
www.campus.de

Für meine Lebensgefährtin Kali Meteling. Durch deinen unerschütterlichen Glauben an mich hast du mich den Helden in mir um Jahre früher entdecken lassen.

Inhalt

Vorspann

»Jeder, der das wirklich tut, wozu er fähig ist, ist ein Held.«

Hermann Hesse

Wieso heißt der Titel dieses Buchs *Act Big!* und nicht etwa *Think Big?* Think Big wird im Geiste des »Höher, schneller, weiter« betrieben. Demnach ist ein Unternehmen erfolgreicher, wenn es mehr Mitarbeiter beschäftigt oder mehr Umsatz macht. Gemäß dem gängigen Verständnis von Think Big wäre ein Buch dann als besser anzusehen, wenn es in möglichst viele Sprachen übersetzt wird und möglichst viele Exemplare verkauft werden. Doch diese Art von Erfolgsdenken ist eindimensional. Größe ist unbestritten ein Erfolgskriterium – aber eben nur eines unter vielen. Bei Act Big! geht es hingegen in erster Linie um die Größe Ihrer *Persönlichkeit.*

Wie kommt es, dass Menschen in eine Midlife-Crisis schlittern? Die Betroffenen erreichen einen Punkt in Ihrem Leben, an dem sie bemerken, dass sie zwar große Ziele im Sinne von Think Big erreicht haben: Sie haben beispielsweise ein Unternehmen gegründet, Kinder großgezogen, einen sportlichen Wettbewerb gewonnen et cetera. Aber der Erfolg erfüllt sie nicht, er fühlt sich hohl an, denn er ist nicht mit einer ethisch wertvollen Lebensvision unterfüttert. Äußere Erfolge fühlen sich nur dann gut an, wenn sie aufgrund innerer Werte, wie etwa Integrität, Verantwortungsbewusstsein oder sozialem Engagement, zustande gekommen sind.

Alexander der Große ordnete an, seine leeren Hände durch zwei Löcher aus dem Sarg heraushängen zu lassen – damit alle Welt sehen möge, dass er trotz all seiner Eroberungen nichts erreicht hatte, sondern im Grunde genommen immer nur noch ärmer geworden war. Da sich jeder einzelne Feldzug um seine egoistischen Ziele gedreht hatte, konnte er letztlich nichts von

Wert für sich gewinnen. Wenn ich also davon spreche, dass Sie durch Act Big! große Erfolge erzielen können, dann geht es nicht allein um äußerlich sichtbare Erfolge wie ein großes Haus, gesunde Kinder oder einen angesehenen Job, sondern es geht darum, innere Erfolge zu erzielen, die dann äußere Erfolge bewirken. Die Siege über sich selbst sind bekanntlich die schönsten. In Geschichten wie *Star Wars* (Luke Skywalker vs. Darth Vader), *Herr der Ringe* (Frodo vs. Sauron) oder *Die Matrix* (Neo vs. Agent Smith) geht es genau um diesen Kampf der hellen Seite gegen die dunkle Seite der Macht, von Gut gegen Böse. Analoges gilt für zahlreiche überlieferte Märchen. Haben Sie diese Geschichten auch begeistert? Kein Wunder, denn jeder Mensch möchte im Grunde seines Herzens ein Held sein. Act Big! zu beherzigen bedeutet nicht unbedingt, dass Sie Ruhm und Anerkennung ernten werden (denn dies geschieht oft erst nach Ihrem Tod, wie im Falle vieler Komponisten, Nobelpreisträger und anderer großer Persönlichkeiten), sondern dass Sie sich mutig daran machen, Ihre Lebensträume und Ihre Vision für eine bessere Welt zu verwirklichen. Jeder Versuch zählt – auch wenn man das eine oder andere Mal scheitert. Es ist Ihre Einsatzbereitschaft, die Sie am Ende Ihres Lebens in jedem Fall zufrieden sein lässt, selbst wenn Sie nicht alles umgesetzt haben sollten, was Ihnen wichtig gewesen wäre. Sie haben sich nichts vorzuwerfen. Nur wenn Sie sich nicht zu 100 Prozent eingesetzt haben, werden Sie sich als Versager fühlen, egal wie groß Ihr äußerer Erfolg gewesen sein mag. Sie sehen also: Sinnkrisen sind nicht gegen uns, sondern lediglich eine Einladung, noch bewusstere Lebensentscheidungen zu treffen.

Das Wissen darum, dass Sie sich zu 100 Prozent ins Leben gestürzt haben, gibt Ihnen das Gefühl, wirklich gelebt zu haben. Genau das also macht Ihr Heldentum aus: Dass Sie bereits ins Handeln kommen, während andere noch zweifeln, ob sich die Anstrengung bezahlt machen wird. Das Motto »Der Weg ist das Ziel« beschreibt es perfekt. Es geht nicht um das Ergebnis, sondern um Ihren Wachstumsprozess. Ein hervorragendes Resultat ist eine natürliche Folge von konsequenten Bemühungen. Um konsequent zu sein, müssen Sie mitunter radikale Entscheidungen treffen und sich von allem Unwesentlichen trennen. Das können Sie jedoch nur, wenn Sie tief genug in Ihrem Inneren schürfen und eine Lebensaufgabe für sich erkennen. Act Big! bedeutet demnach, dass Sie Ihrem Leben einen Sinn geben. Das mag kitschig und altmodisch klingen, aber es ist und bleibt der Stoff, aus dem alle großen Heldengeschichten gemacht sind.

1
Act Big!
Ihr Leben
als Filmheld

»Was nützt die Freiheit des Denkens,
wenn sie nicht zur Freiheit des Handelns führt.«
Jonathan Swift

Hindernisse, Rückschläge, Dramen, Verwicklungen – das ist der Stoff, aus dem großes Kino oder große Romane gemacht sind, und ich bin überzeugt, dass uns Geschichten wie *Vom Winde verweht*, *Star Wars* oder *Harry Potter* nicht ohne Grund faszinieren. Denn sie handeln von Ehre, Liebe, Mut und Treue, es geht um das Beschützen der eigenen Familie oder die Wiederherstellung von Gerechtigkeit. Wir rennen ins Kino, um Nervenkitzel oder einen Rausch der Gefühle zu erleben. Warum eigentlich? Schließlich erleben wir jeden Tag unseren eigenen Lebensfilm voller Emotionen, Spannung und manchmal auch Dramen und Tragödien. Wie das Leben eben so spielt. Jeden Tag sehen wir uns aufs Neue mit unzähligen Herausforderungen konfrontiert – sei es im Beruf oder im Privatleben. Jetzt liegt es an uns: Fühlen wir uns als Opfer und beklagen uns über die Ungerechtigkeit des Lebens? Oder finden wir einen Weg, um den Widrigkeiten des Lebens die Stirn zu bieten und an ihnen zu wachsen?

Das Act-Big!-Programm (ABP) ist eine Methode, mit der Sie sich in jeder Lebenslage an Ihre Kraft erinnern und das Beste aus jeder Situation machen können. Aktivieren Sie Ihren inneren Helden und tun Sie das, was Sie wirklich wollen, statt in Selbstmitleid zu versinken oder sich in Schuldzuweisungen zu verlieren! Wie reagieren Sie zum Beispiel auf die Vorstellung zu erfahren, dass Sie an einer schweren Krankheit leiden? Wie gehen Sie damit um, wenn Sie feststellen müssen, dass Sie den falschen Job oder den falschen Lebenspartner haben? Welche Gefühle weckt der Gedanke in Ihnen, dass Sie plötzlich Ihren Arbeitsplatz verlieren (oder Ihre Firma Konkurs anmelden muss)? Wie sieht es in diesen Fällen mit Ihrer Freude am Nervenkitzel aus? Das Act-Big!-Programm will Ihnen zeigen, wie Ihre Lebensfreude beständig zunehmen kann, und zwar nicht nur obwohl, sondern gerade wenn sich Dramen in Ihrem Leben abspielen.

Jeder von uns ist täglich mit unzähligen Herausforderungen konfrontiert – mit einer weiteren Umstrukturierung des Unternehmens, einem heftigen Konflikt in der Partnerschaft oder Schwierigkeiten unserer Kinder in der Schule. Ich habe eine einfache und zugleich höchst wirksame Methode entwickelt, wie Sie sich in jeder Lebenslage Ihrer Kraft erinnern und das Beste aus anspruchsvollen Situationen, seien sie beruflicher oder privater Natur, machen können. Diese Methode habe ich Act-Big! getauft, denn durch Sie aktivieren Sie Ihren Mut und tun, was Sie wirklich tun wollen. Wie das funktioniert? Ganz einfach. Stellen Sie sich vor, dass Ihnen ab sofort bei allem, was Sie im Laufe des Tages erleben, ein von Ihnen selbst gewähltes imaginäres Publikum zusieht. Ein ganzer Kinosaal voller Menschen, die Ihnen wohlgesonnen sind, die auf Sie zählen, die hoffen, dass Sie Ihrem Herzen folgen, sich selbst treu bleiben und die richtigen Entscheidungen treffen. Jeden Schritt, den Sie tun, kann Ihr Publikum live mitverfolgen. Ihr Leben läuft auf einer riesigen Leinwand ab. Die Zuschauermenge ist in der Hoffnung gekommen, dass sie durch Ihr Leben berührt und inspiriert wird. Sie sind der Held dieses Films – und wenn Sie nicht heldenhaft handeln, tut es keiner.

Das Act-Big!-Handbuch

 Damit Sie möglichst viel von *Act Big!* profitieren, enthält dieses Buch zahlreiche Übungen, die Exercises for Excellence (EFE), also Übungen zur Entwicklung Ihrer Exzellenz, die ich im *Act-Big!*-Handbuch für Sie zusammengefasst habe. Dieses Handbuch können Sie sich im Internet unter www.campus.de/stollreiter herunterladen. Zusätzlich finden Sie unter www.act-big.de Erläuterungen zu den wichtigsten Übungen und Videos. Darüber hinaus können Sie sich durch die Beispiele und Erkenntnisse anderer Leser und Seminarteilnehmer inspirieren lassen.

Sie können die Mehrzahl der Übungen übrigens auch gemeinsam mit einem Lernpartner machen, wenn Sie wollen. Wen kennen Sie, der dieses Buch parallel zu Ihnen lesen will und mit dem Sie sich austauschen können?

Was bringt Ihnen das imaginäre Publikum? Um zu verstehen, welcher tiefere Sinn dahintersteckt, überlegen Sie einmal, wie es Ihnen im Kino ergeht, wenn Sie das Handeln des Filmhelden mitverfolgen. Aus der psychologischen Forschung ist der sogenannte Carpenter-Effekt bekannt, wonach Kinozuschauer beginnen unwillkürlich mitzuwippen, wenn beispielsweise Michael Jackson in *This is it* über die Leinwand tanzt. Spiegelneuronen sind dafür verantwortlich, dass wir mit anderen Menschen mitfühlen, während wir ihre Handlungen beobachten.

Sie kennen das bestimmt: Wenn die Heldin im Liebesfilm nicht mit ihrem Herzkönig vor dem Traualtar steht, sondern mit dem Karobuben, möchte man am liebsten vom Kinositz aufspringen und ihr zurufen: »Nein – tu das nicht!« Wenn der Held sich in Lügen verwickelt, schämt man sich für ihn. Wenn der Revolverheld vor einem Duell mit seinem größten Widersacher den Schwanz einzieht, ärgert man sich maßlos über ihn. Wie oft haben Sie es bereits erlebt, dass Ihnen die Handlung eines Films gegen den Strich ging, weil die Hauptpersonen nicht heldenhaft gehandelt haben, sondern feige waren?

Genauso geht es Ihrem imaginären Publikum, wenn es Ihre Handlungen beobachtet. Jedes Mal, wenn Sie beispielsweise einem Konflikt mit Ihrem Vorgesetzten, Kunden oder Partner aus dem Weg gehen, ist Ihr Publikum enttäuscht. Jedes Mal, wenn Sie Ihre kostbare Lebenszeit mit vollkommen unwichtigen Nebensächlichkeiten vergeuden, überlegen sich einige Ihrer Zuschauer, den Saal zu verlassen. Jedes Mal, wenn Sie sich in Lügengeschichten verstricken, ist Ihr Publikum entrüstet. In diesem Sinn hilft Ihnen die Kinometapher dabei, Ihr Leben aus dem Blickwinkel Ihres Publikums zu betrachten. Wie unter einem Vergrößerungsglas wird Ihnen bewusster, was Sie tun oder nicht tun. All Ihre Handlungen gewinnen an Bedeutung, selbst unscheinbare Gewohnheiten. Plötzlich ist es dann nicht mehr einerlei, ob Sie beim Duschen Wasser sparen oder sich vegetarisch ernähren. Sie sind nicht mehr nur ein winziges Rädchen im Getriebe, sondern jede Ihrer Handlungen zählt. Sie lassen Ihr Leben nicht mehr einfach dahinplätschern, sondern treffen Grundsatzentscheidungen. Dadurch entwickeln Sie in allen Bereichen Ihres Lebens neue, hilfreiche Verhaltensweisen, die im Einklang mit Ihrer Lebensvision sind. Das bringt Ihr Leben auf Erfolgskurs.

Verstehen Sie mich nicht falsch: Es geht dabei nicht darum,

dass Sie das tun, was andere Menschen von Ihnen erwarten. Vielmehr geht es darum, dass Sie es wagen, Ihr Leben authentisch zu führen. Deshalb werden Sie alle Zuschauer aus Ihrem inneren Publikum entfernen, die Sie entmutigen, und Eintrittskarten ausschließlich an Menschen ausgeben, die Sie aufbauen und das Beste in Ihnen zum Vorschein bringen. Ihre Zuschauer sind für Sie da, nicht Sie für Ihre Zuschauer.

Ihr inneres Publikum setzt sich aus Menschen zusammen, die Ihre Lebensvision repräsentieren, denn jeder Held orientiert sich an Zielen und Werten, die über seinen persönlichen Erfolg hinausreichen. Wahre Helden setzen sich für eine bessere Welt ein, ihr Handeln ist ethisch motiviert, sie folgen der Macht ihres Gewissens.

Handeln Sie groß – bei allem, was Sie tun

Act Big! entfaltet seine Wirkung in zwei Bereichen:

1. Gewohnte Aufgaben, die Sie bislang nur »erledigt« haben, gehen Sie mit mehr Hingabe und Begeisterung an, denn Sie erkennen, dass jede Situation eine Gelegenheit für heldenhaftes Handeln bietet.
2. Für neue Herausforderungen, vor denen Sie bislang zurückgeschreckt sind, finden Sie endlich die nötige Kraft – denn Sie nutzen die Motivation, die Ihr neues inneres Publikum freisetzt.

Die Haltung der meisten Menschen steht jedoch im krassen Gegensatz zu Act Big! Otto Normalverbraucher lebt ein Leben, das so langweilig ist, dass er selbst den Sender wechseln würde, wenn eine Kurzreportage über ihn im Fernsehen liefe. Die alles entscheidende Frage ist daher aus meiner Sicht: Wie viel Interesse bringen Sie Ihrem eigenen Leben entgegen? Glauben Sie, Ihr Leben sei bedeutungslos, Sie seien ersetzbar und wenn Sie einmal sterben, hinterlassen Sie nichts von Wert? Diesen Zustand nenne ich »Feel Small«. Tabelle 1 stellt das Leben in einer Feel-Small-Welt einem heldenhaften Leben gemäß Act Big! gegenüber.

Tabelle 1: Feel-Small-Welt vs. Act-Big!-Welt

Feel-Small-Welt	Act-Big!-Welt
Sie sind darauf aus, Aufgaben abzuhaken.	Als Held ist der Weg das Ziel. Sie genießen die eigentliche Arbeit.
Unvorhergesehenes im Verlauf eines Projekts, Dramen in Ihrer Partnerschaft oder Schwierigkeiten in der Kindererziehung empfinden Sie als störend. Am liebsten wäre Ihnen, wenn alles völlig reibungslos vonstattenginge.	Sie wissen, dass Sie an Hindernissen wachsen. Gerade durch Komplikationen wird Ihr Sinn für das Wesentliche, aber auch für das Detail geschärft. Sie steigern Ihre 20 Heldenkräfte. Als Held lieben Sie es, zu improvisieren, sich kreative Lösungen einfallen zu lassen.
Sie suchen die Schuld in erster Linie bei den anderen. Ihre Nerven sind wenig strapazierfähig, weshalb Sie von begriffsstutzigen Kollegen, lästigen Kunden und aufmüpfigen Kindern umgeben zu sein scheinen.	Als Held übernehmen Sie Verantwortung für Ihre emotionalen Reaktionen. Dazu kultivieren Sie einen inneren Dialog der Selbstverantwortung.
Sie empfinden Wissenslücken als Schwächen. Ungewissheit können Sie nicht ausstehen.	Wissenslücken und Ungewissheit empfinden Sie als spannend, inspirierend, abenteuerlich. Als Held haben Sie sich dem lebenslangen Lernen (3L) verschrieben.
Sie nehmen Niederlagen persönlich. Nach Möglichkeit begeben Sie sich erst gar nicht erst in Situationen, in denen Sie Rückschläge erleiden könnten.	Wenn Sie für die Erfüllung Ihrer Lebensvision gewisse Fertigkeiten benötigen, begeben Sie sich gezielt in Situationen, in denen Sie diese am schnellsten erlangen können – auch wenn der Weg dorthin nicht leicht ist.
Sie hoffen darauf, dass Sie endlich Ihre Ruhe von allem bekommen.	Als Held sind Sie im Fluss des Lebens. Sie wachen morgens auf und sind gespannt auf das nächste Abenteuer, das Sie erwartet.

Wo würden Sie sich eher einordnen: in der Feel-Small-Welt oder in der Act-Big!-Welt? Im ersten Fall haben Sie mit diesem Buch die Gelegenheit, die ersten Schritte in Richtung Act-Big!-Welt und auf Ihre persönliche Lebensbühne zu tun. Öffnen Sie sich für die Möglichkeit, wie schön Ihr Leben sein kann, wenn Sie lernen, neugierig auf das Abenteuer Leben zu sein. Bei Act Big! ist alles im Leben eine Gelegenheit.

Werfen wir einen Blick auf Ihr derzeitiges Leben. Was glauben Sie, wie viele Menschen fänden es interessant, Ihr Leben live auf einer Leinwand mitzuverfolgen? Wie oft würden Sie aktuell Ihre Zuschauer enttäuschen? Wie oft treffen Sie mutige Entscheidungen, mit denen Sie Ihr Publikum von den Stühlen reißen könnten? Die Metapher des Kinohelden kann ungeahnte Kraftressourcen in Ihnen aktivieren. Wenn Sie mutig einen neuen Lebensweg einschlagen und die Ereignisse sich überschlagen, sind Ihre Zuschauer begeistert. Dann könnten sich die Menschen im Kinosaal beispielsweise zuflüstern: »Das ist ungeheuerlich! Jetzt, wo sie die Scheidung eingereicht hat, versucht ihr Mann, sie fertigzumachen. Ich bin gespannt, ob sie lernt, sich auch einmal zur Wehr zu setzen!« oder »Der Ärmste, sein Geschäftspartner hat ihn ausgebootet – wie er das wohl verwinden wird? Kann er die Situation am Ende sogar zu seinem Vorteil nutzen?« Act Big! bedeutet, dass Sie sich in der Rolle eines Filmhelden sehen und daher schwierige Situationen nicht nur irgendwie mit Ach und Krach bewältigen, sondern Ihr Leben aktiv gestalten. Dann könnte es sein, dass Ihr Publikum Zeuge von Szenen wie diesen wird: »In dieser Situation zu kündigen, finde ich ganz schön mutig von ihr. Also das würde ich mich nicht trauen.« oder »Unglaublich, sie ignoriert den Rat der Ärzte und wählt eine alternative Behandlungsmethode. Ob das mal gut geht?«

Mit anderen Worten: Alles, was Ihnen bislang als Hindernis und unnötiger Umweg vorgekommen ist, wird Stürme der Begeisterung bei Ihrem Publikum auslösen. Wenn Sie nur diesen einen Gedanken verinnerlichen, wird Ihr Leben nie wieder dasselbe sein.

Im Kino ist nichts langweiliger, als eine allzu durchsichtige Story, oder? Warum also sollten Sie überhaupt wollen, dass in Ihrem Leben alles glatt läuft? Hätten Sie noch Interesse an Ihrem

Leben, wenn Sie im Voraus genau wüssten, was Ihnen wann, wo und mit wem widerfahren wird? Wenn Sie es recht bedenken: Wollen Sie tatsächlich noch eine einzige Sekunde verschwenden, indem Sie nur auf den Projektabschluss, den Feierabend oder das Wochenende warten? All das kommt von alleine und will von Ihnen genossen werden. Aber wer schon die Arbeit nicht genießen kann, der verlernt das Genießen generell und kann es dann in der Freizeit auch nicht mehr.

- Würden Sie ein Klavierkonzert hören wollen, in dem der Pianist darauf hofft, dass er endlich nach Hause gehen kann?
- Wollen Sie tatsächlich mit jemandem schlafen, der wenig für Leidenschaft und Zärtlichkeit übrig hat, sondern eigentlich nur darauf aus ist, zum Höhepunkt zu kommen?
- Möchten Sie sich mit jemandem unterhalten, der nur darauf wartet, dass Sie endlich ausgesprochen haben, damit er selbst zu Wort kommt?

Ihr Leben ist zu kostbar, um es mit Warten zu verschwenden.

Exercise for Excellence 1:
Entdecken Sie den Helden in sich

Wo in Ihrem Leben haben Sie bereits groß gehandelt? Groß im Sinne von integer, selbstlos, sozial, umweltbewusst, ethisch hochstehend? Finden Sie 10 Beispiele (zum Beispiel Bestechungsversuch widerstanden, einem Freund in einer Krise geholfen), die gerne auch lange zurückliegen dürfen.

Ihnen sind sogar mehr als zehn heldenhafte Situationen eingefallen? Gratulation! Je mehr Beispiele Sie sammeln, die davon zeugen, dass Sie zu großen Taten imstande sind, desto besser. Act Big! heißt, dass Sie sich der Dinge annehmen, von denen Sie der Meinung sind, dass Sie unbedingt endlich »jemand« anpacken sollte. Sie ahnen es schon: Sie sind der Superheld, auf den Sie gewartet haben!

Inspirierende Kinohelden

Wir werden in den folgenden Kapiteln im Detail darauf eingehen, wie Sie zu einer inspirierenden Lebensvision gelangen. Als Aufwärmübung lade ich Sie in der nächsten Exercise for Excellence ein, sich zu überlegen, welche Filmfiguren Sie am meisten inspiriert haben. In meinem Fall war das beispielsweise der Staatsanwalt Jim Garrison, der von Kevin Costner in dem Streifen *JFK – Tatort Dallas* dargestellt wurde. Garrison setzt sein Leben aufs Spiel, um den Mord an John F. Kennedy aufzuklären, weil er nicht in einem Land leben will, in dem Wahrheit und Gerechtigkeit mit Füßen getreten werden. Sein glühendes Abschlussplädoyer im Gerichtsprozess gegen einen der mutmaßlichen Drahtzieher des Attentats auf Kennedy, in dem er an das Gewissen einer ganzen Nation appelliert, ist großartig. Ebenso bewegend finde ich die Verfilmung der wahren Geschichte von *Erin Brockovich*, die sich unermüdlich für die finanzielle Entschädigung von Opfern der Trinkwasserverseuchung durch den Konzern Pacific Gas and Electric einsetzt.

Exercise for Excellence 2: Inspirierende Filmhelden

- Welche Kinohelden haben Sie im Laufe Ihres Lebens am meisten berührt?
- Welche Filmfiguren bringen Sie zum Nachdenken, wie Sie Ihre Lebenszeit sinnvoller nutzen können?

Vergessen Sie die kleinen Ängste

»Zum Glück brauchst Du Freiheit,
zur Freiheit brauchst Du Mut.«

Perikles

Bei genauerer Betrachtung ist die Vorstellung, der Held des eigenen Lebensfilms zu sein, gar nicht so weit hergeholt. Jeder ist die Hauptperson in seinem Leben, sitzt sozusagen in seiner persönlichen Realityshow. Jeder ist Held und Publikum in Personalunion.

Und wenn eines Tages »The End« auf der Leinwand erscheint, sind wir selbst es, die als Publikum enttäuscht sind oder aber als Held dankbar und zufrieden von der Lebensbühne abtreten. Mir ist bewusst, dass ich möglicherweise Ängste schüre, indem ich über den Tod spreche. Doch auch Angst hat positive Seiten. Sie rüttelt uns wach und zwingt uns, den Tatsachen ins Auge zu blicken. Ja, Sie werden eines Tages sterben – und würde es Ihnen nicht unendlich leidtun, wenn Sie Ihre kurze Zeit auf Erden verschwendet hätten? Meine Empfehlung ist daher: Vergessen Sie konsequent all Ihre kleinen Ängste, die da sind: Versagensängste, Angst vor Ablehnung durch andere Personen, Angst vor dem Verlust geliebter Menschen, finanzielle Sorgen oder Angst vor Krankheit.

»Das sollen kleine Ängste sein?«, werden Sie sich vielleicht wundern. Warten Sie ab, bis Sie die Liste der großen Ängste sehen, mit denen es gilt, sich ernsthaft zu konfrontieren:

- Ihre Lebenszeit vergeuden,
- immer nur eine Rolle spielen und niemals wirklich Sie selbst sein,
- Ihre Lebensaufgabe nicht erkennen, geschweige denn erfüllen,
- nicht mehr in den Spiegel sehen können, weil Sie gegen Ihr eigenes Gewissen verstoßen,
- sich leer fühlen, weil Sie zu wenig Liebe, Freiheit, Glück und Frieden erleben.

Die Entscheidungen, die aus der Konfrontation mit den großen Ängsten resultieren, ersparen Ihnen endlose Runden im Hamsterrad der kleinen Ängste. Sie fokussieren sich und werden im besten Sinne todesmutig. Oftmals ist es erst die bewusste Auseinandersetzung mit der eigenen Endlichkeit, die dazu führt, dass Menschen sich wirklich für das Leben entscheiden. Menschen glauben, sie hätten Angst vor dem Tod. Doch in Wahrheit quält sie die Angst zu sterben, ohne jemals wirklich gelebt zu haben!

Entdecken Sie noch heute den Helden in sich. Erst damit beginnt Ihr wahres Leben. Ich bin überzeugt, dass wir alle in unserem tiefsten Inneren Helden sein wollen. Bei meinen Coaching-Klienten und Seminarteilnehmern reicht es oftmals bereits aus, wenn sie die Kinometapher für kurze Zeit konsequent auf ihr Leben anwenden. Eine radikale Änderung in Richtung Entscheidungsfreude, Neugier, Mut und Konzentration tritt regelmäßig ein. Der Lebensweg eines Helden ist häufig nicht so geradlinig, wie man meint. Es kann zum Beispiel sein, dass der Held seine Studienfächer öfter gewechselt oder sein Studium gar abgebrochen hat, um sich selbstständig zu machen. Lesen Sie die Biografien erfolgreicher Menschen! Dort finden Sie zahlreiche Beispiele dafür.

Was macht Sie zum Helden?

»Nicht den Tod sollte man fürchten,
sondern dass man nie beginnen wird, zu leben.«

Marcus Aurelius

Mir ist bewusst, dass der Begriff »Held« bei so manchem für Irritation sorgen kann, und natürlich hat jeder von uns dazu seine eigenen Assoziationen. Um Missverständnisse frühzeitig auszuräumen, werde ich hier klarstellen, wie mein Verständnis eines Helden bei Act Big! aussieht.

• Ein Held kann weiblich, männlich, alt oder jung sein. Sein Handeln macht ihn zum Helden.
• Ein Held ist jeder, der seine Lebensaufgabe erfüllt beziehungsweise ernsthaft auf der Suche nach ihr ist.
• Ein Held ist nicht dasselbe wie ein Star! Ein Star erntet Bewunderung und Anerkennung und steht im Rampenlicht. Gut, in gewissem Sinne tun Sie das bei Act Big! auch. Aber Sie agieren vor einem inneren Publikum, das Sie selbst in Übereinstimmung mit Ihrer Lebensvision auswählen. Im Unterschied zu Stars sind viele große Persönlichkeiten Alltagshelden, die im Hintergrund wirken. Andere sind Pioniere, die erst nach Jahren konsequenter Arbeit die Früchte ihrer Arbeit ernten. Eben deshalb aber ist es so wichtig, dass Sie sich ein imaginäres Publikum wählen, das Ihre Taten zu schätzen weiß – selbst dann, wenn die Massenmedien oder Ihr Bekanntenkreis dies nicht tun.
• Ein Held ist nicht extrinsisch (von außen), sondern intrinsisch (von innen) motiviert. Sein imaginäres Publikum unterstützt ihn.

- Ein Held ist nicht mit einem Soldaten zu verwechseln! Ein Held, wie ich ihn verstehe, ist nicht feindselig oder egomanisch. Er mag Gegner haben, er mag so manchen Kampf ausfechten – aber er ist nicht aufs Kämpfen aus. Vielmehr ist er ein Krieger des Lichts, wie Paulo Coelho es ausdrückt.
- Ein Held will nicht nur die Hauptperson sein. Ihm geht es nicht darum, Aufmerksamkeit und Anerkennung zu erheischen. Dennoch ist es recht wahrscheinlich, dass der Held einige Aufmerksamkeit bekommt. Denn die Autorität, die er über sein Tun hat, inspiriert andere Menschen. Eine »Hauptperson«, die sich in den Mittelpunkt stellt, kann unterhaltsam sein, aber ihr Tun erzeugt keinen Nachhall im Herzen der Menschen, keine emotionale Verbindung. Sie instrumentalisiert den Kontakt zum Publikum, das in erster Linie dazu da ist, Beifall zu spenden. Die »Hauptperson« tut letztlich, was das Publikum will, auch wenn sie sich selbst vormacht, aus freiem Willen zu handeln. Der Held hingegen fühlt sich aufgrund seiner Lebensvision mit sehr vielen, wenn nicht mit allen Menschen verbunden. Das Wohl seiner Kollegen, Freunde, Kunden, Kinder und Mitmenschen liegt ihm aufrichtig am Herzen. Sein inneres Publikum dient ihm nicht etwa dazu, sich besser zu verkaufen oder anzupassen, sondern dazu, ihn zu erinnern, dass sein Handeln immer in einem größeren Zusammenhang steht.

Jeder trägt einen Feigling und einen Helden in sich. Wichtig ist zu verstehen, dass niemand generell feige oder generell mutig ist – in jedem Augenblick entscheidet sich aufs Neue, welche Qualität sich durchsetzt. Bei all jenen, die täglich einer Arbeit nachgehen, die sie nicht befriedigt, die mit einem Partner zusammenleben, den sie nicht lieben, hat die meiste Zeit der feige Anteil das Steuer in der Hand. In der Kinometapher ausgedrückt, führt oft genug der Feigling Regie. Seine Vorstellung von einem erfolgreichen Leben sieht vor, in erster Linie Gefahren abzuwenden. Selbst wenn er behauptet, auf Erfolg aus zu sein, so tut er kaum etwas von den Dingen, die dazu nötig wären. Ein Feigling hofft darauf, eines Tages ein sorgenfreies Leben zu führen. Er steht daher immer wieder vor denselben Problemen. Ein Held ist natürlich ebenso mit Problemen konfrontiert – aber mit immer neuen. Er lernt aus seinen

Siegen und Niederlagen gleichermaßen und kann sich so immer größeren Herausforderungen stellen.

Die Heldenreise – ein ganzer Mensch werden

Es gibt keinen besseren Begriff als den des Helden beziehungsweise der Heldin, um das Ziel des Act-Big!-Programms auszudrücken. Dennoch werde ich im Sinne einer besseren Lesbarkeit im Folgenden immer nur vom Helden reden, alle Heldinnen mögen mir verzeihen … Nichtsdestotrotz ist das Act-Big!-Programm gleichermaßen für Frauen und Männer wertvoll, denn letztlich geht es für beide darum, ein ganzer Mensch zu werden, der weibliche und männliche Anteile integriert hat. Jede Frau hat einen männlichen Anteil in sich – und da Frauen glücklicherweise immer häufiger Positionen in Wirtschaft und Politik einnehmen, die früher Männern vorbehalten waren, wird es für Frauen zunehmend wichtiger, ihre männliche Qualitäten auszubauen. Genauso sind für Männer weibliche Attribute unverzichtbar. Erst diese machen sie zu fürsorglichen Familienvätern, integeren Führungskräften und guten Liebhabern.

Unsere weiblichen und männlichen Qualitäten wachsen am schnellsten, wenn sie gemeinsam gestärkt werden. Sie können sich das ganz einfach am Beispiel eines Kindes auf dem Spielplatz vorstellen: Ist sich das Kind unsicher, ob Mama oder Papa noch da sein werden, wenn es vom Spielen mit den anderen Kindern zurückkommt, dann wird auch seine Abenteuerlust beeinträchtigt. Nur in dem Maße, wie es die Gefühle von Sicherheit und Geborgenheit in sich trägt (also die weiblichen Qualitäten), kann es sich erlauben, neugierig zu sein und die Welt zu erforschen (also die männlichen Qualitäten).

Es ist unmöglich, lediglich theoretisch ein Held zu sein. Das Leben, das man führt, muss dieses Heldentum auch widerspiegeln. Als Held werden Sie sich nicht bloß durchs Leben mogeln wollen, wie es korrupte Politiker oder Manager mit Ellbogenmentalität tun. Sie wollen Respekt vor sich selbst haben können. Und diese Selbstachtung verschafft Ihnen auch Achtung vor anderen Menschen. Doch am Ende geht es für Mann und Frau gleichermaßen darum, ein ganzer Mensch zu werden. Aus meiner Erfahrung heraus kann ich sagen, dass es unmöglich ist, nur eine einzige Seite seiner Persönlichkeit zu stärken. Der Gegenpol braucht stets auch eine Stärkung. Problematisch wird es also immer dann, wenn eine Seite versucht, die andere zu dominieren. Zu verstehen, dass dies niemals von Erfolg gekrönt sein kann, ist extrem wichtig. Ein wahrer Held vereint männliche und weibliche Qualitäten gleichermaßen in sich.

Exercise for Excellence 3: Ein ganzer Mensch ist ein Held

Jede der folgenden zehn Aussagen, die auf Sie zutrifft, signalisiert ein Ungleichgewicht zwischen männlichen und weiblichen Qualitäten.

Wo in Ihrem Leben versuchen Sie (wahrscheinlich vergeblich), mit Ihrer männlichen Seite Ihre weibliche zu dominieren?

- Wenn ich meine Arbeit oder die Arbeit anderer bewerte, zählen für mich primär die Resultate, nicht der Einsatz und das Engagement.
- Ich versuche mehr Selbstdisziplin aufzubringen, obwohl ich mir bereits jetzt zu wenig Zeit nehme, meine Seele baumeln zu lassen.
- Ich bin darauf aus, möglichst viele Entscheidungen in möglichst kurzer Zeit zu treffen – ohne mir Zeit für mein Bauchgefühl zu nehmen.
- An Erfolgen erfreue ich mich nicht ausgiebig, sondern gehe sofort wieder zur Tagesordnung über beziehungsweise jage gleich dem nächsten Erfolg hinterher.
- Ich nehme mir keine Zeit für Muße und kreative Prozesse, sondern setze in erster Linie auf Produktivität.

Wo in Ihrem Leben versuchen Sie (wahrscheinlich vergeblich) einseitig auf Ihre weibliche Seite zu setzen? Welche Aussagen treffen auf Sie zu?

- Ich habe zu wenig Handlungsspielraum, weil ich um des lieben Friedens willen Auseinandersetzungen aus dem Weg gehe.
- Ich will nicht wahrhaben, dass Konkurrenz auch positive Seiten hat und das Wachstum fördert. Deshalb gehe ich Situationen aus dem Weg, in denen ich mich messen müsste und stelle meine Ziele hintan.

- Ich gestehe mir Autorität nicht zu und bin daher sehr nachgiebig in der Mitarbeiterführung/Kindererziehung.
- Ich mag prinzipiell keine Regeln, Strukturen und festgeschriebenen Abläufe und erlaube meinen Gefühlen, mich zu beherrschen.
- Mein Wunsch nach einem sicheren Arbeitsplatz und Einkommen ist mir am wichtigsten – mein Bedürfnis nach Wachstum und Veränderung kommt demgegenüber zu kurz.

Wenn Sie sich wundern, wo Ihre Heldenkräfte geblieben sind, dann gibt Ihnen dieser Selbsttest Aufschluss darüber. Überall dort, wo weibliche und männliche Qualitäten miteinander im Widerstreit stehen, kommt es zu psychischen Reibungsverlusten. Sie büßen Tatkraft ein, wenn die weibliche die männliche Seite dominiert. Umgekehrt wird Ihr Gefühlsleben beeinträchtigt, wenn die männliche Seite die weibliche unterdrückt. Sorgen Sie für Balance in Ihrem Leben und Sie werden ein zugleich erfolgreicher und glücklicher Held.

Heldenrolle statt Zuschauerrolle

>Eure Zeit ist begrenzt, also verschwendet sie nicht, indem Ihr das Leben von jemand anderem lebt. (…) Habt den Mut, Eurem Herzen und Eurer Intuition zu folgen. Irgendwie wissen sie bereits, was Ihr wirklich werden wollt. Alles andere ist zweitrangig.«

Steve Jobs

Menschen, die heldenhaft handeln, sind (noch) selten. Überlegen Sie einmal: Würden Sie sich Ihre Lieblingsfilme wirklich noch ansehen, wenn die Hauptperson durch Sie ersetzt werden würde? Welche Auswirkungen hätte das auf die Handlung? Bekäme das Kinopublikum von Ihnen womöglich Aussagen wie die folgenden zu hören? Ich hoffe, Sie können über sich selbst schmunzeln.

- Sie als Frodo: »Was, zum Schicksalsberg soll ich laufen? Nein, ich verkaufe den Ring lieber auf E-Bay, ein paar Euro wird er

schon wert sein. Die Verantwortung für diesen Ring will und kann ich nicht tragen!«
• Sie als James Bond:»Warum soll eigentlich immer *ich* die Welt retten? Dafür werde ich hier beim Geheimdienst viel zu schlecht bezahlt. Außerdem habe ich das Problem nicht verursacht. Sollen doch die Verantwortlichen selbst die Suppe auslöffeln!«
• Sie als Spiderman:»Fragt doch mal Superman, ob der Zeit hat. Das Problem fällt nicht in meinen Zuständigkeitsbereich.«
• Sie als Harry Potter:»Lord Voldemort ist mir echt eine Nummer zu groß. Nach meiner Ausbildung an der Zauberschule können wir weiterreden ...«
• Sie als Robin Hood:»Wieso gebe das Geld, das ich den Reichen geraubt habe, eigentlich den Armen? Ich habe eine viel bessere Idee: Ich lege es gewinnbringend an! So kann ich vorzeitig in Ruhestand gehen. Eine kleine Summe kann ich ja spenden, um mein Image in der Öffentlichkeit aufzupeppen.«

Ich hoffe, ich tue Ihnen unrecht und Sie sind schon längst eine bessere Besetzung, als meine Beispiele Ihnen unterstellen. Indem Sie sich in diesem Gedankenspiel in Ihren Lieblingshelden hineinversetzen, soll Ihnen klar werden, in welchen Bereichen Ihres Lebens Sie nach wie vor lieber den bequemen Weg einschlagen, statt Ihr imaginäres Publikum zu begeistern.

Sich etwas lediglich vorzustellen, kann gar nichts bringen, meinen Sie? Nun, da würden Ihnen einige Hirnforscher sicher widersprechen. Denn es gilt als erwiesen, dass das menschliche Gehirn nicht zwischen realen Erlebnissen und etwas Vorgestelltem, also der Fantasie oder einem Traum, zu unterscheiden vermag. Das Gute daran ist, dass aufgrund dieses Umstands Mentaltraining erstaunlich wirksam ist. Ein Beispiel: Menschen entwickeln tatsächlich Muskeln, selbst wenn sie sich nur *vorstellen*, sie würden gerade im Fitnessstudio trainieren. Doch es hat auch negative Seiten, dass bereits Tagträumen sehr befriedigend ist. Wozu sich dann noch anstrengen? Viel leichter ist es, einfach in virtuelle Welten (Computerspiele, Fernsehen) zu fliehen, Freundschaften per Mausklick zu schließen (oder zu beenden) oder Monster im Computerspiel zur Strecke zu bringen. In solchen Ersatzwelten stehen Einsatz und Ergebnis in einem höchst fragwürdigen Verhältnis. Wir denken groß, aber wer handelt noch groß? Wer hat noch die Nerven für gezielte Mitarbeiterführung, liebevolle Beziehungspflege oder geduldige Kindererziehung? Auch mich fasziniert und begeistert der technische Fortschritt. Aber es ist enorm wichtig, uns auch die Kehrseite bewusst zu machen, und die beinhaltet eine enorme Schwächung unserer Willenskraft und Einsatzbereitschaft, wenn uns die Technik alles abnimmt. Das Leben aus zweiter Hand fühlt sich scheinbar fast genauso gut an wie das wirkliche Leben. Wenn wir als Zuschauer mit dem Helden auf der Leinwand mitfiebern, ist es fast so, als ob wir das Abenteuer selbst erleben würden. Kinohelden tun uns gut – solange sie uns dazu inspirieren, unser Leben selbst in die Hand zu nehmen. Denn es macht jede Menge Spaß, der Held im eigenen Lebensfilm zu sein und Abenteuer selbst zu erleben!

Trotz allem können Sie als Zuschauer in Ihrer Vorstellungskraft nur auf das zurückgreifen, was Sie bereits kennen. Wenn Sie sich vorzustellen versuchen, wie schmerzhaft eine ausgekugelte Schulter sein mag, können Sie allenfalls auf eine Ihrer schmerzvollsten Erfahrungen zurückgreifen. Doch Ihr Vorstellungsvermögen ist begrenzt. Wissen Sie wirklich, was ein Mensch durchmacht, der an Krebs oder an Unterernährung stirbt? Falls Sie ein Mann sind oder eine Frau ohne Kinder: Haben Sie tatsächlich eine realistische Vorstellung davon, was die Geburt eines Kindes bedeutet? Haben Sie eine Vorstellung davon, was es tatsächlich bedeutet, Milliardär zu sein?

Ein gesundes, realitätsnahes Denken und zugleich ein praktisch unbegrenztes Vorstellungsvermögen sind zentrale Merkmale eines Helden. Das ist der Grund, weshalb er angesichts von Hindernissen und Rückschlägen nicht gleich die Flinte ins Korn wirft, sondern kreative Problemlösungen entwickelt. Vorstellungskraft ist das, was einen Pionier, einen Vordenker, ein Genie ausmacht. Gleichzeitig belegen die Forschungsergebnisse der kognitiven Neurowissenschaften immer deutlicher, dass das Gehirn zum Lernen tatsächliche Erfahrungen benötigt. Das heißt, auf einer Ebene ist eine blühende bis grenzenlose Fantasie wichtig, auf einer anderen Ebene geht es darum, dass diese Fantasie mit der Realität verbunden ist.

Personen mit einer blühenden, aber realitätsfernen Fantasie neigen dazu, sich selbst zu überschätzen. Dementsprechend schlecht können sie mit Kritik umgehen, denn die will sie ja auf den Boden der Tatsachen zurückbringen. Ein Held indessen konfrontiert sich mit der Realität, gerade weil sie ihn von Täuschungen befreit (ihn sozusagen ent-täuscht).

Es ist an der Zeit, dass wir ehrlich mit uns selbst werden. Und dazu gehört auch, uns einzugestehen, dass körperlich erfahrbare Vorstellungskraft immer nur aus unseren vergangenen Erfahrungen resultiert. Viele Sportler schwören auf mentale Wettkampfvorbereitung. Aber wie gut könnten Sie sich mental auf die Weltmeisterschaft im Bodenturnen vorbereiten, ohne jemals einen einzigen Salto aus dem Stand geschlagen zu haben? Lernen durch Beobachtung (vergleiche die sozialkognitive Lerntheorie von Albert Bandura) ist vor allem wichtig für Kinder; sie ahmen nach, was sie beobachten, und lernen auf diese Weise sehr schnell. Erwachsen ist derjenige, der nicht nur nachahmt, sondern etwas erfinden und vormachen kann. Achten Sie darauf, nicht bei jedem Unfug mitzumachen, bloß um dazuzugehören. Hiervor bewahrt Sie Ihr Act-Big!-Publikum.

Exercise for Excellence 4: Haben Sie Pioniergeist?

Wie hoch schätzen Sie Ihren Pioniergeist auf einer Skala von 0 bis 100 Prozent ein? Ein Wert von 0 Prozent bedeutet: »Ich lebe ein Leben aus zweiter Hand. Ich verlasse mich auf das, was ich in der Schule, in Ausbildungen und aus den Medien gelernt habe.« Ein Wert von 100 Prozent bedeutet: »Ich handle intuitiv, das heißt, ich entscheide ganzheitlich unter Einbeziehung meiner Erfahrung. Mein theoretisches Wissen und all meine Erfahrungen sind zwar Teil meines Bauchgefühls, aber ich halte nicht daran fest und bin jederzeit bereit, etwas Neues auszuprobieren.«

- Im Berufsleben:
- In der Partnerschaft:
- In der Sexualität:
- In der Kindererziehung:
- Beim Ausüben meiner Hobbys:

Pioniergeist entwickeln

»Gehe nicht, wohin der Weg führen mag,
sondern dorthin, wo kein Weg ist,
und hinterlasse eine Spur.«

Jean Paul

Natürlich können Sie auch als Erwachsener noch immer auf das Beobachtungslernen zurückgreifen, zum Beispiel wenn Sie eine Fremdsprache lernen wollen. Das Lernen von den Besten ist eine kluge Strategie (zum Beispiel: Modelling im neurolinguistischen Programmieren). Dennoch hat schon Reinhard K. Sprenger richtig bemerkt, dass Benchmarking die sicherste Strategie sei, um ewiger Zweiter zu bleiben. Selbst Kinder erkennen irgendwann, dass bloßes Nachahmen nicht ausreicht und beginnen, sich gegenseitig als »Nachmacher, Nachmacher« zu hänseln. Ist es nicht erschreckend, wie viele Menschen trotzdem niemals mit dem Nachäffen aufhören und sich damit begnügen, ein Leben als Abziehbild zu führen?

Viel zu viele Menschen sind der Ansicht, dass sie über genügend Lebenserfahrung verfügen, um über die Dinge, die in ihrer Firma (zum Beispiel Sparmaßnahmen), in der Politik (zum Beispiel gebrochene Wahlversprechen) oder in ihrem Freundeskreis (zum Beispiel Seitensprünge) passieren, urteilen zu können. Sie haben eine Meinung zu beinahe jedem Ereignis. Doch die Frage erhebt sich, wie viel Erfahrung sie tatsächlich vorweisen können. Wie viel Prozent Ihres sogenannten Wissens beruht tatsächlich auf Ihrer Erfahrung?

Mein Trainerkollege Johannes Völgyfy, mit dem ich mehrere Bücher gemeinsam veröffentlicht habe, pflegte Seminarteilnehmer, die behaupteten, über langjährige Berufserfahrung zu verfügen, mit folgender Frage zu konfrontieren: »Haben Sie tatsächlich 20 Jahre Erfahrung in diesem Job oder wiederholen Sie seit 20 Jahren mehr oder weniger nur das, was Sie im ersten Jahr gelernt haben?« Regelmäßig wurde es daraufhin sehr still im Seminarraum, und die Menschen waren wieder bereit, etwas Neues zu lernen.

Wenn Sie Pioniergeist entwickeln wollen, wenn Sie das Genie in sich freilegen wollen, dann braucht es Experimentierfreude. Die

Betonung liegt dabei auf *Freude*. Wenn Sie nur aufgrund von wiederholten Rückschlägen etwas in Ihrem Leben verändern, zum Beispiel weil Ihr Kunde, Vorgesetzter oder Partner unzufrieden mit Ihren Leistungen ist, dann kann von Neugierde, Wissensdurst und Eigenmotivation nicht die Rede sein. All das sind jedoch Eigenschaften eines Helden. Ein Held handelt proaktiv. Wenn Sie wollen, dass Ihre Fähigkeiten in sämtlichen Lebensbereichen rasant zunehmen, wenn Sie sich selbst als Mensch besser kennenlernen wollen, wenn Sie ein inspiriertes und spannendes Leben führen wollen – dann setzen Sie auf eigene Erfahrungen! Ihren Erfahrungsschatz bereichern Sie auf zwei Arten:

1. Sie tun etwas Neuartiges, Ungewohntes, Abenteuerliches.
2. Sie saugen Ihre derzeitigen Erfahrungen tiefer in sich auf. Im Äußeren verändern Sie (zunächst) nichts. Dafür aber gehen Sie allen Tätigkeiten bewusster, mit mehr persönlichem Engagement nach.

Beide Zugänge sind »heldenhaft«. Indessen sein Leben wie ein Automat oder Roboter abzuspulen, ist sterbenslangweilig. Den Unterschied kennt jeder von uns. Ein Held ist neugierig, ein Held forscht, er ist Pionier und schlägt Wege mit der Machete frei, die andere nach ihm gehen. Überall wird über die schnelllebige Zeit geklagt. Dabei kann davon gar keine Rede sein. Vielmehr tickten die Uhren bislang im Schneckentempo – über Jahrhunderte wurde an überkommenen Strukturen und Vorurteilen festgehalten. Für einen Actionhelden wie Sie ist die schnelllebige Zeit kein Problem, sondern eine längst überfällige Entwicklung und willkommene Herausforderung.

Ich ziehe an dieser Stelle gerne ein Beispiel aus dem Sport heran: Um als Spieler bei FC Barcelona oder Real Madrid zu spielen, müssen Sie zu den Besten der Besten gehören. Aber ein Fan dieser beiden Vereine zu sein, ist die denkbar niedrigste Herausforderung.

Wer sich selbst als Verlierer fühlt, identifiziert sich nur allzu gerne mit den Gewinnern. Die Psychologen Wicklund und Gollwitzer sprechen in diesem Zusammenhang von symbolischer Selbstergänzung. Demnach gleichen Menschen, die ihre selbstbezogenen Ziele nicht erreichen, dies durch Symbole aus. Die Identifikation mit dem Erfolg anderer ist nur eine Kompensation des

Gefühls der eigenen Unzulänglichkeit. Millionen von Menschen konsumieren große Sportereignisse vor dem Fernseher und verpassen es, sich von dem Erlebten für ihr eigenes Leben inspirieren zu lassen. Aber Achtung! Wie immer ist vor dem unzulässigen Umkehrschluss zu warnen: Eine Katze hat vier Beine, aber nicht alles, was vier Beine hat, ist eine Katze. Ebenso gilt zwar, dass häufig Menschen, die sich als Verlierer fühlen, einen erfolgreichen Verein vorziehen. Aber nicht jeder Fan einer Siegermannschaft muss sich in Wahrheit als Verlierer fühlen.

Was Sie aber sicher im Laufe der Zeit an sich feststellen werden: Je erfolgreicher Sie sich fühlen, desto weniger werden Sie das Bedürfnis verspüren, sich durch Erfolge aufzuwerten, an deren Entstehung Sie praktisch keinen Anteil hatten. Sie wollen selbst herausfinden, was alles in Ihnen steckt. Statt sich einen Actionfilm anzusehen, gehen Sie lieber selbst Bergwandern. Statt ins Stadion zu gehen, betreiben Sie lieber selbst Sport. Statt stolz darauf zu sein, einen Prominenten an der Tankstelle getroffen zu haben, arbeiten Sie an Ihrer eigenen Karriere.

Exercise for Excellence 5: Schluss mit der Zuschauerrolle!

- Wo schmücken Sie sich mit fremden Federn, statt eigene Erfolge anzustreben?
- Was müssen Sie in Ihrem Leben verändern, wenn Sie sich nicht länger erlauben, sich mit Erfolgen anderer zu brüsten?

Die sechs Phasen des Act-Big!-Programms

Die sechs Phasen des Act-Big!-Programms bauen logisch aufeinander auf, wobei alles mit Ihrer Lebensvision steht und fällt. Doch viele Menschen schrecken davor zurück, ihrem Leben einen höheren Sinn zu geben und eine solche Lebensvision zu entwerfen. Ich hoffe, dass ich Sie inspirieren konnte zu beschließen, tatsächlich der Held Ihres Lebensfilms sein zu wollen. Wenn dem so ist, ist es an der Zeit für einen Überblick über das Act-Big!-Programm. Mein Bestreben lag darin, ein Lernprogramm zu konzipieren, das eine ähnliche Wirkung wie ein mehrtätiges Seminar erzielt. Deshalb sind zahlreiche Übungen enthalten, die ich Exercises for Excellence nenne und die Sie darin unterstützen sollen, den Helden in sich zu kultivieren. Ein paar dieser Übungen und Gedankenspiele haben Sie bereits absolviert. Die sechs Phasen des Act-Big!-Programms sehen wie folgt aus:

1. Die gewonnenen Erkenntnisse ordnen Sie den sieben Publikumsmagneten eines erfüllten Lebens (Utopie, Lebenszweck, Vision, Erlebnisse, Werte, Begabungen, Interessen) zu. Damit haben Sie eine Lebensvision für sich definiert.
2. Sie beantworten die 20 Heldenfragen für sich.
3. Mithilfe der Act-Big!-Matrix finden Sie heraus, in welchen Tätigkeitsfeldern die größte Übereinstimmung mit Ihrer Lebensvision herzustellen ist. So identifizieren Sie die Act-Big!-Arenen, in denen Sie sich vorzugsweise aufhalten sollten, um Ihre Lebensvision zu verwirklichen.
4. Anhand verschiedener Überlegungen und Übungen festigen und vergrößern Sie Ihre Lebensvision.
5. Sie besetzen Ihr Act-Big!-Publikum mit drei verschiedenen Personengruppen und integrieren es in Ihren Alltag. Das Publikum wird Sie immer daran erinnern, dass Sie der Held Ihres Lebensfilms sind.
6. Sie absolvieren ein Act-Big!-Training. Dafür bekommen Sie Navigationshilfen an die Hand, erfahren etwas über die 20 Superkräfte eines Helden und lernen, mit Rückschlägen besser denn je umzugehen.

Wer sich auf diesen Weg begibt, wird schnell feststellen, dass die persönliche Heldenreise kein Zuckerschlecken ist. Aber es lohnt sich. Ich will Ihnen gar nichts vormachen: Das Act-Big!-Programm bietet sicher kein Patentrezept an, damit Ihr Leben kinderleicht wird. Stattdessen eröffnet es Ihnen einen Weg aus der täglichen Unzufriedenheit, aus dem Alltagstrott und dem Hamsterrad. Sie haben die Wahl: Treten Sie die Heldenreise an, die Sie alles kosten wird – oder verweilen Sie in der täglichen Unzufriedenheit, die Ihnen am Ende nichts einbringen wird.

Abbildung 1: Die sechs Phasen des Act-Big!-Programms

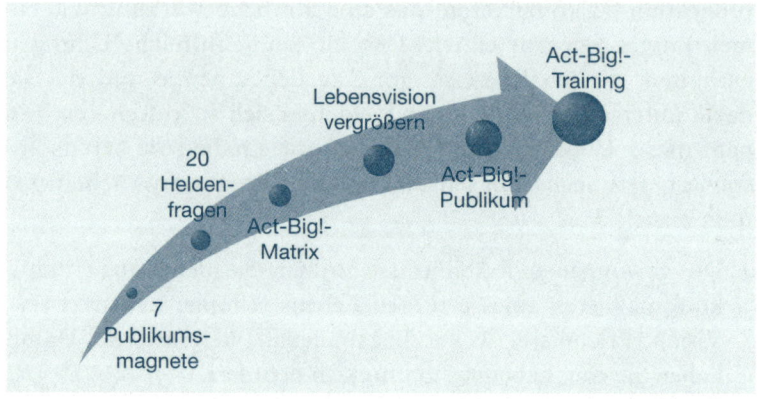

Natürlich gibt es Zwischentöne. Doch die grundlegende Wahl besteht genau darin. Aus der Psychologie ist bekannt, dass Menschen behaupten, keine Wahl zu haben, wenn sie nur zwischen Optionen wählen können, die ihnen allesamt missfallen. So weit geht die Verschleierung der Selbstverantwortung. Jeder von uns ist täglich mit Entscheidungen konfrontiert: Eine Mutter, deren Baby in der Nacht schreit, hat die Wahl aufzustehen oder liegenzubleiben. Beides mag ihr zunächst nicht leichtfallen. Aber sie hat eine Wahl. Unternehmen haben die Wahl, an die Börse zu gehen oder nicht, zu fusionieren oder nicht. Die Mutter mag sich bei ihren Freundinnen beschweren, sie habe keine Wahl, und Unternehmen mögen behaupten, sie hätten keine Wahl gehabt, sondern auf die Erfordernisse des Marktes reagieren müssen. Doch es ist Selbstbetrug.

Je weniger Sie auf die Beteuerungen anderer Personen oder Personenkreise, sie hätten nur aufgrund von Sachzwängen gehandelt, hereinfallen, desto bewusster wird Ihnen Ihr eigener Handlungsspielraum. Durch dieses größere Verhaltensspektrum bringen Sie Abwechslung und Spannung in Ihren Lebensfilm und begeistern Ihr inneres Publikum. Für jeden Helden lohnt sich ein Umdenken enorm.

Exercise for Excellence 6: Vorschnelle Urteile

- Den Behauptungen welcher Menschen (oder Institutionen), sie hätten keine Wahl, haben Sie bislang vorschnell geglaubt?
- Welche Handlungsalternativen entdecken Sie für diese Menschen, wenn Sie gründlicher hinsehen?
- Welche Handlungsoptionen eröffnen sich für Sie, wenn Sie erkennen, dass diese Menschen in Wirklichkeit eine Wahl haben? Wenn Sie beispielsweise als Konsument erkennen, dass ein Produkt umweltfreundlich verpackt sein könnte, dann haben Sie die Wahl, zukünftig ein anderes Produkt zu kaufen.

Sollten Sie trotz allem die Tendenz zur Verschleierung Ihrer Wahlfreiheit an sich feststellen, empfehle ich Ihnen das Buch *Die Entscheidung liegt bei dir* von Reinhard K. Sprenger, denn es bietet dem Leser eine Rosskur an, um sich das Opferdasein gründlich aus dem Kopf zu schlagen.

2
Das Feel-Small-Publikum

»Fordere viel von dir selbst und
erwarte wenig von den anderen.
So wird dir Ärger erspart bleiben.«
Konfuzius

Auch wenn es so erscheinen mag, als bestünde ein himmelweiter Unterschied zwischen einem feigen und einem mutigen Menschen, so ist es doch nur ein Quantensprung. Ein Quantensprung ist eine unvorstellbar kleine Angelegenheit. Dennoch verwenden wir den Ausdruck, wenn wir von einer bahnbrechenden Innovation, einem Paradigmenwechsel oder Ähnlichem sprechen. Genauso verhält es sich auch beim Wechsel von Kleinmut zu Großmut, von der Kurzsichtigkeit zur Weitsicht, vom Denken in Problemen zum Denken in Chancen. Sie brauchen sinnbildlich nicht mehr zu tun, als Ihr Gewicht von einem Bein auf beide Beine zu verlagern.

Ich will damit nicht sagen, dass es leicht ist, ein Held zu sein, geschweige denn zu bleiben. Aber der Held, der in jedem von uns wohnt, ist jederzeit abrufbar. Er ist in jeder beliebigen Lebenssituation immer nur einen Gedanken entfernt. Warum ist der Weg vom feigen zum mutigen Menschen so kurz? Weil es im Grunde nur um eine Verschiebung des Fokus geht. Worauf Ihre Aufmerksamkeit gerichtet ist, das bestimmt Ihr Erleben. Wie kommt es zu dem Phänomen des Trainingsweltmeisters, der im Training gute Leistungen bringt, aber im Wettkampf regelmäßig versagt? Meine Überzeugung ist, dass ein Elfmeterschütze den Ball nicht über die Latte setzt, weil er Angst davor hat, was die Zeitungen am nächsten Tag berichten könnten, falls er scheitern sollte. Entscheidend ist, wer in seinem *inneren* Publikum sitzt. Wenn das der Kindergartenmob ist, der ihn 1 000 Mal ausgelacht hat, dann wird er mit schlotternden Knien antreten. Was früher einmal ein äußeres Publikum war (die anderen Kindergartenkinder), ist zu einem inneren Publikum geworden. Und das kann erbarmungsloser sein als jede Regenbogenpresse. Aus diesem Grund spreche ich vom Feel-Small-Publikum. Es lässt den Betroffenen den Kopf einziehen und sich klein fühlen. Er erstarrt zuerst innerlich, dann wird er auch äußerlich handlungsunfähig oder zumindest ungeschickt und unsicher. Und je weniger er tut, desto kleiner fühlt er sich.

Es sind offensichtlich nicht die äußeren Erfolge allein, die für ein gutes Selbstwertgefühl sorgen. Ausschlaggebend ist vielmehr die Qualität des inneren Antriebs. Wenn das Handeln einem defizitären Denken entspringt, dann wird kein noch so großer Erfolg für Glück und Erfüllung sorgen können. Der ehrgeizige Mensch geizt damit, sich selbst die Anerkennung zu geben, die er braucht. Daher der treffende Ausdruck Ehr-Geiz. Leider erkennen das viele erst im Burnout. Dann erst fragen sie sich »Wozu eigentlich die ganze Plackerei?« An sich ist das eine exzellente Frage, die aber nicht nur aufgeworfen, sondern auch beantwortet sein will. Hier setzt das Act-Big!-Programm an. Es zeigt Ihnen, wie Sie sich die wichtigsten Lebensfragen stellen und Ihr Leben nach den gefundenen Antworten ausrichten. Letzteres ist das Entscheidende – sonst machen Sie es wie die zahllosen Unternehmen, die zwar auf dem Papier eine Vision deklariert haben, aber im operativen Geschäft das Gegenteil davon tun, wodurch sie ihre Glaubwürdigkeit einbüßen.

Dieses Kapitel dient der Standortbestimmung und soll Sie für Ihr inneres Publikum sensibilisieren. Natürlich agieren Sie auch vor einem äußeren Publikum, also vor echten Menschen. Doch wird von diesem Applaus in der Außenwelt herzlich wenig bei Ihnen ankommen, wenn die Stimmung in Ihrem inneren Publikum vergiftet ist. Sie müssen also zuerst gründlich analysieren, auf wessen Anerkennung Sie aus sind. Auf wessen Meinung geben Sie etwas? Für den erwähnten Quantensprung ist das unerlässlich. Denn nur wenn Sie rechtzeitig bemerken, dass Sie wieder einmal vor einem undankbaren oder sogar missgünstigen Feel-Small-Publikum auftreten, können Sie den Fokus zu Ihrem selbst gewählten Act-Big!-Publikum verschieben, das Ihnen Selbstbestimmung, Glück und Erfolg beschert.

Vielleicht fragen Sie sich, wozu Sie überhaupt ein Act-Big!-Publikum brauchen. Genügt es nicht, auf seinen gesunden Menschenverstand zu hören oder seiner Intuition zu folgen? Leider reicht das in aller Regel nicht aus. Wenn Sie Ihr Leben nicht aktiv auf Act Big! ausrichten, wird unbemerkt immer wieder das Feel-Small-Publikum Ihr Leben bestimmen. Das ist die Macht der Gewohnheit. Bevor wir aber Ihr derzeitiges inneres Publikum unter die Lupe nehmen, legen wir einen wichtigen Zwischenschritt ein: Wir differenzieren zwischen Ihrer prinzipiellen Fähigkeit, erfolgreich zu sein, und dem Wert der Erfolge, die Sie erzielen.

Jeder ist erfolgreich – doch was ist der Erfolg wert?

Nur wenige Menschen empfinden sich selbst als erfolgreich. Wie steht es mit Ihnen? Falls Sie es noch nicht tun, dann empfehle ich Ihnen, heute damit zu beginnen. Doch zunächst müssen wir definieren, was Erfolg überhaupt ist: Eine Person hat Erfolg, wenn das erfolgt, was sie beabsichtigt. Da, wie gesagt, die meisten Menschen vor einem äußerst zweifelhaften inneren Publikum agieren, verfolgen sie Ziele, die sich oft genug gegenseitig im Weg stehen und weitgehend bedeutungslos sind. So kommt es, dass Menschen sich zerrissen, verwirrt und leer fühlen. Sie kämpfen mit emotionalen Blockaden, die ein Eigenleben zu haben scheinen, obwohl das niemals der Fall ist. Gemäß der obigen Definition behaupte ich, dass jeder Mensch erfolgreich ist. Nicht im herkömmlichen Sinne, sondern erfolgreich mit Blick auf seine derzeitigen Prioritäten.

Der nächste Schritt besteht daher darin, dass Sie sich fragen, welche bedeutungslosen Ziele Sie bislang verfolgt haben, ohne dass Ihnen überhaupt bewusst war, wie viel Zeit und Energie Sie darauf verwenden. Inwieweit sind Sie mit diesen oder ähnlichen Zielen befasst? Ist es Ihnen wichtig, dass

- Sie keine Party, keine Folge einer Fernsehserie oder keine Klatschgeschichte verpassen?
- Ihnen Ihr Partner/Ihre Kinder/die Nachbarn nicht auf die Nerven gehen?
- Sie im Job nicht mehr arbeiten als Ihre Kollegen beziehungsweise im Haushalt nicht mehr als Ihr Partner?
- Ihre Geheimnisse nicht ans Tageslicht kommen?
- andere nicht schlecht über Sie denken?

Dies sind nur einige Beispiele zum Wachrütteln. Sie demonstrieren, wofür Menschen kostbare psychische Energie aufwenden. Fragen Sie sich also ehrlich: Wo liegt Ihr Fokus? Womit befassen Sie sich und mit welchem Ziel? Sind Ihnen diese Dinge wirklich wichtig oder haben sie die falsche Priorität und Sie sind erfolgreich in Belanglosigkeiten? Stellen Sie sich vor, was Sie alles erreichen könnten, wenn Sie diese bisher verschwendete Energie in Ihre Lebensvision investieren.

Exercise for Excellence 7: Zweifelhafter Erfolg

- Wenn wir für einen Augenblick den Umstand außer Acht lassen, dass die erzielten Erfolge kaum etwas wert sind – wie gut sind Sie grundsätzlich darin zu erreichen, was Sie wollen?
- Welche Ziele wollen Sie mit sofortiger Wirkung streichen?

Mit dieser Übung will ich Ihnen zeigen: Ja, Sie *sind* erfolgreich. Sie *können* erreichen, was sie wollen. Sie werden also auch Ihre Lebensvision verwirklichen. Das eigentlich Wichtige ist, dass Sie sich ernsthaft fragen, was Sie *wirklich* wollen. Bei meiner Arbeit treffe ich häufig auf Leute, die behaupten, sie wüssten nicht, was sie wollen. Sie alle haben eines gemeinsam: Sie fragen sich gar nicht wirklich, was sie wollen, sondern versuchen herauszufinden, was sie tun sollten. Da habe ich als Berater leichtes Spiel. Denn für diejenigen, die sich im Irrgarten des Sollens nicht mehr auskennen, habe ich eine gute Nachricht: Wer nicht weiß, was er tun soll, ist frei, endlich das zu tun, was er wirklich will. Und meine Überzeugung ist, dass jeder Mensch weiß, was er will. Er mag Angst davor haben, aber er weiß es.

Wenn Sie es niemandem Recht machen können – umso besser! Machen Sie es sich selbst recht.

Wer sitzt in Ihrem inneren Publikum?

Wie können Sie herausfinden, vor welchem inneren Publikum Sie derzeit agieren? Wenn es sich um ein Feel-Small-Publikum handelt, bedeutet das, dass in erster Linie Ihre Eltern, Kindergarten- und Schulfreunde in Ihrem inneren Publikum sitzen und darüber befinden, wann Sie etwas gut oder schlecht gemacht haben. Problematisch daran ist, dass Sie sich dadurch an den Maßstäben von Kindern, Jugendlichen und Erwachsenen orientieren, deren Horizont wahrscheinlich sehr begrenzt war. Das kann beispielsweise dazu führen, dass Sie sich in einem Mitarbeitergespräch vor der Bewertung durch Ihren Vorgesetzten fürchten als sei dieser Ihr Vater. Oder aber Sie bringen in einer Besprechung Ihre Ideen nicht ein, weil Sie fürchten, ausgelacht zu werden. Unbewusst verwechseln Sie die übrigen Anwesenden mit Ihren Jugendfreunden, die sich über Sie lustig zu machen pflegten, um von ihrer eigenen Unsicherheit abzulenken. Ein Act-Big!-Publikum hingegen macht Sie selbstsicher und innerlich unabhängig. Es setzt sich aus weisen, integeren Personen zusammen, die Sie selbst ganz bewusst ausgewählt haben. In Ihrem Act-Big!-Publikum sitzen nur Menschen, die Ihnen den Rücken stärken, Sie zu Heldentaten inspirieren und Ihre Lebensvision repräsentieren. Mithilfe des Act-Big!-Programms definieren Sie Ihre eigenen Maßstäbe und besetzen das Act-Big!-Publikum in Übereinstimmung damit. Natürlich werden in Ihrem derzeitigen inneren Publikum bereits Personen sitzen, die Sie tatkräftig unterstützt haben und die Sie daher in Ihr Act-Big!-Publikum übernehmen wollen: Ein Mentor, der Ihnen den Berufseinstieg erleichtert hat, eine Jugendfreundin, mit der Sie über alles sprechen konnten, ein Großvater, der Sie in Schutz genommen hat. In diesem Kapitel geht es darum, die Spreu vom Weizen zu trennen. Die Selbstermächtigung durch Ihr Act-Big!-Publikum führt nicht, wie mancher befürchtet, zu Gleichgültigkeit. Vielmehr tritt Autonomie ein. Autonomie bedeutet »nach eigenen Gesetzen leben«.

Viele Menschen sind mehr damit beschäftigt, anderen über ihre spärlichen Erfolgserlebnisse zu berichten, als konsequent die nächsten Schritte zu unternehmen. Sie benehmen sich wie Kinder, die mit jedem gemalten Bild zu ihren Eltern laufen, um ein paar lobende Worte zu erhaschen. Unbemerkt verlagert sich der Fokus vom Malen zum Präsentieren. Doch die Abhängigkeit vom Lob der anderen erzeugt eine emotionale Achterbahnfahrt. Was dem einen gefällt, missfällt dem Nächsten.

Bei wieder anderen ist es noch schlimmer. Sie erlauben sich so gut wie gar keine eigenen Erfahrungen, sondern sehen stundenlang fern, um sich dann über das Gesehene mit Bekannten auszutauschen. Für diesen Bekannten handelt es sich bereits um Erfahrungen aus dritter Hand. Verstehen Sie mich richtig: Natürlich bringt Erfahrungsaustausch Nähe und kann mitunter sehr inspirierend sein. Problematisch finde ich das Ungleichgewicht zwischen eigenen Erfahrungen und Erfahrungen aus zweiter Hand. Nur selten treffe ich jemanden, der sein eigenes Leben lebt. Die meisten begnügen sich damit, Zuschauer zu sein. Eine Einzelperson tut etwas Spektakuläres und Tausende oder gar Millionen schauen nur noch zu.

Vom Mut, im Rampenlicht zu stehen

Wenn ich im Rahmen von Vorträgen und Seminaren von der ungeheuren Motivation berichte, die ein Act-Big!-Publikum freisetzt, begegne ich immer wieder einer Schwierigkeit: Die meisten Menschen empfinden es generell als unangenehm, beobachtet zu werden oder gar im Mittelpunkt zu stehen. Öffentlich eine Rede zu halten, gilt nach wie vor als eine der größten Herausforderungen überhaupt. Unter Beobachtung frieren viele förmlich ein, werden unauthentisch und verlieren sich selbst. Eine schreckliche Zwickmühle, in der viele sich befinden: Sie können nicht ohne Aufmerksamkeit leben, aber auch nicht mit ihr. Sich dieses Dilemma einzugestehen, finde ich äußerst hilfreich. Denn es zeigt, dass innerhalb des alten Systems keine Lösung zu finden sein wird. Nur ein komplett neues System ermöglicht Ihnen neue, befriedigende Erfahrungen. Das leistet das Act-Big!-Programm.

Es kann also sein, dass auch Sie sich lieber gar nicht vorstellen wollen, den ganzen Tag über vor einem inneren Publikum zu agieren. Natürlich soll die Metapher des Kinohelden Sie nicht noch zusätzlich unter Druck setzen, sondern für Klarheit und Entschlossenheit sorgen. Dazu ist es wichtig, dass Sie eine Grundsatzentscheidung treffen, nämlich die, dass Sie von jetzt an jeden Tag mehr zu sich selbst stehen wollen. Hinter allem, was Sie glauben, heimlich tun zu müssen, stehen Sie nicht wirklich. Sei es, dass Sie auf Kosten der Firma privat telefonieren oder Geld für Dinge ausgeben, von denen Ihr Partner nichts wissen soll. In Wirklichkeit ist das innere Publikum gar nicht meine Erfindung. Das innere Publikum existiert seit eh und je in Ihnen. Oder können

Sie irgendetwas tun, ohne dass Sie sich selbst dabei beobachten? Bleibt das schlechte Gewissen jemals aus, wenn Sie etwas tun, von dem Sie selbst nicht überzeugt sind? Fühlen Sie sich nicht trotzdem schlecht, auch wenn Sie etwas im stillen Kämmerlein tun und scheinbar niemand etwas davon mitkriegt? Act-Big! plädiert dafür, dass Sie sich für das entscheiden, was längst eine Tatsache ist: Sie beobachten sich immer selbst!

Die Ansichten, die Sie über sich selbst haben, sind alles entscheidend. Haben Sie diese Bewertungen bewusst gewählt oder haben Sie lediglich verinnerlicht, was andere über Sie denken? Finden Sie im Folgenden heraus, in welchen Situationen Sie in Wirklichkeit darunter leiden, dass Sie nicht im Einklang mit sich selbst handeln.

Kinder tun praktisch alles, um Aufmerksamkeit zu bekommen. Weshalb also sollten Sie etwas gegen Aufmerksamkeit haben? Ihre Abneigung dagegen rührt daher, dass Sie nicht zu Ihren Handlungen stehen. Je missgünstiger und hartherziger die Zuschauer in Ihrem inneren Publikum sind, desto schwerer fällt Ihnen das und umso mehr ist es an der Zeit, ein Act-Big!-Publikum zu installieren. Es unterstützt Sie darin, eine klare Entscheidung zu treffen, ob Sie eine Verhaltensweise beibehalten wollen oder nicht. Es hilft Ihnen dabei, Entscheidungen auf der Grundlage dessen zu treffen, wer Sie im tiefsten Inneren sein wollen – nicht auf der Grundlage dessen, was das Feel-Small-Publikum von Ihnen erwartet. Die Vorstellung, der Held Ihres eigenen Lebensfilms zu sein, unterstützt Sie dabei zu erkennen, wenn Sie in eine Verlierermentalität abrutschen oder versuchen, sich vor Menschen zu profilieren, deren Applaus Ihnen nichts bedeutet.

Exercise for Excellence 8: Raus aus der Heimlichkeit!

- Wählen Sie eine Situation aus, in der Sie sich recht wohl in Ihrer Haut fühlen, solange Sie für sich allein und unbeobachtet sind.
- Stellen Sie sich vor, Sie werden in der Situation gefilmt und ein ganzer Kinosaal voller Menschen schaut Ihnen jetzt zu. Die Menschen im Publikum sind Ihnen aber allesamt wohlgesonnen (dies ist eine Vorübung, Ihr eigentliches Act-Big!-Publikum wählen Sie in Kapitel 7 aus).

- Nehmen Sie sich so lange Zeit, bis Sie beginnen, die Aufmerksamkeit zu genießen. Welche Auswirkungen hat das auf Ihr Körpergefühl?

Unsere Taten werden davon bestimmt, wie unsere Lebensvision aussieht und wessen Anerkennung uns etwas bedeutet. All dies bestimmt, was wir tun und in welcher Lebensarena wir es tun. Aus diesem Grund ist es essenziell, dass Sie Ihr aktuelles inneres Publikum weiter untersuchen.

Innere Inventur – das derzeitige innere Publikum

Da sich die wenigsten von uns darüber jemals Gedanken gemacht haben, ist es mehr als wahrscheinlich, dass Ihr inneres Publikum zunächst einmal aus Eltern, Kindergartenfreunden und früheren Schulkameraden besteht. Später sind dann Kollegen und Freunde hinzugekommen, doch die meisten Plätze im Zuschauerraum wurden sehr früh in Ihrem Leben besetzt.

Exercise for Excellence 9:
Das innere Publikum analysieren

 Mit Tabelle 2 können Sie Ihr derzeitiges inneres Publikum untersuchen. In Spalte 1 tragen Sie Situationen ein, in denen Sie sich unwohl in Ihrer Haut fühlen oder das Gefühl haben, nicht Sie selbst sein zu dürfen. Identifizieren Sie pro Lebensbereich je drei solcher Situationen, in denen Sie das Gefühl haben, nicht als Held Ihres Lebensfilms zu agieren.

In Spalte 2 notieren Sie, welche Versuche Sie unternehmen, um den Applaus Ihres inneren Publikums zu ernten. Versuchen Sie nun herauszufinden, von welchen Personen Sie dieses Verhalten vermutlich übernommen haben. Welche Gesichter tauchen spontan vor Ihrem geistigen Auge auf? Verlassen Sie sich auf diese Assoziationen.

Die so gefundenen Personen sind Zuschauer in Ihrem Feel-Small-Publikum und werden in Spalte 3 festgehalten. Natürlich können Ihnen mehrere Personen, ganze Gruppen oder Institutionen einfallen.

In Spalte 4 beantworten Sie die wichtigste Frage: Über welche

Kompetenzen müsste eine Person verfügen, um wirklich ein Vorbild für die entsprechende Situation abgeben zu können? Das heißt: Inwiefern können die Personen, die Ihr Feel-Small-Publikum ausmachen, überhaupt als Experten in Sachen Karriere, Finanzen, Pädagogik, emotionaler Intelligenz, psychischer Gesundheit (oder worauf auch immer es in der Situation ankommt) gelten? Mit anderen Worten: Was ist die Meinung und die Anerkennung durch diese Person, Gruppe oder Institution eigentlich wert? Notieren Sie Ihre (wahrscheinlich ernüchternden) Erkenntnisse.

Angenommen, es gäbe tatsächlich eine Person, die imstande wäre, alle Erwartungen Ihres Feel-Small-Publikums zu erfüllen (nicht Sie! Sie haben es bereits oft genug erfolglos probiert!) – wäre diese imaginäre Person ein wahrhafter Held oder doch eher nur ein Hampelmann?

Das ist eine der zentralen Übungen im Rahmen des Act-Big!-Programms und hat für viele Menschen lebensverändernde Folgen. Denn ihnen wird bewusst, mit welcher Art von Treibstoff sie bisher ihren inneren Motor betrieben haben. Nicht selten erkennen Menschen, dass sie jahrelang in eine vollkommen falsche Richtung gehastet sind. Seminarteilnehmern wird bewusst, dass sie sich in einer Arena bewegt haben, in der es belohnt wurde, im Job nicht unangenehm aufzufallen, über andere zu lästern oder eine ruhige Kugel zu schieben, damit niemand merkt, wie wenig ausgelastet die gesamte Abteilung ist. Im Privatbereich galt es, mit sexuellen Kontakten prahlen zu können, cool zu sein, den meisten Tequila zu vertragen, schlanker als das magersüchtigste Supermodel zu sein, möglichst viele teure Handtaschen zu besitzen oder die meiste Aufmerksamkeit durch das größte Problem auf sich zu ziehen. Wieder andere Menschen erkennen, dass sie literweise Kaffee in sich hineingeschüttet oder stangenweise Zigaretten geraucht haben, nur um sich zugehörig zu fühlen. Menschen, die innerlich vor einem Feel-Small-Publikum agieren, finden sich gerne zusammen und passen sich untereinander an, so wie sie es innerlich ja auch tun. Verstehen Sie mich nicht falsch: Ich habe nichts gegen einen guten Kaffee, eine schicke Handtasche oder eine attraktive Figur einzuwenden. Doch wenn diese Dinge den Lebensinhalt bilden, finden die Menschen keine Erfüllung.

Tabelle 2: Bestimmung des derzeitigen inneren Publikums

	Spalte 1	Spalte 2	Spalte 3	Spalte 4
	Situation, in der ich mich unwohl fühle/ nicht ich selbst sein kann	Auf welche Weise versuche ich, »richtig« zu sein, obwohl es sich falsch anfühlt?	Von wem habe ich gelernt, was »richtig« ist? Wer sitzt in meinem Feel-Small-Publikum?	Inwiefern ist diese Person ein Experte für die Situation?
Beruf	1.			
	2.			
	3.			
Familie	1.			
	2.			
	3.			
Freundeskreis	1.			
	2.			
	3.			
Gesellschaft	1.			
	2.			
	3.			

Nach der Analyse des inneren Publikums wundert sich kaum noch ein Seminarteilnehmer, weshalb sein Leben einfach nicht funktioniert. Ihm wird klar, dass all das lächerliche oder sogar selbstzerstörerische Verhalten vollkommen überflüssig wird, wenn er ein Act-Big!-Publikum installiert, mit dem er sich selbst ermächtigt. Auch wenn Sie Ihr Act-Big!-Publikum erst in Kapitel 7 bestimmen, so können Sie bereits durch die Frage »Was ist der Applaus des Feel-Small-Publikums wirklich wert?« die Stühle im

Kinosaal mit Ihrem Feel-Small-Publikum reihenweise in Schleudersitze verwandeln.

Natürlich können solche Einsichten schmerzhaft sein, vor allem wenn man sich letztlich eingestehen muss, dass man jahrelang in die falsche Richtung gerannt ist. Aus der Theorie der kognitiven Dissonanz von Festinger ist das Phänomen der »Rechtfertigung des Aufwands« bekannt. Sie besagt, dass Menschen sich einen Fehler umso schwerer eingestehen können, je mehr Zeit, Geld und Energie sie in diesen Fehler investiert haben. Bleiben wir bei unserer Kinometapher und nehmen Folgendes an: Sie haben Geld für einen Kinofilm ausgegeben und merken nach einigen Minuten, dass der Film verschwendete Zeit sein wird, weil er grottenschlecht ist. In den meisten Fällen sehen Sie ihn sich aber trotzdem komplett an – weil Sie schlicht und ergreifend nicht umsonst bezahlt haben wollen. Tatsache ist aber: Das Geld ist weg. Sie könnten jetzt auch Schadensbegrenzung betreiben, indem Sie sich Ihre Fehlinvestition so früh wie möglich eingestehen und sich eine bessere Abendbeschäftigung suchen.

Selbstverständlich ist es auch im Berufsleben nicht gut, die Flinte zu früh ins Korn zu werfen, sondern gründlich nachzudenken, ob sich eine Produktidee oder Kundenbeziehung nicht doch noch retten lässt. Doch vielfach versäumen Menschen dadurch, einen Fehler frühzeitig zu korrigieren. Entscheidend dabei ist, dass Sie das Gefühl haben, dass sich der Aufwand einer Rettungsaktion lohnt. Und das wird nur dann der Fall sein, wenn Ihnen die Angelegenheit aufrichtig am Herzen liegt. Wenn es in Ihrem gesamten Leben auch nur einen einzigen Augenblick geben sollte, in dem Sie sich vollkommen authentisch und integer gefühlt haben, dann wird dieser Augenblick für Sie unschätzbar wertvoll sein. Wer diesen einen Augenblick erlebt hat, der kann in Frieden sterben. Doch um diesen Augenblick zu erleben, müssen Sie Ihre gesamte Lebensfreude und Motivation aktiviert haben. Und das gelingt Ihnen, wenn Sie die sieben Publikumsmagnete eines erfüllten Lebensfilms berücksichtigen.

3
Die sieben Publikumsmagnete Ihres Lebensfilms

»Indem wir das Unmögliche versuchen,
erreichen wir das Mögliche.«
Chinesisches Sprichwort

Ihr Lebensfilm wird zum Kassenschlager, indem Sie die sieben Publikumsmagnete beherzigen. Jeder einzelne erfüllt eine spezifische Funktion, um Ihr Act-Big!-Publikum zu begeistern, weil Sie Ihr Leben spannend und inspirierend gestalten.

Publikumsmagnet 1: Utopie

Ich habe intensiv darüber nachgedacht, ob ich das Wagnis eingehen soll, den Begriff »Utopie« zu verwenden, denn heutzutage ist er für viele negativ besetzt: Wer eine Utopie verfolgt, wird oftmals als Träumer abgetan. Zunächst will ich betonen, dass es bei der Utopie nicht darum geht, dass sie garantiert zu erreichen ist. Es geht um ihre Publikumswirksamkeit, mit anderen Worten: um Ihren inneren Antrieb. Entscheidend ist, dass die Utopie Sie emotionalisiert und Sie zu Ideen inspiriert, die Sie sonst womöglich nicht gehabt hätten. Je größer die Lebensvision ist, die Sie entwickeln können, desto besser.

Weshalb sollten Sie möglichst große Ziele anstreben? Stellen Sie sich vor, ich würde Sie einladen, mit mir auf den großen Feldberg zu kommen. Er ist mit nicht einmal 900 Metern der höchste »Berg« im Taunus, wo ich aufgewachsen bin. Und nun stellen Sie sich vor, ich würde Ihnen vorschlagen, mit mir den K2 im Himalaya zu besteigen. Der K2 gilt als einer der am schwierigsten zu bezwingenden Gipfel der Welt. Was meinen Sie: Welches Ziel wird wohl mehr Ideen zutage fördern und uns mit reichlich Motivation versorgen? Und nach welcher Tour werden wir wohl stolzer auf uns sein?

Was ist die ursprüngliche Bedeutung von Utopie? Die Utopie ist die Vision von einer besseren Welt. Die Welt wird neu erdacht, und zwar zunächst einmal unabhängig von herrschenden Konventionen und kulturell geprägten Wertvorstellungen. Brauchen Sie für Glück und Erfolg unbedingt eine Utopie? Es kommt drauf an. Ob eine Utopie für Sie einen wichtigen Publikumsmagneten bildet, der Sie näher in Richtung Glück und Erfolg bringt, hängt von zwei Faktoren ab, nämlich davon

- wie weit Sie sich von Ihrem eigentlichen Weg haben abbringen lassen und
- wie weit fortgeschritten Sie in Ihrer Persönlichkeitsentfaltung sind.

Wie weit sind Sie vom Weg abgekommen?

Wenn Sie heute beruflich etwas ganz anderes tun, als das, wofür Sie wirklich brennen, müssen Sie nicht erst zurück zum ursprünglichen Weg finden, um Ihre Heldenreise anzutreten. Nein, Ihre Heldenreise beginnt damit, dass Sie die Rahmenbedingungen in Ihrem Leben schaffen, um zu Ihrem eigentlichen Weg zurückzukehren. Es gibt vieles, was Sie davon abgebracht haben kann, wie etwa Misserfolge, durch die Sie sich haben entmutigen lassen, oder Bezugspersonen, die Ihnen haben weismachen können, dass es »vernünftiger« sei, sich etwas anderem als Ihrer Lebensaufgabe zu widmen. Doch was soll vernünftig daran sein, einer freudlosen Arbeit nachzugehen? Auch das liebe Geld ist ein häufiger Grund, vom Weg abzukommen. Oder der Irrglaube, nach der Geburt des Kindes lasse sich der eigene Weg nicht fortsetzen. Wenn Sie aber eine Utopie entwerfen, die für die gesamte Menschheit gilt, wieso sollten Ihre Kinder darin keinen Platz finden?

Je weiter Sie vom Weg abgekommen sind, desto stärkere Publikumsmagnete brauchen Sie, um Ihre Lebensgeister wiederzuerwecken und Ihren Weg wiederzufinden, denn mit der Zeit ist er zugewuchert. Das kann bedeuten, dass Sie sich durch einen ganzen Dschungel an Lebensumständen und Gedanken in Ihrem Kopf kämpfen müssen, um Ihre Lebensfreude zurückzuerobern. Indem Sie eine Utopie entwerfen, die für die gesamte Menschheit gilt, wirken Sie alldem entgegen. Im Sinne von Act Big! handeln Sie groß, bei allem, was Sie tun.

Eine Utopie ist ein besonders starker Publikumsmagnet. Wenn Sie erkennen, dass viele Menschen um Sie herum zwar unglücklich, aber nicht bereit sind, die Konsequenzen daraus zu ziehen, dann wissen Sie, dass Sie gebraucht werden. Sie sind auf einer Heldenmission.

Doch gerade dann, wenn Sie von besonders vielen Menschen umgeben sind, die unglücklich sind, werden Sie einen umso zugkräftigeren Publikumsmagneten benötigen, der für Ihre innere Unabhängigkeit sorgt. Denn insbesondere unglückliche Personen werden Sie am vehementesten von Ihrem Weg abzubringen versuchen. Diese Personen haben resigniert und wollen nicht an die Missstände erinnert werden, von deren Unveränderlichkeit sie sich mangels gesundem Vorstellungsvermögen selbst überzeugt haben.

Tabelle 3: Kleine Leute vs. Helden

Kleine Leute	Helden
Kleine Leute sind starrsinnig.	Helden sind entschlossen.
Kleine Leute manipulieren.	Helden nehmen Einfluss.
Kleine Leute glauben zu wissen, was sie wollen und sind trotzdem unglücklich.	Helden wollen das Beste für möglichst viele Menschen (Mitarbeiter, Bürger, Mitglieder) und fühlen sich dadurch verbunden und erfüllt.
Kleine Leute haben Hoffnungen und werden enttäuscht.	Helden haben eine Lebensvision und wachsen mit jedem Rückschlag.
Kleine Leute wollen etwas haben, ohne viel dafür zu tun.	Helden wollen etwas tun, das für alle gemeinsam eine Bereicherung darstellt.
Kleine Leute konkurrieren um kleine Dinge.	Helden kooperieren für die große Sache.
Kleine Leute versuchen, große Leute zur Schnecke zu machen.	Helden versuchen, den Löwen in kleinen Leuten zu wecken.
Kleine Leute betrachten Größe als Arroganz.	Helden sehen ihre Größe als Ehre und Verpflichtung gegenüber der Gesellschaft an.
Kleine Leute drehen sich im Kreis.	Helden drehen sich in einer Aufwärtsspirale.
Kleine Leute sind abhängig von der Bestätigung durch andere.	Helden orientieren sich an ihrem Gewissen, ihrer Ethik und ihrer Vorstellung von einer besseren Welt.

Wie viele Menschen kennen Sie, die sich damit begnügen, klein zu sein? Ein Held zu sein, macht hingegen glücklich. Denn obwohl der Held aus der Gesellschaft herausragt, so gehört er doch mehr zur Gemeinschaft als der kleine Mann, der selten über seinen Tellerrand hinausblickt.

Also, bekennen Sie sich dazu, dass Sie als Held Ihres Lebensfilms zu den Großen gehören wollen. Ihr Entwurf einer besseren Welt ist ein Ausdruck davon. Schreiben Sie bei der Formulierung Ihrer Utopie kompromisslos das auf, was Ihnen wirklich am Herzen liegt. Und selbst wenn es nur ein Wunschtraum bleiben sollte, kann dies bereits einiges wert sein.

Wie fortgeschritten sind Sie in Ihrer Persönlichkeitsentfaltung?

Helden finden sich nicht einfach mit dem Status quo oder dem Lauf der Dinge ab. Man wird sie nicht seufzend an der Bar bei ihrem fünften Whisky antreffen. Große Frauen, wie etwa Eleanor Roosevelt, sind in der Lage, sich von Konventionen zu befreien. Aber nicht, um Anarchie herbeizuführen, sondern um die Welt neu erdenken und zusammensetzen zu können. So setzte sich Eleanor Roosevelt nicht nur für die Emanzipation und das Frauenwahlrecht in den USA ein, sondern gründete sogar eine Möbelfabrik, was in den USA der Zwanzigerjahre Aufsehen erregte. Hillary Clinton trat bereits in jungen Jahren von ihrem Amt als Präsidentin der Jungen Republikaner zurück, weil sie den Vietnamkrieg nicht befürworten konnte. Sie setzt sich seit vielen Jahren unermüdlich für Menschen- und Kinderrechte ein. Ohne einen festen Glauben an eine bessere Welt wäre das undenkbar.

Persönlichkeitsentwicklung hört nicht am eigenen Tellerrand auf. In welcher Lebensarena Sie auch immer tätig sind, es gibt immer größere Zusammenhänge, sei es die Psychologie des Immobilienmarkts, gruppendynamische Prozesse in Arbeitsteams oder Manipulationsmethoden von Werbung und Massenmedien. Je selbstbestimmter Sie sich fühlen und je mehr Sie Ihr eigenes Leben in Ordnung bringen – indem Sie einen Job ausüben, der zugleich Berufung für Sie ist, finanziell auf gesunden Füßen stehen, eine liebevolle Partnerschaft führen et cetera –, desto eher begreifen Sie, dass es mit diesem persönlichen Glück nicht getan ist. Die Heldenreise geht weiter. Sobald Sie mit sich selbst weitgehend im Reinen sind, wird sich Ihre Wahrnehmung erweitern und dann fallen Ihnen gesellschaftliche Probleme auf, die Ihnen einerlei waren, solange Sie noch im persönlichen Überlebenskampf feststeckten. Dann wird eine Utopie ungeahnte Kraftressourcen in Ihnen freisetzen.

Also, wovon träumen Sie? Von einer Unternehmenskultur ohne Ellbogenmentalität? Von einem Schulsystem, in dem lauter kleine Genies heranwachsen? Von Liebesbeziehungen jenseits von Dramen, Misstrauen und Eifersucht? Von einer intakten Umwelt? Von einem Gesundheitssystem, das sich der Salutogenese verpflichtet fühlt? Was immer es auch sei – wagen Sie es zu träumen. Sie tun das nicht nur für sich selbst, sondern für uns alle.

Publikumsmagnet 2: Lebenszweck

Sobald Sie eine Idee davon bekommen, welche Vorstellung von einer besseren Welt Sie haben, wird es deutlich einfacher, sich die Frage zu beantworten: »Wozu lebe ich eigentlich?« Sie leben, um Ihren Beitrag zu leisten, damit die Utopie zur gelebten Realität werden kann. Leider denken die meisten Menschen nicht weit genug. Sie wählen einen Beruf, um überleben zu können. Dabei fragen sie sich nicht, welchen Zweck dieses Überleben überhaupt erfüllt. Oder sie bekommen Kinder, ohne eigentlich zu wissen, wozu. Wieder andere beschließen, keine Kinder in die Welt zu setzen, weil die Welt schließlich so schlecht ist. Verstehen Sie mich richtig: Es gibt sehr viele Missstände auf dieser Welt. Aber wenn Sie den Mut haben, von einer besseren Welt zu träumen und Ihre Bemühungen der bitteren Realität entgegenzuhalten, dann erkennen Sie nicht nur Ihren eigenen Lebenszweck, sondern können sich auch gleich viel besser vorstellen, wozu Ihre Kinder auf der Welt sind. Ihre Existenz muss einem höheren Zweck dienen, sonst laufen Sie Gefahr, in den Alltagstrott zu verfallen. Dann wird Ihr Lebensfilm uninteressant und Ihr inneres Publikum schläfrig.

Publikumsmagnet 3: Vision

Ich unterscheide begrifflich zwischen Vision und Lebensvision. Wenn ich von der Lebensvision des Helden spreche, beziehe ich mich auf alle sieben Publikumsmagnete. Eine Vision im engeren Sinn meint Ihre großen Ziele. So ein großes Ziel könnte beispielsweise darin bestehen, dass Sie sich selbstständig machen wollen, um von dem, was Ihnen Freude macht, Ihre Familie zu ernähren. Oder Sie träumen davon, dass Sie 100 000 Menschen mit einer einzigartigen Dienstleistung zufriedenstellen. Vielleicht schwebt Ihnen vor, einen eigenen Club mit einer Livebühne für Kleinkunst zu betreiben oder Sie können sich nichts Großartigeres vorstellen, als einen öffentlichen Park zu gestalten. Denken Sie hier nicht nur an den nächsten Karriereschritt, die kleine Gehaltsaufbesserung oder den abbezahlten Kredit. Finden Sie vielmehr heraus, was Sie letztlich erreichen wollen.

Publikumsmagnet 4: Erlebnisse

Eine Vision ist ein großes Ziel. Doch auch der Weg dorthin darf ein Genuss sein. Und eine gute Heldenreise hält viele spannende Abenteuer und Glücksmomente für Sie bereit. Von welchen Abenteuern möchten Sie gerne Freunden oder Kollegen berichten können? Welchen Schwank aus Ihrer Jugend oder Ihrem Leben wollen Sie eines Tages Ihren Enkelkindern erzählen können? Woran möchten Sie auf dem Sterbebett dankbar zurückdenken? Erlebnisse, die Sie sich auf Ihrer Heldenreise wünschen, können eine große Faszination auf Ihr Act-Big!-Publikum ausüben und umso mehr Zuschauer in das Kino Ihres Lebensfilms locken. Natürlich wird es daneben auch viele Höhepunkte auf Ihrer Reise geben, mit denen Sie nicht gerechnet haben. Bei mir persönlich ist es nicht anders: Etliche Höhepunkte meiner bisherigen Heldenreise waren ungeplant. Dennoch gibt es genügend Erlebnisse, die ich bewusst angestrebt habe.

Was sind die Erfahrungen, auf die Sie eines Tages zurückblicken können wollen? Es kann sein, dass Sie die Geburt eines Kindes erleben oder eine eigene Fernseh-Talkshow moderieren wollen. Vielleicht träumen Sie von der Liebe auf den ersten Blick? Wollen Sie den Nervenkitzel eines Fallschirmsprungs spüren oder einen Tauchkurs belegen? Gestehen Sie sich Ihre Träume ein, auch wenn sie unerreichbar scheinen. Diese Erlebnisse machen Ihren Lebensfilm sehenswert. John Strelecky hat mit *The Big Five for Life – Was wirklich zählt im Leben* ein hervorragendes Buch verfasst, in dem er das Leben mit einer Safari vergleicht. Eine Safari in Afrika galt unter Jägern als erfolgreich, wenn sie die Big Five – also Elefant, Nashorn, Büffel, Löwe und Leopard – erlegen konnten. Was machte diese Tiere zu den Big Five? Ihre Körpergröße? Nein, dass es so gefährlich war, sie zu jagen. Was sind Ihre Big Five im Leben?

Publikumsmagnet 5: Werte

Wenn Sie über sich hinauswachsen wollen, halten Sie sich an Prinzipien, die über Sie selbst hinausgehen. Heldentaten lassen sich im Kleinen wie im Großen vollbringen. Doch allen Helden ist gemein, dass sie an etwas glauben, das über ihre persönlichen Interessen und über das reine Überleben hinausgeht: ethische Werte. Der Nachteil an ethischen Werten ist, dass sie für den materialistisch geprägten Geist schwer greifbar sind. Doch ihr unschlagbarer Vorteil ist, dass sie in der Lage sind, die Zeit zu überdauern. Die Verankerung ethischer Werte im Bewusstsein der Menschheit bedeutet einen unumkehrbaren Fortschritt. Ein prachtvolles Gebäude kann ohne Weiteres zerstört werden – aber wer könnte die Werte Freiheit, Gleichheit, Brüderlichkeit, für die so viele Menschen in der Französischen Revolution gekämpft haben, wieder aus den Köpfen der Menschen verbannen? Ich will hier auf keinen Fall dem Krieg das Wort reden, betone aber, dass Werte helfen, selbst die Angst vor dem Tod zu überwinden.

Wer keine Vision hat, für wen höhere Werte keine Rolle spielen, wird automatisch im Hamsterrad kurzfristiger Zielerreichung rennen und in seiner Freizeit nach kurzfristiger Befriedigung Ausschau halten (»Was gibt es im Fernsehen?«/»Was gibt es im Kühlschrank?«). Geradezu grotesk wird es dann, wenn die Vergnügungssucht philosophisch untermauert werden soll durch Mottos wie »Man lebt nur einmal« oder »Man muss im Hier und Jetzt leben«. Was für ein armseliges Hier und Jetzt das ist! Denn direkt unter dem billigen Vergnügen lauert die Langeweile, die Leere. Wer wahrhaft glücklich sein will, der muss verstehen, womit sich die innere Leere dauerhaft füllen lässt und womit nicht. Einen Fremden auf der Straße durch ein aufrichtiges Lächeln zu erfreuen, erfüllt mehr als eine Packung Tortillachips mit Käsesauce.

Erkennen Sie, dass Vergangenheit, Gegenwart und Zukunft sich allesamt im selben Bewusstseinsraum abspielen. Dieses Bewusstsein ist jetzt – aber es umfasst auch Ihre Vision von der Zukunft. Wenn Sie an die Zukunft denken, wann geschieht das? Jetzt! Wenn Sie an die Vergangenheit denken, tun Sie das jetzt. Und stets tummeln sich auch andere Menschen in Ihrem Bewusstsein. Daher ist es aussichtslos, wenn Sie versuchen, als isolierter Mensch glücklich zu werden. Es sind die Werte, die eine Verbindung zwischen Ihrem persönlichen Glück und dem Glück der Menschheit herstellen.

Wenn Sie sich heutzutage in der Welt umsehen, werden Sie wahrscheinlich erkennen, dass nur wenige Menschen wirklich glücklich und erfüllt sind. Aber Sie können sich hier und jetzt eine bessere Zukunft ausmalen. Und das Bild dieser Zukunft macht Sie glücklich. Wann? Jetzt!

Der Unterschied zwischen Werten und Bedürfnissen

Werte sind für mich psychische Grundbedürfnisse. Was Essen, Trinken, Schlafen und Atmen für den Körper sind, das sind Werte für die menschliche Psyche. Viele Menschen befriedigen zwar ihre körperlichen Bedürfnisse – zumindest in einem Mindestmaß –, aber ihre psychischen Bedürfnisse vernachlässigen sie sträflich. Oft genug werden die psychischen Bedürfnisse (Werte) an den Arbeitgeber verkauft, um die körperlichen Bedürfnisse erfüllen zu können. »Erst kommt das Fressen, dann kommt die Moral« lautet das berühmte Zitat aus Bertolt Brechts *Dreigroschenoper*. Doch wenn Sie ein glückliches, inspiriertes Leben führen wollen, können Sie es nicht beim Fressen bewenden lassen. Fressen macht voll, aber es erfüllt nicht. Das Fressen dient dem Überleben, aber die Ethik macht das Leben erst lebenswert.

Wie oft habe ich von Kundenberatern gehört, dass sie darunter leiden, ihre Kunden nicht seriös beraten zu können, weil sie damit den Interessen ihres Unternehmens zuwiderhandeln würden. Ein Außendienstmitarbeiter einer Versicherung kann dieses Problem lösen, indem er zum Versicherungsmakler wird. Auf diese Weise kann er die Produkte empfehlen, hinter denen er wirklich steht.

Die Erfüllung Ihrer Bedürfnisse lässt Sie überleben, aber die Kultivierung von Werten trägt zu Ihrer Unsterblichkeit bei. Es gibt nicht wenige Menschen, die für Werte wie Menschenwürde ihr Leben ließen. Da wären beispielsweise die Geschwister Scholl. Ihre Mörder mögen geglaubt haben, sie hätten triumphiert, indem sie das Leben der Unbeugsamen ausgelöscht haben. Aber dieser Triumph war eine Illusion. Denn die Ideen, die uns diese Helden hinterlassen haben, sind nicht mehr aus unserem Denken zu verbannen.

Werte sorgen für Selbstwert

Ist es nicht logisch, dass Ihr Selbstwert nur auf dem beruhen kann, was Sie beizutragen haben? Das Problem, vor dem heute unzählige Arbeitnehmer stehen, ist, dass sie keinen Sinn in ihrer Arbeit sehen. Bei manchen ist es eine Form der stillen Rache am Arbeitgeber. Der Arbeitnehmer fühlt sich unterbezahlt und verweigert seine Leistung, um wieder ein Gefühl des gerechten Ausgleichs herzustellen. Damit wird jedoch nur einem einzigen Wert Rechnung getragen, nämlich der Gerechtigkeit – aber nach dem Motto Auge um Auge, Zahn um Zahn. Bei einem Großteil der arbeitenden Bevölkerung tritt mit der Zeit das Monetäre immer weiter in den Vordergrund, mit anderen Worten das Nehmen. Doch wer nur nimmt, dessen Selbstwertgefühl wird untergraben. Auf Arbeitgeberseite muss dann fast zwangsläufig der Eindruck von mangelndem unternehmerischem Denken entstehen. Kein Wunder! Welche Ideen sind von Menschen zu erwarten, deren Selbstwertgefühl im Keller ist? Eine endlose Abwärtsspirale dreht sich hier.

Beneiden Sie nie wieder Kollegen, die sich für die innere Kündigung entschieden haben. Die freizeitorientierte Schonhaltung ist ein masochistischer Akt, auch wenn sie sich den Anschein eines gelungenen Rachefeldzugs gibt. Wenn Sie zur Erreichung der Unternehmensziele nicht aus eigenem Antrieb etwas beisteuern wollen, wo soll Ihr berufliches Selbstwertgefühl herkommen? Was wir beobachten, das sind Angestellte, die ohne Weiteres über das fachliche Know-how verfügen würden, um dem Unternehmen zum Florieren zu verhelfen. Doch sie vermissen die Wertschätzung, die Anerkennung vonseiten des Unternehmens.

Das Act-Big!-Programm verfolgt hier einen gänzlich anderen Ansatz. Er besteht darin, dass Sie lernen, all das, was Sie sich von außen wünschen, selbst herzustellen. Sie werden zum Produzenten von Wertschätzung, Teamgeist, Aufmerksamkeit … und produzieren all das nicht nur für den Eigenbedarf. Ihr ganzes Team profitiert davon, selbst Ihr Vorgesetzter (so Sie einen haben). Wieso glauben viele immer noch, dass der Chefin ein positives Feedback nicht auch guttut? Wenn Sie zum (Selbst-)Wertproduzenten werden, passieren viele erfreuliche Dinge, mit denen Sie wahrscheinlich niemals gerechnet hätten. Beispielsweise löst sich Kontaktscheu in Luft auf. Leuchtet es nicht ein, dass es leicht ist, sich zu einem Team zugehörig zu fühlen, wenn man etwas beiträgt? Auch ist es viel einfacher, von Kollegen Hilfe anzunehmen, wenn Sie vorher aus Überzeugung (nicht aus Berechnung) einen wertvollen Beitrag geleistet haben.

Publikumsmagnet 6: Begabungen

Begabungen sind die Geschenke der Natur an Sie. Begabungen sind nicht dazu da, dass nur Sie sich daran erfreuen, sondern sie sind eine Art Auftrag. Wenn Sie wissen wollen, wohin der Wegweiser in Ihrem Leben zeigt, dann sehen Sie sich Ihre Talente an. Nicht, dass Sie die Zeit hätten, all das zu tun, wofür Sie talentiert sind. Machen Sie sich bewusst, welche Begabungen Sie konkret einsetzen und auf diese Weise zu Kompetenzen machen wollen. Das hängt auch von der gewählten Lebensarena ab, die aus Ihrer Sicht am besten mit Ihrer Lebensvision harmoniert.

Je begabter Sie in einem Bereich sind, desto leichter werden Sie durch Erfolge etwas beitragen können. Diese Erfolge machen Sie glücklich und begeistern Ihr Act-Big!-Publikum. Je größer Ihr Talent ist, desto öfter werden Sie in der Lage sein, sich die Latte immer höher zu legen. Auf diese Weise bleibt Ihr Lebensfilm dauerhaft spannend.

Publikumsmagnet 7: Interessen

Wieso gelingt es vielen Menschen nicht, konsequent die eigenen Ziele zu verfolgen? Weil sie zu wenig berücksichtigen, dass sie sich ständig weiterentwickeln wollen. Interessen sind nichts Statisches. Sobald Sie sich in einem Bereich entfaltet haben, werden Sie sich ganz natürlich auf die Suche nach der nächstgrößeren Herausforderung machen. Dazu kann es notwendig sein, den Arbeitsplatz zu wechseln, weil es dort nicht mehr genug zu lernen gibt. Weiterentwicklung ist der eigentliche Sinn des Lebens.

Je größer Ihr Interesse an einer Tätigkeit ist, je mehr Sie darin aufgehen, desto leichter werden Sie andere Menschen mitreißen, sei es als Führungskraft oder als Teammitglied. Wenn Sie mit Herz und Seele dabei sind, springt der Funke der Begeisterung auch auf Ihr Act-Big!-Publikum über.

4

Die Lebensvision

Drehbuch
Ihres Lebens

»Logik wird dich von A nach B bringen
Fantasie wohin du willst.«
Albert Einstein

Die sieben Publikumsmagnete sind die Zutaten, die Sie für einen inspirierenden Lebensfilm benötigen. Sie bilden die Grundlage für Ihre Lebensvision, die sozusagen das Drehbuch darstellt. Vielleicht fragen Sie sich, wozu Sie überhaupt eine Lebensvision brauchen. Vielleicht denken Sie, dass eine Lebensvision nur etwas für große Staatsmänner, CEOs, Philosophen oder Künstler sei. Doch so ist es nicht. Eine Lebensvision hilft jedem, klare Entscheidungen zu treffen, Prioritäten zu setzen, sich abzugrenzen und nicht einfach nur den Erwartungen anderer hinterherzurennen. Sie sind auf einer Mission, die vielen dient – und genau das erleichtert es Ihnen, auch einmal Nein zu sagen. Nicht weil sie unkooperativ wären, sondern weil Sie an etwas Größerem arbeiten.

Denn was wäre ein Held ohne einen Lebenszweck, ohne eine Vision, ohne höhere Werte, für die er einsteht? Wohl bestenfalls ein Aushilfs- oder Gelegenheitsheld. Dass in Menschen Helden schlummern, zeigt sich immer wieder in den Nachrichten, wenn berichtet wird, dass jemand in einer lebensbedrohlichen Situation über sich selbst hinausgewachsen ist und etwa ein Kind aus einem Eisbach gezogen oder einen Menschen aus einem brennenden Haus gerettet hat. Bei Act Big! geht es jedoch darum, wie Sie nicht nur reagieren, sondern Ihr Leben proaktiv gestalten können.

Viele Menschen versuchen in der Untätigkeit Frieden zu finden beziehungsweise darin, alle Ansprüche (ob vonseiten des Unternehmens, des Staates oder des Partners) abzuwehren und sich allem zu entziehen. Doch der wahre Frieden tritt dadurch ein, dass Sie in den Fluss springen, indem Sie sich Ihre Träume eingestehen. Wenn Sie sich genauso schnell fortbewegen wie das Wasser, das Sie umfließt, kommen Sie nicht nur zügig vorwärts (haben also Erfolg), sondern Sie spüren auch keinen Widerstand. Dieses Flusserleben hat der Glücksforscher und ehemalige Professor für Unternehmensführung Mihály Csíkszentmihályi genauestens beschrieben. Demnach ist eine Person, die in den Flowzustand gelangt, zu Spitzenleistungen fähig, während sie gleichzeitig das Gefühl hat, ohne bewusste Anstrengung zu arbeiten. Das Erleben von Zeit und Raum tritt in den Hintergrund, die Person fühlt sich eins mit der Aufgabe. In seinem Buch *Dem Sinn des Lebens eine*

Zukunft geben vertritt Csíkszentmihályi überzeugend die These, dass sich ein Mensch von Sinn erfüllt fühlt und zugleich jeden Moment seines Lebens genießt, indem er sich in den Evolutionsprozess der gesamten Menschheit einklinkt. Genau dieses Ziel verfolgt auch das Act-Big!-Proramm.

Doch mit dem Flow ist es so eine Sache – Sie treten nur in ihn ein, wenn Sie in der Lage sind, sich vollkommen auf eine Sache zu konzentrieren. Aus meiner Erfahrung hilft eine Lebensvision dabei enorm. Dadurch haben Sie etwas, dem Sie sich mit Haut und Haar verschreiben können, ansonsten besteht die Gefahr, dass Sie sich zu leicht von Belanglosigkeiten ablenken lassen. Sie werden nach billigem Vergnügen suchen und doch freudlos bleiben. Und natürlich tut es nicht irgendeine Lebensvision, sondern nur eine für Sie maßgeschneiderte wird das leisten können.

Leider sind nur die wenigsten Menschen in der Lage, eine Lebensvision zu entwerfen, an diese zu glauben und sie konsequent zu verfolgen. Die meisten richten ihr Leben vollkommen an den sogenannten Sachzwängen aus, von denen sie sich umgeben glauben. Die Fantasie ist ihnen abhandengekommen. Kein Wunder. Schon in der Schule ist fast ausschließlich das Wiederkäuen von Fakten gefragt. Die kläglichen Reste ihrer Fantasie haben sie dann im Erwachsenenalter freiwillig aufgegeben – oft genug aufgrund von Enttäuschungen und allerlei geplatzten Kindheitsträumen.

Die vier Stufen der Selbstentfaltung

»Ziel des Lebens ist Selbstentwicklung.
Das eigene Wesen völlig zur Entfaltung zu bringen,
das ist unsere Bestimmung.«

Oscar Wilde

Wie kommt es, dass es vielen Menschen so schwerfällt, den Sinn ihres Lebens zu bestimmen? Die Hintergründe lassen sich viel besser verstehen, wenn man die vier Stufen der Selbstentfaltung betrachtet (siehe Tabelle 4 und Abbildung 2).

Tabelle 4: Die vier Stufen der Selbstentfaltung – Übersicht

	Lebensgefühl	Kennzeichen
Stufe 1: Abhängigkeit	• Ich muss tun, was die anderen wollen! • Ich weiß nicht, was ich (tun) will!	• Fremdbestimmung: Regeln werden befolgt, unabhängig von deren Sinnhaftigkeit • Kindliches Nachahmen dominiert • Opportunismus herrscht vor • Sozialem Anpassungsdruck wird aus Angst unreflektiert nachgegeben • Abhängigkeit von Lob und Tadel: Meinungen anderer sind wichtiger als die eigene Ansicht • Unterschwellige Leere: Man glaubt, man sei jemand, weil man ein Image in den Augen anderer hat, eine Rolle spielt oder einen bestimmten Posten bekleidet • Burnoutgefährdung aufgrund von Schwierigkeiten, Grenzen wahrzunehmen und zu setzen
Stufe 2: Gegenabhängigkeit	• Ich darf nicht tun, was ich wirklich will! • Ich will deshalb das Gegenteil dessen, was man von mir erwartet.	• Grenzen werden gesetzt • Vorbilder und Autoritäten werden hinterfragt • Trotz und Rebellion: Befreiung von den Regeln und Meinungen anderer • Anders und individuell sein steht im Vordergrund • Fürsorge und Unterstützung durch andere wird als Manipulation missverstanden • Sinnkrise: Die innere Leere ist bewusst
Stufe 3: Unabhängigkeit (persönliche Freiheit)	• Ich darf tun, was ich will!	• persönliche Freiheit • Autonomie: Leben nach eigenen Maßstäben • Eigenverantwortung und Selbstbewusstsein sind selbstverständlich • Individualität wird gelebt (ohne zwanghaft anders als andere sein zu müssen) • Gefühl von Einsamkeit aufgrund lediglich persönlicher Ziele

Stufe 4: Verbundenheit (Freiheit)	• Ich muss tun, was ich will!	• Gefühl, Teil von etwas Größerem zu sein
		• Visionäres Denken ist stärker als die Wahrnehmung des Ist-Zustands
		• Soziale Verantwortung zu übernehmen, ist zum eigenen Bedürfnis geworden
		• Ein harmonisches Verhältnis von Geben und Nehmen ist selbstverständlich
		• Andere werden ermutigt, authentische Grenzen zu setzen
		• Für ethische Werte wird eingestanden
		• Sinnhaftigkeit und Zugehörigkeit werden erlebt

Abbildung 2: Die vier Stufen der Selbstentfaltung – Die Fläche der jeweiligen Kreise steht für das Ausmaß an erlebter Freiheit

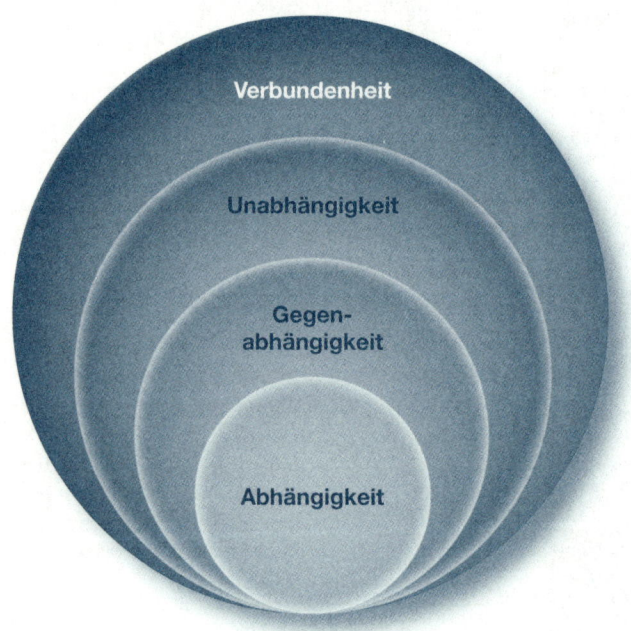

Bei der Betrachtung der vier Stufen der Selbstentfaltung wird deutlich, dass es auf der ersten Entwicklungsstufe noch kein Gefühl für einen Lebenssinn geben *kann*. Man erlebt sich als fremdbestimmt, als unwichtiges, austauschbares Rädchen im Getriebe. Schreitet die Selbstentfaltung planmäßig voran, wird Stufe 2 während der Pubertät erreicht und erfolgreich bewältigt. Während der Pubertät lernt der Heranwachsende, sich gegenüber den Eltern abzugrenzen und eine eigene Lebensphilosophie zu entwickeln. Er definiert, welche Werte ihm wichtig sind, welche Bedeutung sein Leben hat. Viele Jugendliche erklimmen die zweite Stufe, doch lassen sie sich dann von Eltern, Lehrern oder Mitschülern auf Stufe 1 zurückdrängen. Sie geben dem Anpassungsdruck nach, erlernen einen »vernünftigen Beruf« und werden zu einem – dem äußeren Anschein nach – »wertvollen Mitglied der Gesellschaft«, wie es so schön heißt. Auf diese Weise wird aus dem Jugendlichen niemals ein Erwachsener. Die unhinterfragte Prämisse, die hinter dem sozialen Anpassungsdruck gegenüber dem Pubertierenden steht, ist die, dass ein Mensch nicht von sich aus motiviert ist, einen wertvollen Beitrag zur Gesellschaft zu leisten.

Es ist wichtig zu verstehen, dass es durchaus sein kann, dass eine Person in verschiedenen Lebensbereichen auf unterschiedlichen Stufen stehen kann. So könnte jemand beispielsweise im Berufsleben angepasst (Stufe 1), im Sportverein ein Rebell (Stufe 2) und in seinem Liebesleben befreit sein (Stufe 3). Allerdings lassen sich einzelne Stufen nicht überspringen. Daher rate ich Ihnen, jede Stufe bewusst zu erleben und auszukosten. Entwicklung wird durch äußere Ereignisse und auch durch Feedback angeregt. Die eigentlichen Schritte aber kommen aus dem Inneren. Der Weg von Stufe 1 auf Stufe 2 beispielsweise erfordert viel Mut und Wut. Ohne Wut kann niemand aus der Konformität ausbrechen (mehr dazu in Kapitel 8). Der eigene Wille erwacht (oder wird erinnert) und weist unaufhaltsam den Weg zum Glück. Dennoch gibt es ein grundlegendes Missverständnis auf Stufe 2: Die Person mag glauben, dass es genügt, anders zu sein als die anderen. Erst auf Stufe 3 erkennt die Person, dass es etwas ganz anderes ist, man selbst zu sein. Das erfordert eine deutlich tiefere Selbsterkenntnis als sie für Stufe 2 kennzeichnend ist. Der Wechsel von Leistungsdruck zu Leistungswillen geschieht bei ausreichendem Freiraum (den die Person sich entweder nimmt oder der ihr gewährt wird) automatisch. Dafür sorgt das Gefühl der Isolation, das auf Stufe 3 für das Individuum deutlich spürbar ist. Glücklicherweise werden kreative Auszeiten (Sabbaticals) heutzutage von immer mehr Unternehmen unterstützt.

Wenn beispielsweise Unternehmen wenig Vertrauen in Mitarbeiter haben, die auf Stufe 1 der Selbstentfaltung stehen, so ist das nachvollziehbar. Ein Mitarbeiter, der Stufe 2 erreicht, ist zunächst einmal ein Rebell. Jedes Unternehmen, das sich eigenverantwortliche Mitarbeiter wünscht, darf diese Rebellion nicht unterdrücken, sondern muss entsprechende Räume zur Selbstinitiation des Mitarbeiters bieten. Solange Personalentwicklung nicht als Plattform für emanzipatorische Prozesse von Mitarbeitern verstanden wird, bleibt sie immer Stückwerk. Ein informierter Mitarbeiter, der mit allen vier Stufen der Selbstentfaltung vertraut ist, weiß, dass sein Aufbegehren gegen Autoritäten nicht das Ende der Fahnenstange ist. Ihm ist bewusst, dass Dienst nach Vorschrift oder innere Kündigung keine Option sind. Der einzig gangbare Weg besteht darin, die Wut in Heldenmut zu verwandeln.

Mitarbeiter werden durch das Misstrauen, das ihnen entgegengebracht wird, immer wieder in ihrer Unselbstständigkeit bestätigt. Jene Mitarbeiter hingegen, die Stufe 3 oder 4 erklommen haben, werden durch fehlenden Handlungsspielraum frustriert, verlassen früher oder später die Firma und gründen nicht selten ein eigenes Unternehmen. Ich empfehle Mitarbeitern, sich innerlich von dem Misstrauen seitens des Unternehmens zu lösen. Letztlich ist entscheidend, dass einer der Beteiligten das Spiel des Misstrauens beendet. Der Mitarbeiter kann selbst beginnen, sich Dinge zuzutrauen, die ihm sonst keiner zuzutrauen scheint. Kontrolle darf er nicht persönlich nehmen, sondern sollte sie als Ausdruck einer Managementpolitik verstehen, die die Mitarbeiter auf Stufe 1 oder 2 verortet (teils zu Recht, teils zu Unrecht).

Mitarbeiter und Führungskräfte besuchen Seminare, um Tipps und Tricks zu erhalten, wie sie ihre Arbeit effizienter und effektiver erledigen können. Ein Trainer, der selbst nicht Stufe 4 der Selbstentfaltung erreicht hat, läuft Gefahr sich abzustrampeln, um die zahlreichen Fragen der Teilnehmer zu beantworten, ohne dabei zu reflektieren, welche Haltung diesen Fragen zugrunde liegt. Die in den Unternehmen (aber auch Fachhochschulen und Universitäten) verwendeten Evaluationsmethoden verleiten die Trainer dazu, selbst auf Stufe 1 zu verharren und die Teilnehmer zu wenig herauszufordern, den Helden in sich zu entdecken. So unangenehm diese Wahrheit auch sein mag – die Belegschaft der meisten Unternehmen ist noch immer auf Stufe 1 zu verorten. Ich bin überzeugt, dass auf lange Sicht nur Unternehmen eine Chance haben, deren Belegschaft sich geschlossen auf Stufe 4 der Selbstentfaltung befindet.

Das Modell zeigt auch, weshalb es in der Regel mit simplen Kommunikations-, Führungs- oder Teamtrainings nicht getan ist. Solange ein Mitarbeiter sich am Denkmodell von Stufe 1 orientiert, lernt er lediglich, sich teamfähig zu verhalten. Einmal mehr tut er nur, was von ihm erwartet wird. Man kann es sich in etwa vorstellen wie in der Sexualität: Eine Person, die sich in ihrer Entwicklung auf Stufe 1 befindet, kann Sexualtechniken und Spielzeuge versiert verwenden – das aber macht sie noch längst nicht zu einem leidenschaftlichen und liebevollen Liebhaber. Sogenannte sexuelle Funktionsstörungen rühren genau daher, dass Menschen zu funktionieren versuchen. Funktionieren für wen? Für den anderen natürlich. Doch es ist eine einfache Rechnung, dass, wenn beide Partner nur darauf aus sind, es dem anderen recht zu machen, niemand mehr übrig ist, um diese auf Leistung getrimmte Sexualität zu genießen. Folglich ist in Wirklichkeit auch niemand befähigt, dem anderen eine gute Leistung zu bescheinigen. Was für die Sexualität gilt, das gilt für jede Art der Kommunikation.

Haben Unternehmen ein Interesse daran, dass Mitarbeiter sich entwickeln? Mit Sicherheit! Ein Mitarbeiter, der Stufe 2 hinter sich lässt und auf Stufe 3 und 4 vordringt, entwickelt ungemein viel Kreativität, Verantwortungsbewusstsein und mittelfristig auch echte Führungsqualitäten. Auf den verschiedenen Stufen sind Menschen auf unterschiedliche Weise motiviert und daher auch unterschiedlich zu motivieren. Mitarbeitern auf Stufe 1 genügen Arbeitsplatzsicherheit, bezahlte Überstunden und derlei mehr. Da wenig Eigenverantwortung und Initiative vorhanden sind, muss der Arbeitgeber viel Energie in die Kontrolle der Belegschaft investieren. Außerdem schreit der Mitarbeiter förmlich danach, unter Druck gesetzt zu werden. Er selbst ist der Meinung, unter Druck arbeite er am besten. Im Reich der Fremdbestimmung kennt man es schließlich nicht anders.

Die eigentliche Herausforderung der Persönlichkeitsentfaltung besteht darin, Stufe 2 möglichst zielbewusst zu durchschreiten. Dies geschieht viel zu selten. All jene Mitarbeiter, die sich in der inneren Kündigung befinden oder Dienst nach Vorschrift machen, betrachte ich als Menschen, die beim Übergang von Stufe 1 zu Stufe 2 gescheitert sind. Sie haben zwar den Mut aufgebracht zu revoltieren. Doch die Revolte findet nicht offen, sondern nur im Untergrund statt. Ein Pubertierender, der sich wahrhaft von seinen Eltern abnabelt, sagt ihnen offen die Meinung und steht dazu. Diese Hürde haben all jene, die es sich in der freizeitorientierten Schonhaltung bequem gemacht haben, nicht genommen. Die Pubertät sollte eine Zeit der Abnabelung von der Fremdbestimmung und Meinung anderer sein – de facto aber entstehen in der Regel nur Rudimente von Lebenssinn und eigener Ethik. Wie wenig die meisten Menschen in ihrer Jugend zu sich gefunden haben, zeigt sich daran, dass sie als Erwachsene einem Job nachgehen, für den sie Schmerzens- und Schweigegeld kassieren, auch wenn offiziell von »Gehalt« die Rede ist. Die Freizeit wird dann – welch treffender Ausdruck – totgeschlagen.

> »Wer Sicherheit der Freiheit vorzieht,
> ist zu Recht ein Sklave.«
>
> *Aristoteles*

Für Mitarbeiter auf Stufe 3 muss der Arbeitgeber ein Spielfeld bereitstellen, auf dem die Mitarbeiter sich kreativ betätigen können. Da die meisten Unternehmen ihren Mitarbeitern genau das nicht bieten wollen, sehen sich viele Menschen, die Stufe 2 endlich hinter sich bringen, gezwungen zu kündigen und sich selbstständig zu machen. Welch ein Verlust für das Unternehmen! Ich habe feststellen müssen, dass Unternehmen Angst davor haben, dass ein Mitarbeiter Stufe 3 erreicht. Wenn ihnen bewusst wäre, dass es »ein Leben nach Stufe 3« gibt, würden Sie anders agieren. Ein Mitarbeiter, der auf Stufe 4 angelangt ist, wird allerdings nur für ein Unternehmen tätig sein, dessen Vision und Code of Ethics nicht nur auf dem Papier wiederzufinden sind, sondern gelebte Praxis darstellen. Firmen wie Starbucks spielen hier eine wichtige Vorreiterrolle, weil das Unternehmen für Menschenrechte einsteht, und zwar auch dann, wenn nicht absehbar ist, welche Auswirkungen dies auf den Aktienkurs hat. CEO Howard Schultz stammt aus einer armen Arbeiterfamilie in Brooklyn. Seine Vision war es, eine Firma aufzubauen, für die sein Vater gerne gearbeitet hätte.

Viele misstrauen der Selbstentfaltung von Menschen, weil sie glauben, dass Menschen faul sind, wann immer sich die Gelegenheit ergibt. Auf Stufe 3 angelangt, setzen sich in der Tat viele Menschen Ziele wie »Ich will so viel Geld verdienen, dass ich mit 50 Jahren nicht mehr arbeiten muss«. Arbeit wird noch immer als Bürde empfunden. Das Bestreben zu arbeiten, um eines Tages nicht mehr arbeiten zu müssen, führt nicht zum erhofften Glück. Die eigentliche Frage ist doch nicht, ob jemand arbeitet, sondern ob sein Beruf auch seine Berufung darstellt. Deshalb muss man sich keine Sorgen machen, dass Leute ewig auf Stufe 3 verharren. Durch den Leidensdruck gelangt jeder schließlich auf Stufe 4. Er entscheidet sich für Zugehörigkeit. Die eigenen Talente werden als gesellschaftliche Verpflichtung erlebt. Der Lohn für den Eintritt auf Stufe 4 ist intrinsischer Natur. Intrinsisch bedeutet, dass ein Verhalten selbstbelohnend ist. Als extrinsisch hingegen wird ein Verhalten bezeichnet, das durch äußere Belohnung zustande kommt. Im Laufe der Heldenreise nimmt extrinsisch motiviertes Verhalten zugunsten des intrinsischen Verhaltens immer mehr ab. Die Person auf Stufe 4 kommt in Kontakt mit Gefühlen von Vertrauen und Loyalität gegenüber den Kollegen, der Familie oder der politischen Partei. Jeder Mensch sehnt sich danach. Man muss es ihm nicht einbläuen oder ihn durch Geld dazu motivieren.

Das Modell der Selbstentfaltung beschreibt zugleich, wie Sie in den Flow gelangen können: Sie brauchen eine Lebensaufgabe, die im Einklang mit dem Entwicklungsweg der gesamten Menschheit steht. Ihr Beitrag zum Wohle der Menschheit ist also gefragt – und das ist kein Kitsch, sondern der aktuelle Stand der Wissenschaft (vgl. Csíkszentmiháalyi, M. (2005)). Auf Stufe 4 der Selbstentfaltung erkennen Sie, dass alle Fremdbestimmung hausgemacht ist. Sie selbst hatten beschlossen, fremdbestimmt zu sein.

Anhand der vier Stufen der Selbstentfaltung wird der Ansatz von Act Big! noch einmal deutlich: Der Held steht fest verankert auf Stufe 4. Sein Act-Big!-Publikum untermauert seine Selbstbestimmung, erinnert ihn aber gleichzeitig immer daran, dass sein Handeln in einem größeren Zusammenhang und in Verbindung mit dem Allgemeinwohl steht. Wie das Modell veranschaulicht, beinhaltet die Heldenreise für die meisten Menschen Phasen von Leere, Wut und Einsamkeit. Act Big! sorgt für Orientierung auf diesem Weg. Viele Menschen auf Stufe 1 wähnen sich jedoch bereits auf Stufe 3. Sie glauben, sie täten etwas »nur für sich« – zum Beispiel sich stundenlang vor dem Spiegel zu schminken. Doch aus meiner Erfahrung ist der Weg zu einem selbstbestimmten, authentischen Leben keine so triviale Angelegenheit, als dass es damit getan wäre, sich selbst Freiheit und Unabhängigkeit durch positiv klingende Gedanken vorzugaukeln.

Aus der forensischen Psychologie ist beispielsweise das Stockholm-Syndrom bekannt. Es besagt, dass Opfer einer Geiselnahme oder Entführung sich mit den Tätern solidarisieren. Auf diese Weise erreichen die Opfer für sich ein Gefühl von Kontrolle. Den kleinen Bruder des Stockholm-Syndroms nenne ich Opportunismus. Er äußert sich darin, dass einem Menschen all das gefällt, was gerade »in« ist oder dass er sich mit jenen »verbunden fühlt«, die gerade erfolgreich oder an der Macht sind. Wie ein Fähnchen im Wind wird man auf diese Weise plötzlich zum Fan des FC Bayern, weil der eigene bisherige Lieblingsverein gerade in die zweite Bundesliga abgestiegen ist. Der positive Aspekt der Verbündung mit den jeweils Machthabenden oder Erfolgreichen liegt auf der Hand: Das Überleben wird gesichert. Doch in Act Big! geht es nicht nur ums Überleben, sondern um ein Leben voller Glück und Erfolg. Die Fälscher ist ein gelungener Film zu dieser Thematik, beruhend auf wahren Begebenheiten und ausgezeichnet mit einem Oscar (2008): Jüdische KZ-Inhaftierte sollen während des Zweiten Weltkriegs Britische Pfund und Amerikanische Dollar fälschen, um die Devisengeschäfte der Nazis zu finanzieren. Salomon Sorowitsch, der Fälscher, sieht im Überleben eine hinreichende Rechtfertigung für die Fälschungsaktion, während der Inhaftierte Adolf Burger das Ganze boykottieren will und bereit ist zu sterben, wenn er dadurch ein schnelleres Kriegsende herbeiführt.

Es gehört eine Menge Mut dazu, sich ehrlich zu fragen, was Sie wirklich wollen. Denn Freiheit empfindet so mancher im ersten Moment als Haltlosigkeit. So ergeht es manchem nach dem goldenen Handschlag oder der Scheidung. Eigentlich könnte man sich freuen, endlich frei zu sein. Eigentlich. Der Pensionsschock ist ein weiteres wohlbekanntes Beispiel, in dem Menschen Freiheit als Belastung empfinden. Die drängende Frage ist: Woran kann ich mich festhalten, wenn alles eine Frage meines eigenen freien Willens ist? Antwort: An nichts! Bei Act Big! ist es nicht die Aufgabe Ihres Jobs, Ihres Partners oder Ihrer Freunde, Ihnen Halt zu geben. Sondern es ist vielmehr Ihre Aufgabe, den Dingen Sinn einzuhauchen. Der Clou ist, dass genau genommen schon immer Sie es waren, der allem in Ihrem Leben die entsprechende Bedeutung gegeben hat. Doch erst auf Stufe 4 der Selbstentfaltung wird Ihnen diese Tatsache vollkommen bewusst (mehr dazu in Kapitel 9). Das Paradoxe ist, dass der wahrhaft Freie viel stärker Gesetzen unterworfen ist als der Tor. Der Tor ist innerlich an gar nichts gebunden – nur so lässt sich erklären, wie leicht ihm der Opportunismus fällt. Er denkt, er sei frei von allem Regelwerk. Nicht erwischt werden ist seine Devise. Was verboten ist, macht automatisch Spaß, lautet die zweite. Die fehlende Ethik führt jedoch dazu, dass zahllose Verkehrsregeln, ausgeklügelte Steuersysteme und Benimmregeln erdacht werden müssen. Auf diese Weise hat der Fremdbestimmte allen Grund, sich immer noch stärker fremdbestimmt vorzukommen. Wer jedoch wahrhaft selbstbestimmt leben will, durchläuft eine Phase der Leere, in der er alle Regeln brechen könnte. Doch diese Art Freiheit, so erkennt er, ist wertlos, ja sogar unerträglich. Genau das motiviert den Menschen dann, die vierte Stufe der Selbstentfaltung zu betreten: ein erfülltes Leben von innen heraus. Gibt es Teilzeithelden? Wohl kaum. Ein Held fühlt sich zu jeder Zeit von seiner Lebensvision erfüllt und inspiriert.

Worin besteht nun der Zusammenhang zwischen den vier Stufen der Selbstentfaltung und den sieben Publikumsmagneten für einen inspirierenden Lebensfilm? Menschen, die ihre Interessen und Begabungen kennen, sind trotz allem gefährdet, in der Fremdbestimmung hängen zu bleiben. Allein die ersten vier Magnete (Utopie, Lebenszweck, Vision und Werte) sind dazu geeignet, ihnen persönliche Freiheit zu bescheren. Wie oft wird von Freiheit gefaselt, während bei näherer Betrachtung das sogenannte Individuum lediglich in der Herde mitläuft. Zwei empfehlenswerte Bücher in diesem Zusammenhang stammen von Hugh McLeod, der es geschafft hat, sich durch seinen ganz persönlichen kreativen Selbstausdruck eine zweite Existenz aufzubauen: Er zeichnet Cartoons auf die Rückseite von Visitenkarten. Der provokative Titel seines bekanntesten Buchs lautet *Keine Skrupel. Schmieden Sie böse Pläne und haben Sie Spaß auf dem Weg zur Nummer 1.* Hugh McLeod hat es geschafft. Er ist nicht nur ein glücklicher Mensch, sondern obendrein ein erfolgreicher Geschäftsmann. Indem er beschloss, dass beides miteinander vereinbar sein musste, hat er in seinem Denken den richtigen Kompass eingebaut. Sein Lebenstraum ist wahr geworden. Ich bin überzeugt, dass Sie das auch erreichen können.

Dem Leben einen Sinn geben

»Wir verlangen, das Leben müsse einen Sinn haben –
aber es hat nur ganz genau so viel Sinn,
als wir selber ihm zu geben imstande sind. «

Hermann Hesse

Wozu sollten Sie Heldentaten begehen, wenn Sie in Ihrem Tun keinen Sinn erkennen? Sie sehen also: Mit dem Sinn des Lebens kann man sich gar nicht intensiv genug auseinandersetzen. Aber wir sind dazu verleitet, den Sinn des Lebens als etwas Mystisches anzusehen. Als etwas, das nur große Philosophen oder steinalte Menschen erkennen können. Doch letzten Endes geht es nur darum, für sich zu definieren, was im Leben wirklich zählt – und was nicht. Erfüllung findet derjenige, der weise handelt. Und der Weise weiß, zwischen dem Bedeutsamen und dem Bedeutungslosen zu unterscheiden.

Viele Menschen sind auf der Suche nach dem Sinn des Lebens. Diese Suche ist natürlicher Bestandteil der Pubertät. Doch nur wenige Jugendliche werden fündig. Stattdessen legen sie das Thema

Lebenssinn irgendwann frustriert ad acta. Im Erwachsenenalter kommt die Frage nach dem Sinn des Lebens (wenn überhaupt) erst wieder im Rahmen eines Burnouts oder einer Midlife-Crisis auf. In der Zwischenzeit hat man lediglich funktioniert. Erinnern Sie sich an das Phänomen Rechtfertigung des Aufwands: Menschen fällt es umso schwerer, eine falsche Entscheidung zu revidieren, je mehr sie investiert haben. Es wirkt im Guten wie im Schlechten. Wenn Sie für eine Coaching-Sitzung viel Geld zahlen (hoher Aufwand), sind Sie anschließend umso motivierter, Ihre Erkenntnisse in die Tat umzusetzen (Rechtfertigung). Worauf will ich hinaus? Dass es durchaus schmerzhaft für Sie sein kann, wenn Ihnen im Rahmen der Visionsfindung klar wird, dass Sie jahrelang in die falsche Richtung gerannt sind.

Was macht es so schwierig, den Sinn des Lebens für sich zu entdecken? Dass wir alle äußeren Autoritäten hinter uns lassen müssen. Und auch alle Logik kann uns nicht weiterhelfen. Wir können nicht einfach davon ausgehen, dass Albert Schweitzer ein weiser Mann war und schon gewusst haben wird, was er tut – und daher sein Lebenssinn zugleich auch der unsrige ist. Nein, den Zweck unserer Existenz müssen wir selbst »erfühlen«. Wir müssen uns auf uns selbst einlassen, können den Lebenssinn nur mithilfe unserer eigenen Intuition aufspüren. Leider beruht der größte Teil unseres Erziehungs- und Bildungssystems auf Nachahmen und Kopieren. Als Gesellschaft sind wir noch immer weit davon entfernt, ein Leben aus dem Inneren heraus zu leben. Sich die Frage nach dem Sinn zu stellen, ist mutig. Als Held verlassen Sie die ausgetretenen Trampelpfade und schlagen sich mit der Machete einen neuen Weg durch den Urwald.

Sollten Sie sich entscheiden, die volle Verantwortung für Ihr Leben zu übernehmen und sich vollkommen auf Ihre Intuition einzulassen, dann werden Sie selbst zu einer Person vom Kaliber einer Bertha von Suttner, eines Galileo Galilei, einer Evita Perón. Das ist der Grund, weshalb die Wahl Ihres inneren Publikums im Act-Big!-Programm eine so zentrale Rolle spielt. Durch Ihr inneres Publikum machen Sie sich unabhängig von der Meinung all jener Menschen, die Ihr Verhalten und Ihre Vorhaben weder beurteilen können noch Ihnen wohlwollend gegenüberstehen. Durch Ihr Act-Big!-Publikum sind Sie den ganzen Tag über in bester Gesellschaft, umgeben von Menschen, die an Sie glauben und Ihnen den Rücken stärken.

Jeder kann den Sinn des Lebens für sich entdecken, aber nur wenn er vollkommen die Verantwortung für sein Leben übernimmt. Wieso ist das so? Ganz einfach: Weil Sie den Sinn Ihres Daseins nicht finden, sondern ihn selbst bestimmen. Als menschliches Wesen sind Sie von Natur aus frei. Daher ist der Sinn Ihres Lebens einzig und allein Ihre Entscheidung. Hören Sie sich einmal an, wie all jene Menschen reden, die den Zweck ihrer Existenz nicht kennen. Sie sagen in aller Regel »Ich weiß nicht, was ich tun soll!« Die Idee, etwas zu sollen, ist die eigentliche Crux. Wer Verantwortung übernimmt, der stellt sich andere Fragen. Er entscheidet, wohin die Reise geht, und tut dann alles, was nötig ist. Wann immer Sie sich die Frage stellen, was Sie wirklich wollen, sollten Sie eines im Auge behalten: Ihren freien Willen kann Ihnen niemand nehmen – auch Sie selbst nicht. Auf der Suche nach Ihrer Lebensvision müssen Sie also an einen Punkt gelangen, an dem Sie beschließen, dass es dies oder jenes ist, das Sie aus innerem Antrieb tun *müssen*.

Viele Menschen warten jedoch auf objektive Antworten auf die großen Lebensfragen (»Wer bin ich?«, »Wozu bin ich auf dieser Welt?«). Doch letzten Endes sind immer Sie es, der beschließt, dass die gefundenen Antworten nun endlich gut genug sind, um die Heldenreise antreten zu können. Paradoxerweise ist der Grad an Gewissheit, den Sie erlangen können, dadurch begrenzt, dass Sie ein freies Wesen sind, das sich jederzeit neu entscheiden kann. Es ist also ausgerechnet unser freier Wille, der uns so zu schaffen macht. Obwohl Freiheit für uns Menschen einen extrem hohen Wert darstellt, kommen wir kaum damit zurecht, wenn wir sie finden.

Sie sind frei! Versuchen Sie nicht, einen ominösen Sinn zu finden, der sich absolut zwingend anfühlt. Selbst das »zwingende Gefühl« wäre am Ende doch nur Ihre Entscheidung. Nutzen Sie lieber Ihre Entscheidungskraft, indem Sie beschließen, was in Ihrem Leben eine Rolle spielen soll und was Sie getrost vergessen wollen. Den meisten Menschen fällt es schwer, Entscheidungen zu treffen. In Ent-scheiden steckt »scheiden« – und das tut bekanntlich weh. Daher vermeiden sie häufig, zu wirklicher Klarheit zu gelangen. Lieber halten sie sich möglichst viele Hintertürchen offen. So kommt es zu der paradoxen Situation, dass das übergroße Bedürfnis nach Freiheit dazu führt, dass sich Menschen vielfach einfach gar nicht entscheiden, und auf diese Weise nicht in den Genuss des Gefühls von echter Willensfreiheit kommen. Doch Entscheidungen stellen die höchste Form von Freiheit dar!

Was bedeutet es also, sich seiner Freiheit bewusst zu sein, die Notwendigkeit des Entscheidens für sich zu erkennen und die volle Verantwortung für sein Leben zu übernehmen? Es bedeutet

- der eigenen inneren Stimme zu folgen – auch dann, wenn sonst niemand den Sinn Ihrer Unternehmung erkennen kann;
- seine Fehler zu korrigieren, sich zu entschuldigen und gegebenenfalls etwas wieder gutzumachen. Dazu gehört es auch, die Konsequenzen für Fehler zu tragen. Manch einer fühlt sich als Held, weil er sich nicht erwischen lässt. Doch ein Dieb oder Betrüger kennt nur seine eigenen Bedürfnisse und weiß wenig darüber, wie sehr das Beherzigen ethischer Werte für innere Zufriedenheit sorgt. Der Volksheld Robin Hood bildet hier eine goldene Ausnahme von der Regel – denn seine Motivation beim Stehlen war die Nächstenliebe. Er war mehr ein Nobelmann als diejenigen, von denen er stahl;
- Geld nicht geschenkt haben zu wollen, sondern im fairen Austausch gegen Arbeit und Einsatz zu verlangen. Das bedeutet nicht, dass Sie eine Erbschaft ausschlagen müssen. Aber es bedeutet, dass Sie nicht Ihr Heil darin suchen. Ebenso wenig werden Sie sich als Held im Glücksspiel versuchen. Nicht weil es moralisch verwerflich wäre, sondern weil Sie auf Erfolge blicken wollen, die nicht bloß Glückssache waren.
- Forderungen zu stellen, wenn sie angemessen sind. Nur wer etwas einfordern kann, ist in der Lage, wie ein Erwachsener für seine Bedürfnisse zu sorgen, statt wie ein Kind zu erwarten, dass andere für die Erfüllung der eigenen Bedürfnisse verantwortlich sind. Wichtig ist, weder überzogene Forderungen zu stellen noch großmütig auf etwas zu verzichten – so oder so entsteht eine Schuld zwischen den Beteiligten;
- Aufgaben nicht nur zu erledigen, sondern seinen Beruf zur Berufung zu machen;

- die Verantwortung für die eigenen Entscheidungen niemals einem anderen Menschen in die Schuhe zu schieben.

Exercise for Excellence 10: Volle Verantwortung voraus

Machen Sie ein einfaches Experiment:

- Sprechen Sie den Satz »Ich übernehme die volle Verantwortung für mein Leben!« laut aus.
- Wie glaubwürdig klingen Sie in Ihren eigenen Ohren? Wie fühlen Sie sich, während Sie den Satz aussprechen?
- Wiederholen Sie die Aussage so lange, bis Sie merken, dass Sie sich davon überzeugt haben. Es genügt, wenn Ihnen verschiedene Einwände bewusst werden, die Sie gegenüber der Aussage haben, getreu dem Motto »Gefahr erkannt, Gefahr gebannt«.
- Singen Sie den Satz als Nächstes. Womöglich werden Sie sich dabei blöd vorkommen. Nehmen Sie die Herausforderung trotzdem an und sehen Sie, was passiert, wenn Sie die Melodie variieren. Wenn Sie durchhalten, werden Sie mit jeder Wiederholung etwas ausgelassener und verlieren schließlich Ihre Skrupel (»Fake it 'til you make it!«).

Die 20 Heldenfragen

> »Wer keinen Sinn im Leben sieht,
> ist nicht nur unglücklich,
> sondern kaum lebensfähig.«
>
> *Albert Einstein*

John Izzo interviewte gemeinsam mit zwei Kollegen im Rahmen einer soziologischen Studie 235 Personen unterschiedlicher ethnischer Gruppen im Alter zwischen 59 und 105 Jahren, die Glück und Erfüllung gefunden hatten. Aufgrund seiner Forschungen kristallisierten sich fünf Geheimnisse eines erfüllten Lebens heraus.

1. Seien Sie sich treu.
2. Leben Sie so, dass Sie später nichts zu bereuen haben.

3. Lassen Sie die Liebe in sich lebendig werden.
4. Leben Sie im Augenblick.
5. Geben Sie mehr als Sie nehmen.

John Izzos einfache Botschaft lautet:»Um weise zu werden, brauchen wir nicht erst alt zu werden.« Auch das Act-Big!-Programm soll Menschen darin unterstützen, frühzeitig im Leben weise Entscheidungen zu treffen und ihr Leben auf Dinge auszurichten, die ihnen tatsächlich Erfüllung bringen. Das Act-Big!-Publikum sorgt dafür, dass die gefundenen Prioritäten die Wegweiser bei allen Entscheidungen bleiben. Die 20 Heldenfragen helfen Ihnen auf der Suche danach, was Sie wirklich glücklich macht und erfüllt. Indem wir das tun, was wir am liebsten tun und was uns erfüllt, können wir auf Dauer gar nicht anders, als zum Experten zu werden. Und das wiederum wird Erfolge nach sich ziehen.

Beantworten Sie die 20 Heldenfragen gemäß den Regeln des Brainstormings. Sammeln Sie also zunächst alle auftauchenden Ideen, auch wenn sie Ihnen im ersten Moment absurd erscheinen. Beantworten Sie jede einzelne Frage im Hinblick auf die sieben Publikumsmagnete und notieren Sie Ihre Erkenntnisse auf dem Notizblatt von Exercise for Excellence 11 im Act-Big!-Handbuch. Dabei müssen Sie nicht der Reihe nach vorgehen. Füllen Sie die Felder spontan aus, so wie es Ihnen einfällt. Hauptsache ist, dass am Ende in jedem Feld etwas steht. Nehmen Sie sich genug Zeit für diese Aufgabe. Ihre Antworten fließen anschließend in die Act-Big!-Matrix ein (siehe Kapitel 5). Diese dient Ihnen wiederum als wichtige Entscheidungshilfe, in welchen Lebensarenen Sie sich am besten aufhalten, um Ihre Lebensvision wahr werden zu lassen.

Exercise for Excellence 11: Die persönliche Lebensvision

Beantworten Sie jede der 20 Heldenfragen anhand der sieben Publikumsmagneten und ordnen Sie Ihre Erkenntnisse entsprechend zu. Die Gesamtheit Ihrer Antworten ergibt Ihre ganz persönliche Lebensvision.

- **Utopie:** So sieht für mich die ideale Gesellschaft aus, so stelle ich mir eine bessere Welt vor.
- **Lebenszweck:** Das ist letztlich der Grund, warum ich auf der Welt bin. Deswegen bin ich ein wichtiger Bestandteil der gesamten Menschheit.

- **Vision:** Wenn ich den Zweck meiner Existenz erfülle, dann können folgende großen Ziele (gemeinsam mit anderen) im Lauf meines Lebens erreicht werden.
- **Erlebnisse:** Mein Leben ist für mich persönlich erfüllend und für mein inneres Publikum inspirierend, wenn ich diese Dinge erleben darf.
- **Werte:** Diese Werte stehen hinter allem, was ich tue. Indem ich mein Tun an diesen Werten ausrichte, ist die Heldenreise selbst bereits erfüllend für mich.
- **Begabungen:** Diese Kompetenzen/Fähigkeiten/Talente kann ich bei der Umsetzung meiner Lebensvision einbringen und beständig weiterentwickeln.
- **Interessen:** Diese Dinge fesseln meine Aufmerksamkeit, in diesen Aktivitäten gehe ich voll und ganz auf.

Frage 1: Eine bessere Welt erdenken

Wie würde meiner Meinung nach eine Welt aussehen, in der jeder Mensch glücklich sein kann? Welchen Beitrag will ich zur Verwirklichung meiner Utopie leisten?

Ich erinnere mich, als ich ein Jugendlicher war, liebte ich es, mit meiner Freundin zu philosophieren. Wir lagen stundenlang auf dem Bett und überlegten uns, wie wir die Welt zum Positiven verändern könnten. Damals lief ein Song von Rio Reiser im Radio, es war die Zeit der Neuen Deutschen Welle. Er sang:»Das alles, und noch viel mehr, würd' ich machen, wenn ich König von Deutschland wär«. Meine Freundin und mich faszinierte die Idee, wie großartig es wäre, alle Menschen lieben zu können. Irgendwann zog meine Freundin zum Studieren nach Berlin. Die Beziehung ging auseinander und »irgendwie« verlor ich auch den Entwurf einer besseren Welt aus den Augen, an dem wir als junges Paar so emsig gefeilt hatten. Viele Jahre später knüpfte ich an meinen fast vergessenen Idealen und Ideen wieder an. Seit Jahren arbeite ich beständig an meiner Liebesfähigkeit, und ich bin überrascht, wie viel mehr ich habe umsetzen können, als ich mir je erträumt hätte.»Liebe deine Feinde« hat lange Zeit keinen Sinn für mich ergeben. Heute habe ich den Satz nicht nur verstanden, sondern verinnerlicht.

Ich erzähle Ihnen all das, weil es Ihnen möglicherweise ähnlich ergangen ist. Woran haben Sie ursprünglich einmal geglaubt, bevor Sie das harte Erwachsenenleben mit all seinen angeblichen Sachzwängen von Ihren Idealen abgebracht hat?

Frage 2: Gott sein Wort geben

Gott kommt vorbei und gibt mir fünf Minuten Zeit, um zu entscheiden, was ich für den Rest meines Lebens machen will. Was antworte ich ihm? Wenn ich bis zum Ende meines Lebens nur noch ein Ziel erreichen könnte, ich mir nur genau einen Lebenstraum erfüllen dürfte – welcher wäre das?

An dieser Stelle wage ich es also, Gott höchstpersönlich ins Gedankenspiel zu bringen. Auch wenn Gott bekanntermaßen keine bestimmte Form hat, sondern meiner Meinung nach jene Intelligenz ist, die hinter der Evolution steckt, alles durchwirkt und hervorbringt, so ist es doch hilfreich, wenn wir ihn für die nächste Übung eine menschliche Form annehmen lassen. Damit diese Übung ihre eigentliche Wirkung voll entfaltet, ist es wichtig, dass Sie mir erlauben, Zeitdruck auf Sie auszuüben.

Die Übung scheint in direktem Widerspruch zum bisher Gesagten zu stehen. Immerhin habe ich betont, dass Sinnfindung ein Willensakt von Ihrer Seite ist. Dabei ist es auch wichtig, dass Sie sich klarmachen, dass Sie Ihre Definition vom Sinn des Lebens jederzeit weiterentwickeln können. Es gibt in dieser Hinsicht keine äußere Autorität. Gott habe ich lediglich (einmalig) eingeführt, um es Ihnen zu erleichtern, sich wirklich zu fokussieren.

Nehmen Sie sich nur fünf Minuten Zeit dafür. Beantworten Sie die Frage in dem Bewusstsein, dass Ihre Entscheidung bindend ist. Eine Hauptursache dafür, dass wir im Leben auf der Stelle treten, liegt darin, dass wir auf zu vielen Hochzeiten gleichzeitig tanzen wollen. In fast allen Situationen, in denen sich Menschen handlungsunfähig wiederfinden, liegt es daran, dass sie einen unbewussten Zielkonflikt haben. Diesen müssen sie zuerst auflösen. Derartige Konflikte lösen Sie, indem Sie entscheiden, und entscheiden, können Sie nur, wenn Sie wissen, was Sie letzten Endes wirklich wollen. Daher liegt der Schluss nahe, dass ultimative Klarheit nur durch den ultimativen Wunsch zu erzielen ist, der nicht mehr zu revidieren ist.

Frage 3: Sein Leben geben

Wofür wäre ich bereit, mein Leben zu riskieren und nötigenfalls sogar hinzugeben?

Wenn es nichts gibt, wofür es sich zu sterben lohnt, gibt es auch nichts, wofür es sich zu leben lohnt. Im Sinne der sieben Publikumsmagnete für ein erfülltes Leben können Sie sich fragen, für welche Utopie, welchen Lebenszweck, welche Vision, welche Erlebnisse, welche Werte Sie Ihr Leben lassen würden.

Die Beantwortung dieser Frage kann Ihnen zu Klarheit verhelfen, was der Sinn Ihres Lebens sein könnte. Denn schließlich wären Sie bereit, dafür sogar zu sterben. Können Sie sich einen Helden vorstellen, der nicht bereit wäre, sein Leben für die gute Sache zu geben? Natürlich spreche ich hier weder von religiösem Fanatismus noch davon, sein Leben leichtsinnig aufs Spiel zu setzen. Als Held ist Ihnen bewusst, dass Ihr Leben wertvoll für die Gesellschaft ist und dass Sie ihr lebendig mehr nutzen als tot.

Fast jede Mutter und beinahe jeder Vater wären bereit, für ihre eigenen Kinder zu sterben. Ist es ein Zufall, dass so viele Eltern sagen, ihre Kinder seien das Beste, was ihnen jemals widerfahren ist? Sehen Sie den Zusammenhang zwischen Leben und Tod? Haben Sie Kinder und wären bereit, Ihr Leben für sie zu geben? Dann haben Sie in diesem Lebensbereich bereits einige Erfüllung gefunden. Sie müssen sich allerdings fragen, ob Ihr Alltag auch tatsächlich Ihre Einstellung widerspiegelt – oder murren Sie bereits, wenn Sie zum Elternabend eingeladen sind oder Geld in ein Hobby Ihres Kindes investieren sollen? Mit anderen Worten: Wie sieht das Verhältnis zwischen Ihren Werten und Ihrer gelebten Praxis aus? Wenn Ihre Antwort beispielsweise lautet, dass Sie für den Erhalt der Umwelt bereit wären, Ihr Leben zu geben – wie sieht Ihr tägliches Leben aus? Scheitert es bereits an der Mülltrennung oder bei der Wahl der entsprechenden politischen Partei? (Wie Sie Ihre Werte mit Ihrem täglichen Leben verbinden, darauf gehe ich in Kapitel 5 noch ausführlich ein.) Viele Menschen jedoch, die nicht wissen, wozu sie eigentlich leben, riskieren ihr Leben unnötig. Diese Menschen rasen auf der Autobahn und gefährden damit sich und andere, sie ernähren sich von Junk Food oder scheren sich nicht um Verhütung. Derartiges Verhalten zeugt von mangelndem Respekt für das eigene Leben und das der anderen. Ich will diese Verhaltensweisen nicht verurteilen – sie sind nur Symptome dafür, dass die Betroffenen dem Leben nicht genügend Wert beimessen und noch nicht ganz erwachsen geworden sind. Gleichzeitig ist es manchmal wichtig für uns Menschen, an den Rand des Abgrunds zu kommen – hier, kurz vor dem endgültigen Absturz, können wir eine Grundsatzentscheidung für oder gegen das Leben treffen.

Sich mit der Frage auseinanderzusetzen, wofür Sie Ihr Leben geben würden, ist von unschätzbarem Wert. Es kann sein, dass Sie im Zuge dessen sogar feststellen, dass Sie mehr auf Kurs sind als es Ihnen bislang bewusst war. Worum geht es letztlich? Darum, dass Sie Ihre psychischen Kräfte konzentrieren. Dass Ihnen Ihre Prioritäten bewusst werden und Ihr Leben nicht bloß an Ihnen vorbeirauscht, während Sie mit Nebensächlichkeiten beschäftigt sind. Es ist in Ordnung, wenn Sie das Gefühl haben, dass Ihnen momentan noch die Kraft fehlt, um sich mit dem Wesentlichen zu beschäftigen. Dennoch sollte keiner von uns dieser Erkenntnis ausweichen. Wenn Sie auf Ihre wirklichen Prioritäten ausgerichtet bleiben, wird sich ein Weg finden.

Einige Jahre lang habe ich auch Zeitmanagement gelehrt. Eine zentrale Erkenntnis heißt dort:»Dringendes ist selten wichtig – Wichtiges ist selten dringend«. Wenn Sie nicht aktiv Ihr Leben gestalten, dann ist die Wahrscheinlichkeit groß, dass Ihre Aufmerksamkeit vollkommen durch Dinge absorbiert wird, die in den Augen anderer sehr eilig erledigt werden müssen. Verstehen Sie mich richtig – die kleinen Dinge (zum Friseur gehen, den Dachboden aufräumen) gehören zum Leben dazu. Doch wenn Ihr Leben lediglich eine Aneinanderreihung derartiger Kleinigkeiten darstellt und Sie nicht das Gefühl haben, Ihr eigentliches Schicksal zu erfüllen, dann wird es frustrierend. Ein weiterer wichtiger Aspekt ist, inwiefern Sie auch die kleinen Dinge in dem Bewusstsein tun, dass sie mit Ihrer Lebensvision in Zusammenhang stehen (siehe Kapitel 5). Auf diese Weise gewinnen diese an Bedeutung und sorgen für mehr Zufriedenheit.

Die Fragen nach dem Sterben, die Frage nach dem Sinn des Lebens – all das soll dazu beitragen, dass Sie Ihre Kräfte bündeln. Sich zu fokussieren bedeutet nicht, seinen Horizont einzuengen, wie dies viele Workaholics und Egozentriker tun. Fokussierung sorgt dafür, dass Sie entscheidungsfähig sind, wo andere glauben, alles erledigen zu müssen und dadurch den Kopf verlieren.

Frage 4: Die Inspiration der Unzufriedenheit

Worüber war ich bislang wütend oder empört, ohne etwas zu unternehmen? In welchen Bereichen will ich meine Unzufriedenheit zum Anlass nehmen, etwas zum Positiven zu verändern?

Welche Dinge sollten sich Ihrer Meinung nach auf diesem Planeten ändern? Welche Themen emotionalisieren Sie, wühlen Sie auf, sodass Sie sich regelmäßig überlegen, sich stärker zu engagieren? (Auf die Rolle sogenannter »negativer Emotionen« und wie Sie diese in Heldenkraft verwandeln, werden wir im Zusammenhang mit der Entschlüsselung von Act-Big!-Botschaften in Kapitel 9 noch ausführlich eingehen.)

Frage 5: Botschaften des Gewissens

Welche Botschaften versucht mir mein Gewissen zu übermitteln?

Die Geschichten, die das Kinopublikum schon immer am meisten berührt haben, sind jene, in denen der Protagonist seiner Berufung folgt. Geschichten, in denen jemand aus tiefster Überzeugung tut, was er einfach tun muss. Meiner Erfahrung nach ist es unmöglich, wirklich glücklich zu sein und dabei sein eigenes Gewissen zu betrügen. Ich habe selten erlebt, dass ein Mensch, der seine Berufung gefunden hat, davon vollkommen überrascht war. Im Grunde genommen weiß jeder von uns sehr gut, was seine Lebensaufgabe ist. Die Stimme des eigenen Gewissens ist ein wichtiger Hinweis darauf. Sie ist die ganze Zeit über da, auch wenn die Alltagssorgen uns zu absorbieren scheinen.

Dabei spreche ich nicht von jener Art schlechtem Gewissen, das wir bekommen, weil unsere Eltern uns eingebläut haben, dass wir nicht mit den Schuhen auf die Couch dürfen, oder weil wir den Rasen nicht gemäht haben (C. G. Jung nannte es das sittlich-moralische Gewissen). Dieses Gewissen ist kulturabhängig und steht Ihnen mehr im Weg, als dass es Ihnen hilft. In Konventionen, die immer beliebig und dem Zeitgeist unterworfen sind, steckt keine wirkliche Kraft. Nein, ich spreche von jenem Gewissen, das sich als innere Stimme bemerkbar macht. Eine Stimme, die universelle Gültigkeit besitzt (C. G. Jung nannte es das ethische Gewissen). Wenn Sie über sich selbst hinauswachsen wollen, nutzen Sie die Macht dieses ethischen Gewissens. Denn es ist unabhängig von Zeit und Raum. Ihr Gewissen ist ein natürliches inneres Belohnungssystem, das den Unterschied zwischen richtig und falsch jenseits aller Konventionen kennt. Folgen Sie Ihrer inneren Stimme, so weben Sie aktiv den Stoff, aus dem die großen Heldengeschichten sind. Dieser Stoff inspiriert von jeher die Menschen, weil es die Aufgabe jedes Menschen ist, seine Bestimmung zu entdecken und zu erfüllen. Das ethische Gewissen ist eine überpersönliche Kraft. Daher entwickeln Menschen, die auf ihr Gewissen hören, scheinbar »übermenschliche« Tat- und Willenskraft. Wenn Sie wahrhaftig leben und auf Ihr Gewissen hören, entsteht unweigerlich in Ihnen ein Gefühl von Ehre.

Der Stimme Ihres Gewissens können Sie sich über folgende Fragen annähern: Wo habe ich den Impuls, zivilen Ungehorsam auszuüben? Wofür wäre ich bereit, politisch aktiv zu werden, an einer Demonstration teilzunehmen oder gar in Hungerstreik zu treten? Wofür würde ich auf die Barrikaden gehen? Ziviler Ungehorsam besteht darin, dass ein Mensch gegen die Obrigkeit aufbegehrt, weil er erkennt, dass die herrschenden Gesetze ungerecht oder menschenverachtend sind.

»So hat die Vernunft und das ihr verwandte Gewissen eine ungeheure Autorität, weil sie unergründlich sind; ingleichen das, was wir mit dem Namen Genie bezeichnen. Dagegen kann man dem Verstand gar keine Autorität zuschreiben: denn er bringt nur immer seinesgleichen hervor, so wie denn offenbar aller Verstandesunterricht zur Anarchie führt.«

Johann Wolfgang von Goethe

Frage 6: Das größte Geschenk

Was ist das größte Geschenk, das ich anderen Menschen zu geben habe?

Zusätzlich können Sie sich auch fragen, was nach Ansicht von Menschen, die Sie gut kennen, Ihre größte Begabung ist, also jene, von der die meisten Menschen profitieren würden? Sie müssen nicht die oder der Beste in Ihrem Fach sein. Die Frage ist vielmehr, was Ihre stärkste Stärke ist. Sie vergleichen sich nur mit sich selbst.

Frage 7: Bewegende Geschichten

Welche Geschichten haben mich am meisten emotional bewegt?

Obwohl wir uns im Act-Big!-Programm auf die Kinometapher beziehen, ist es an dieser Stelle gleichgültig, ob es sich bei der Geschichte um Märchenfiguren, Kinohelden oder Personen aus einem Roman handelt. Welche Figuren haben einen bleibenden Eindruck auf Sie gemacht? Welches Verhalten und welche Haltung haben die Figuren an den Tag gelegt, die Sie besonders inspiriert haben?

Frage 8: Höhepunkte des Lebensfilms

Welche unvergesslichen Höhepunkte soll es in meinem persönlichen Kinofilm, auf meiner Heldenreise geben?

Was wollen Sie erleben, um eines Tages das Gefühl zu haben, wirklich gelebt zu haben? Welche Erfahrung wäre so großartig, dass sie auch andere Menschen inspirieren könnte, der Held ihres Lebensfilms zu werden? Wollen Sie beispielsweise Ihren Traumpartner finden und mit ihm die große Liebe erleben?

Frage 9: Noch einmal von vorne beginnen

Wenn heute der erste Tag meines Lebens wäre und ich trotzdem meine gesammelte Weisheit zur Verfügung hätte – wie würde ich mein Leben leben?

Es steht also alles wieder auf Anfang: Worin sehen Sie aus diesem Blickwinkel Ihre Berufung? Welche ethischen Werte wären Ihnen diesmal wichtiger? Was würden Sie anders machen wollen – und was würden Sie genau so wieder tun?

Frage 10: Erfüllende Ziele

Wovon weiß ich bereits aus Erfahrung, dass es mich innerlich erfüllt?

Welche der Ziele, die Sie derzeit verfolgen, bringen Ihnen Erfüllung, dienen also nicht nur dem Überleben oder Zeitvertreib? Wo spüren Sie einen Drang, etwas zu tun? Wann haben Sie das Gefühl, tun zu »müssen«? Was fesselt Sie? Wovon sind Sie förmlich besessen?

Frage 11: Begrabene Träume

Welche Träume habe ich irgendwann einmal begraben oder schrecke vor ihnen zurück?

Welche Wünsche trauen Sie sich bis heute nicht anzupeilen, weil Sie Ihnen zu groß erscheinen, und welche Träume haben Sie schweren Herzens beerdigt? Wenn Sie einem Traum wieder Leben einhauchen, kann Ihnen das eine Unmenge an Lebensenergie bescheren. Die in der Resignation konservierte Kraft wird wieder frei. Für noch mehr Klarheit können Sie sich folgende Fragen stellen:

• Wer oder was hat Sie seinerzeit demotiviert? Wie kompetent waren diese Menschen in Bezug auf Ihr Vorhaben?
• In welchen Tätigkeitsfeldern fehlt es Ihnen nicht so sehr an Begabung als vielmehr an Erfahrung?
• Woran haben Sie überraschenderweise doch wieder Interesse, wenn Sie sich erlauben, sich selbstbewusst/voller Selbstvertrauen zu fühlen? (Vielleicht haben auch Sie an so mancher Sache nur deshalb das Interesse verloren, weil Sie nicht genug Erfolg gehabt oder Geld dafür bekommen haben.)
• Wo haben Sie sich viel zu selten erlaubt zu scheitern, sodass es Ihnen an Erfahrung fehlt? In welchen Bereichen haben Sie niemals wirklich guten Unterricht von kompetenten Lehrern erhalten? Was könnte unter qualifizierter Anleitung alles möglich sein?
• Welche Tagträume haben Sie? Sofern Sie sich an Ihre Träume erinnern: Wovon träumen Sie nachts, das Sie fürs Leben inspiriert?

Frage 12: Wenn die Uhr tickt

Wenn ich mit Sicherheit wüsste, dass ich nur noch ein Jahr zu leben habe: Was würde ich keine Sekunde länger aufschieben?

Natürlich eignet sich diese Frage nicht dazu, Klarheit über Ihre gesamte Lebensvision zu bekommen. Denn diese lässt sich in den seltensten Fällen innerhalb eines Jahres verwirklichen. Diese Frage verschafft Ihnen vielmehr Klarheit über Ihre Werte und Erlebnisse.

Frage 13: Jenseits von Zeit, Geld und Ruhm

Wenn ich unendlich viel Zeit und Geld zur Verfügung hätte: Was würde ich tun?

Stellen Sie sich vor, Sie hätten alle Zeit der Welt. Welche Projekte würden Sie in Angriff nehmen? Wem oder was würden Sie Ihr Leben widmen, wenn Geld und Ansehen keine Rolle spielen? Welchen Tätigkeiten könnten Sie mit Liebe und Hingabe nachgehen, auch wenn Sie dafür keinerlei Geld oder Anerkennung erhielten? Hier geht es um Ihre intrinsische Motivation. Was bereitet Ihnen so viel Freude, dass Ihnen Geld, Status, Anerkennung, Aufmerksamkeit und alles, was Ihnen sonst noch einfällt, vollkommen egal sind und Erfolg nicht mehr lebenswichtig ist? Keine Sorge, das bedeutet nicht, dass Sie darauf verzichten müssen, sondern dass all diese Dinge nur das Sahnehäubchen auf dem ohnehin schon leckeren Kuchen sind. Überspitzt können Sie die Frage sogar so formulieren: Bei welchen Tätigkeiten habe ich das Gefühl, dass ich eigentlich dafür bezahlen müsste, weil sie mich so erfüllen?

Frage 14: Investitionen

Wofür gebe ich mein Geld am liebsten aus?

Nun bringen wir das Geld wieder ins Spiel, jedoch vor einem anderen Hintergrund. Es geht mir darum, dass Sie sich anhand Ihrer Ausgaben bewusst machen, worin Ihre Hauptinteressen, Werte und Prioritäten bestehen. Erwerben Sie gerne Kunstgegenstände? Dann könnte dies ein Hinweis darauf sein, dass Ihnen Ästhetik, die Bewahrung des kulturellen Erbes oder die Förderung von Künstlern wichtig ist. Ebenso könnten Sie es als Indiz dafür werten, dass in Ihnen ein verborgenes künstlerisches Talent schlummert. Investieren Sie in Immobilien? Dann hinterfragen Sie einmal, welche Publikumsmagnete Sie dazu motivieren. Geht es Ihnen um die Vermehrung Ihres Vermögens, um die Freude am Spekulieren oder um etwas ganz anderes? Anhand Ihrer Ausgaben können Sie sich selbst besser kennenlernen. Sollten Sie Geld für wohltätige Zwecke spenden, liefert Ihnen das deutliche Hinweise auf Ihre Utopie, Vision und Ihre ethischen Werte. Falls Sie derzeit kein Geld spenden, fragen Sie sich, wofür Sie am ehesten bereit wären zu spenden, wenn Sie mehr Geld beziehungsweise Heldenmut zur Verfügung hätten.

Frage 15: Grenzenlose Energie

Wenn ich unendlich viel körperliche, mentale und emotionale Energie zur Verfügung hätte: Was würde ich tun?

Sie haben ständig das Gefühl, Bäume ausreißen zu können: Welche Ziele würden Sie mit all Ihrer Energie dann verfolgen? Aus meinen Seminaren weiß ich, dass Menschen davor zurückschrecken, Ihre Kraftreserven zu mobilisieren, weil sie befürchten, dadurch in ein Burnout zu schlittern. Doch Burnout rührt nicht primär daher, dass wir uns zu viel einsetzen, sondern resultiert aus der inhärenten Sinnlosigkeit des Tuns. Daher fallen die Betroffenen in Depressionen und können sich die Frage »Wozu eigentlich die ganze Plackerei?« nicht beantworten. Indem Sie das Act-Big!-Programm absolvieren, können Sie die Sinnfrage eindeutig für sich beantworten. Auch ist es so, dass Menschen vor allem dann Gefahr laufen auszubrennen, wenn Sie keine Prioritäten setzen können, sondern sich als universelle Feuerwehr betrachten. Je mehr Sie Ihre Lebensvision klar vor Augen haben, desto besser erkennen Sie Ihre wahren Prioritäten und vieles von dem, was Sie früher für unglaublich wichtig hielten, fällt durch den Rost.

Frage 16: Im Fluss des Lebens

Bei welchen Tätigkeiten habe ich das Gefühl, dass alles wie von selbst geht und ich Zeit und Raum vergesse, sodass ich im Flow bin?

Als eine Art Steigerung können Sie sich auch fragen:

- Bei welchen Tätigkeiten haben Sie im Nachhinein sogar mehr Energie als vorher?
- Welchen Aufgaben müssen Sie nachgehen, um sich anschließend »rechtschaffen müde« zu fühlen? Was tun Sie an jenen Tagen, wo Sie abends mit dem Gefühl ins Bett gehen: »Heute war ein guter Tag!«?

All diese Fragen laufen im Endeffekt auf eines hinaus: dass Sie herausfinden, welche Arbeit Sie erfüllt.

Frage 17: Konzentration

Bei welchen Tätigkeiten fällt es mir leicht, über längere Zeit konzentriert und fokussiert zu bleiben?

Wie leicht sind Menschen abzulenken, wenn sie etwas nicht wirklich interessiert. Dementsprechend können Sie sich fragen, über welche Themen Sie sich endlos mit anderen unterhalten könnten. Wo können Sie gar nicht anders, als enthusiastisch und leidenschaftlich zu werden? Wie Sie sicherlich schon beobachtet haben, wünschen die meisten Menschen sich ein sorgenfreies Leben. Wir halten das für normal. Doch wenn Sie Menschen studieren, die ihre Arbeit erfüllt, dann werden Sie feststellen, dass diese Menschen Probleme lieben. Also: Mit welchen Problemen befassen Sie sich gerne und sind fast ein bisschen traurig, wenn wieder mal eines gelöst ist? Wonach sind Sie im besten Sinne »süchtig«?

Frage 18: Selbstdisziplin, Struktur und Ordnung

In welchen Bereichen bin ich gerne bereit, Selbstdisziplin aufzubringen?

Bei welchen Tätigkeiten legen Sie die größte Ausdauer, Disziplin und Frustrationstoleranz an den Tag? Wo sind Sie bereit, selbst harte Kritik einzustecken? Für welche Tätigkeiten würden Sie auch mitten in der Nacht gerne aufstehen? All diese Fragen liefern Ihnen Indizien dafür, worin Ihre Berufung besteht. Ebenso können Sie sich fragen: Wo bin ich ein Fan von Struktur und Ordnung? Machen Sie sich klar, wo Sie Regeln, Abläufe, Pünktlichkeit, Zuverlässigkeit und derlei mehr mögen. Viele von uns haben keine große Lust, sich in ihrer Freiheit zu beschränken. Vorausgesetzt, Sie sind nicht ohnehin der Typ, der nichts lieber tut als Ordnung zu halten, so drückt Ihre Bereitschaft, Struktur und Ordnung zu schaffen, Ihre Liebe zu einer Sache aus. Bei mir trifft das im Bereich Musik zu. Wenn ich mein Equipment für eine Probe oder einen Auftritt ab- und aufbaue, dann hat jedes Kabel seinen festen Platz, und ich bin sogar bereit, Dinge mit Etiketten zu versehen. Diese Mühe mache ich mir nicht bei allen Dingen.

Frage 19: Wissbegier und Lernbereitschaft

In welchen Bereichen bin ich immer neugierig?

Sinnverwandte Fragen sind etwa:

- In welchen Bereichen sind Sie bereit, andere Menschen als Lehrer zu akzeptieren? Sie sind einfach so wissbegierig, dass selbst der Konkurrenzkampf in den Hintergrund tritt.
- Wo schlummert Ihr größtes Potenzial?
- Was ist der größte in Ihnen verborgene Schatz, den Sie heben können?

Frage 20: Menschen, Orte und Dinge

Mit welchen Menschen und an welchen Orten verbringe ich am liebsten Zeit?

Mit welchen Gegenständen umgeben Sie sich (Wohnung, Büro, Kleidung, ...) und für welche Werte stehen diese Gegenstände? Wen wollen Sie am liebsten noch in diesem Leben treffen? Mit wem wollen Sie Ihre Zeit verbringen und weshalb? Wofür stehen all diese Personen?

5
Einklang von Drehbuch und Drehorten

Nachdem Sie Ihre Lebensvision formuliert haben, geht es nun darum festzustellen, in welchen Lebensarenen Sie Ihre Lebensvision am besten umsetzen können. Diese werden als Act-Big!-Arena bezeichnet. Jede Arena besteht aus einer Kombination Ihrer Tätigkeit und den dazugehörigen Personen sowie Orten. In der Kinometapher gesprochen finden Sie für das Drehbuch Ihres Lebens die geeigneten Drehorte.

Exercise for Excellence 12: Drehorte suchen

Sehen Sie sich Ihren aktuellen Job an. Notieren Sie, welche beruflichen Arenen Ihnen zur Verfügung stehen – ganz gleich wie leicht oder schwer umsetzbar Ihnen ein Wechsel in eine neue Arena im ersten Moment scheint.

Berufliche Arena: Nehmen wir an, Sie arbeiten derzeit als IT-Spezialist, doch gleichzeitig schwebt Ihnen vor, ein Restaurant zu eröffnen. Notieren Sie alle Arenen, die für Sie grundsätzlich in Frage kommen. Im diesem Beispiel könnte Ihre Arena wie folgt aussehen:

- weiter im derzeitigen IT-Konzern arbeiten,
- eine eigene IT-Firma gründen,
- als IT-Freelancer tätig sein,
- ein Restaurant in Ihrer Heimatstadt übernehmen oder
- ein Restaurant auf Teneriffa eröffnen.

Natürlich gibt es noch mehr Arenen, und Sie können auch ganz nach Belieben weiter differenzieren, zum Beispiel indem Sie eine neue Position innerhalb desselben IT-Unternehmens als Arena aufnehmen oder weitere Standorte für Ihr Restaurant in Erwägung ziehen.

Private Arenen: Nehmen Sie Ihr derzeitiges Privatleben unter die Lupe. Wie lässt sich Ihre Lebensvision damit vereinbaren? Listen Sie auf, welche Möglichkeiten sich Ihnen im Privaten bieten, die für Sie in Frage kommen.

Angenommen Sie sind jung und führen derzeit ein Leben als Single, dann könnten Sie beispielsweise

- weiterhin allein bleiben,

- eine Fernbeziehung führen,
- eine Partnerschaft ohne Kinder führen oder
- sich für eine Partnerschaft mit Kindern entscheiden.

Die Act-Big!-Matrix

Die Act-Big!-Matrix verhilft Ihnen zu mehr Klarheit darüber, in welchen Bereichen Ihres Lebens Sie am besten gemäß Ihrer Lebensvision handeln können und wo Sie sich besser ein anderes Betätigungsfeld aussuchen sollten. In Tabelle 5 ist der grundlegende Aufbau einer Act-Big!-Matrix dargestellt. Dabei bilden Ihre Arenen die Spalten und die sieben Publikumsmagnete die Zeilen. Jede Arena ist ein Tätigkeitsbereich. Finden Sie nun heraus, welche Ihrer identifizierten Arenen wirklich das Zeug zu einer Act-Big!-Arena hat, in der Sie der Held Ihres Lebensfilms sein können.

Tabelle 5: Die Act-Big!-Matrix

	Arena 1:	Arena 2:	Arena 3:	Arena 4:	Arena 5:	Arena 6:	Arena 7:	...	Summe
Utopie:									
Lebenszweck:									
Vision:									
Erlebnisse:									
Werte:									
Begabungen:									
Interessen:									

Exercise for Excellence 13: Die Act-Big!-Matrix

Schritt 1: Tragen Sie die zuvor gefundenen Arenen in die oberste Zeile der Act-Big!-Matrix ein. Wie viele Arenen Sie benötigen, entscheiden Sie selbst. Unter www.act-big.de können Sie die Matrix online ausfüllen und beliebig viele Arenen darauf hin überprüfen, wie gut sie in Einklang mit Ihrer Lebensvision stehen.

Schritt 2: Als Nächstes machen Sie sich Gedanken zu Ihrer gewählten Utopie. Überlegen Sie sich, welche Umsetzungschancen sich für Ihre Utopie in Arena 1 bieten. Vergeben Sie auf einer Skala von 1 bis 5 Punkte dafür, wie gut Sie sich vorstellen können, dass die jeweilige Arena mit diesem Mosaikstein in Einklang zu bringen ist. 1 Punkt steht dabei für schlechte Chancen, 5 Punkte stehen für optimale Chancen.

Schon manches Mal wurde ich gefragt, ob die momentane, tatsächliche Übereinstimmung zwischen Arena und Magneten oder das Potenzial für die Zukunft eingeschätzt werden soll. Bitte bestimmen Sie das Potenzial, das Sie sehen. Indem Sie sich auf die Möglichkeiten in der Zukunft beziehen, stärken Sie Ihre Vorstellungskraft, deren Wichtigkeit ich bereits mehrfach hervorgehoben habe. Was ist nötig, um das Potenzial der jeweiligen Arena auszuschöpfen? Notieren Sie Ihre Einfälle im »Aktionsplan« (Exercise for Excellence 14). Beispiel: Als Arzt könnten Sie während des Ausfüllens der Act-Big!-Matrix plötzlich feststellen, dass sich Ihre Utopie im Krankenhaus am besten verwirklichen lässt, wenn Sie eine leitende Funktion ausüben. Diese Erkenntnis können Sie in eine oder mehrere Aktionen ummünzen: Sie können beschließen, ein Gespräch mit einer Chefärztin zu führen, Sie können eine Zusatzausbildung machen oder sich in einem anderen Krankenhaus bewerben.

Schritt 3: Nehmen Sie die Bewertung analog für alle weiteren Felder vor. Obwohl Sie auch spaltenweise vorgehen können, empfehle ich Ihnen ein zeilenweises Vorgehen. Nach meiner Erfahrung fällt das den meisten leichter.

Schritt 4: Zählen Sie die vergebenen Punkte pro Zeile und Spalte. Interpretieren Sie die Ergebnisse für sich. Anhand der Zeilensummen können Sie erkennen, wie gut ein Publikumsmagnet insgesamt mit

Ihren gewählten Arenen harmoniert. Es wird immer welche geben, die besser mit Ihrem Leben in Einklang zu bringen sind als andere, und wie bereits erwähnt ist auch nicht jeder Publikumsmagnet für jeden Menschen gleich wichtig. Trotzdem kann eine insgesamt niedrige Zeilensumme bedeuten, dass Sie entweder noch nicht die Courage hatten sich einzugestehen, was Sie wirklich wollen (das heißt, die passenden Arenen zu wählen) oder trainieren sollten, den Zusammenhang zwischen den Arenen und den Publikumsmagneten zu erkennen. Jeder Mensch verfügt über eine selektive Aufmerksamkeit. Deshalb fällt dem einen der frisch gemähte Rasen auf und dem anderen nicht. Der frisch gemähte Rasen existiert aber unabhängig davon, und jeder kann seine Wahrnehmung trainieren und Dinge entdecken, die vorher in seiner Welt scheinbar nicht existierten.

Die Spaltensummen geben Aufschluss darüber, wie gut die Arenen Ihrer Lebensvision gerecht werden. Je höher die erreichte Punktzahl ist, desto besser können Sie sich in dieser Arena entfalten und selbst treu sein. Dann handelt es sich um eine Act-Big!-Arena. Mehrere Act-Big!-Arenen müssen sich dabei nicht ausschließen. Interpretieren Sie die Ergebnisse für sich. Die Act-Big!-Matrix kann ergeben, dass Sie fast gar nichts in Ihrem Leben verändern müssen, sondern eine Veränderung Ihrer Einstellung vonnöten ist. Die hohe Punktzahl verrät Ihnen, dass Sie entweder am richtigen Platz sind beziehungsweise dass Ihnen bislang keine bessere Arena eingefallen ist. Ebenso ist es möglich, dass Sie erkennen, dass Sie Ihr gesamtes Leben umkrempeln müssen, da die Arena, in der Sie sich aktuell bewegen, sehr wenige Punkte erzielen konnte.

Natürlich erwartet niemand, dass Sie alles stehen und liegen lassen, um in die Act-Big!-Arena zu wechseln. Nehmen Sie sich die Zeit, die Sie brauchen, ohne allerdings die geringste Zeit zu verschwenden: Wenn Sie beispielsweise herausfinden, dass Ihnen der Beruf, den Sie derzeit ausüben, nicht entspricht, könnten Sie von einer 40-Stunden-Woche auf eine 25-Stunden-Woche umsatteln und eine Arena, die sehr hoch gepunktet hat, zu einem zweiten Standbein machen. Sobald das zweite Standbein stabil ist, können Sie die alte Arena hinter sich lassen.

Wie viel Zeit Sie in die Erstellung und Auswertung Ihrer Act-Big!-Matrix investieren wollen, bleibt Ihnen überlassen – es ist in jedem Fall eine lohnenswerte Arbeit. Beispiele, wie andere Leser und Seminarteilnehmer Act-Big!-Matrizen ausgefüllt haben, finden Sie unter www.act-big.de.

Exercise for Excellence 14: Der Aktionsplan

Sobald Sie die Act-Big!-Matrix ausgefüllt haben, können Sie sich folgende vertiefende Fragen stellen und Ihre Antworten in einem sogenannten Aktionsplan, zum Beispiel in Form einer Mindmap, zusammenfassen:

- Welche weiteren Maßnahmen fallen Ihnen ein, um eine höhere Übereinstimmung zwischen Ihren sieben Publikumsmagneten und der jeweiligen Arena (Tätigkeitsfeld) zu erreichen?
- Wie realistisch sind Ihre Schätzungen? Welche Menschen können Sie interviewen, um ein genaueres Bild davon zu bekommen, inwiefern sich Ihre Lebensvision in der jeweiligen Arena umsetzen lässt?
- Wen kennen Sie, der eine ähnliche Lebensvision verfolgt wie Sie? Versetzen Sie sich einmal in diese Person hinein: Welche weiteren Arenen fallen Ihnen als diese Person ein, um eine höhere Passung mit den Publikumsmagneten zu erzielen?
- Welchen Aufgaben wollen Sie in Zukunft einen festen Platz in Ihrem Terminkalender geben, weil sie ansonsten durch den Rost fallen?
- Welche Lebensarenen dürfen Sie ab heute ruhigen Gewissens vernachlässigen, weil diese entweder in der Act-Big!-Matrix nur wenig Übereinstimmungspunkte erzielen konnten oder aber sich erst gar nicht für eine Berücksichtigung in der Matrix qualifiziert haben?
- Wo können Sie nun klarer erkennen, welche Eigenschaften der Arena eine untergeordnete Rolle spielen? Wenn Sie beispielsweise Ihre Werte, Begabungen und Interessen sehr gut in einer Bank erfüllen können, dann ergibt es keinen Sinn, allein aufgrund der dort geltenden Bekleidungsvorschrift diese Arena abzulehnen. Die Act-Big!-Matrix verhilft Ihnen zu einer ganzheitlichen Sicht der Dinge.

Auch wenn Sie bestimmte Arenen Ihrer Meinung nach noch nicht zur Gänze vermeiden oder an andere delegieren können, überlegen Sie sich, wie Sie mehr Zeit für jene Betätigungsfelder gewinnen können, in denen Sie am meisten Erfüllung erfahren. Je mehr Sie tun, was Sie wahrhaft inspiriert, desto mehr Kraft bekommen Sie, desto bessere

Verdienstmöglichkeiten eröffnen sich Ihnen und desto schneller können Sie Aufgaben an andere abtreten. Dieses Vorgehen ist ein gutes Beispiel dafür, wie Sie den scheinbaren Widerspruch von Egoismus und Altruismus überwinden. Wenn Sie »egoistisch« sind und sich eingestehen, was Ihnen nicht liegt, und – zum Beispiel als Arbeitgeber – das Geld dazu aufbringen, um es an andere zu delegieren, schaffen Sie sogar Arbeitsplätze. Wenn Sie tun, was Sie lieben, sind Sie mit hoher Wahrscheinlichkeit ein guter Vorgesetzter und werden Menschen beschäftigen, für die es ein Schritt vorwärts ist, das zu tun, was Sie nicht länger tun möchten. Zum Abschluss entscheiden Sie, welche Schritte Ihres Aktionsplan Sie wann in die Tat umsetzen wollen. Notieren Sie entsprechende Termine in Ihrem Kalender.

Act-Big!-Arenen klug wählen

Unabhängig von der Wahl Ihres Act-Big!-Publikums (siehe Kapitel 7) kann es ratsam sein, dass Sie Ihre Act-Big!-Arenen verändern. Wählen Sie Spielfeld und Mitspieler klug, denn umso schneller und freudiger werden Sie lernen und wachsen. Ihre Act-Big!-Arena sollte vor allem zwei Kriterien erfüllen:

• Die Menschen dort unterstützen sich gegenseitig in ihrer Selbstentfaltung. Ellbogenmentalität, Neid und Missgunst sind eher die Ausnahme als die Regel.
• Sie können einen wertvollen Beitrag leisten und spüren, dass Ihr Leben einen Unterschied macht. Während Ihnen in der Feel-Small-Arena Menschen Anerkennung entgegengebracht haben, um Sie zu manipulieren, wissen die Leute in der Act-Big!-Arena Ihren Einsatz wirklich zu schätzen.

Hören Sie auf Ihre Intuition, dann wird es Sie nach Ihrem Training mit dem Act-Big!-Programm eher zu Menschen hinziehen, die ebenfalls ein wohlwollendes inneres Publikum besitzen.

Wenn Sie sich beruflich verändern, herrscht an Ihrem neuen Arbeitsplatz wahrscheinlich ein Arbeitsklima vor, das Ihnen mehr entspricht. Wenn Sie sich privat neu orientieren, werden Sie feststellen, dass es in der neuen Sportart mehr Miteinander gibt oder dass Ihr neuer Lebenspartner in vielerlei Hinsicht Ihre Ansichten über das Leben teilt. In Ihrer Act-Big!-Arena wird es Ihnen deutlich leichter fallen, auf Ihr Act-Big!-Publikum zu hören. Wenn Sie sich hingegen immer weiter in einer Arena bewegen, in der Menschen genau das denken und von sich geben, was Ihr Feel-Small-Publikum auch denkt, dann wird es umso schwieriger für Sie sein, Ihre Lebensvision umzusetzen. Ich will auch nicht unerwähnt lassen, dass manches Mal Menschen gemobbt werden, weil sie ihre Lebensarena wechseln sollten. Jeder außer der Person merkt, dass sie nicht mehr dorthin gehört, wo sie sich aus Gewohnheit oder Angst noch aufhält.

Damit Sie nicht Erfolgen hinterherjagen, die Sie letztlich nicht glücklich machen, ist es wichtig, dass Sie sowohl Ihr inneres Publikum als auch die äußere Arena klug wählen. Denn manchmal geben wir uns mit viel weniger zufrieden, als möglich wäre – und sind unglücklich.

• **Im Management:** Geben Sie sich damit zufrieden, ein Statussymbol zu fahren und einen hohen Posten zu bekleiden? Dann besteht Ihr inneres Publikum aus oberflächlichen und leicht zu beeindruckenden Menschen. Auf welche Weise würden Sie Ihre Führungsposition ausfüllen, wenn Sie weder auf Kuschelkurs noch bereit wären, menschliche Werte zugunsten von Umsatzzahlen zu opfern?
• **Im Verkauf:** Geben Sie sich damit zufrieden, die Zielvorgaben zu erreichen oder im firmeninternen Vergleich überdurchschnittlich gut abzuschneiden? Wozu würde Sie eine heldenhafte Perspektive inspirieren? Was wäre, wenn Sie sich ernsthaft daran machten herauszufinden, wo Ihre Grenzen wirklich liegen?
• **In der Aus- und Weiterbildung:** Fühlen Sie sich als Lehrer aufgrund Ihres Wissensvorsprungs gegenüber den Schülern mächtig? Was würde ein wahrer Held in Ihrer Situation tun? Wofür würde er sich einsetzen? Was würde er den Schülern für das Leben mitgeben wollen? Welche Risiken würde er eingehen? Wenn Sie sich derartige Fragen erlauben, kann es sein, dass Sie die Schule wechseln, eine Zusatzqualifikation erwerben oder aber sogar zum Begründer einer alternativen Schule werden.

- **Im Privatleben:** Möglicherweise fühlen Sie sich schon als Held, wenn Sie im Freundeskreis über die korrupten Politiker schimpfen. Was würden Sie denn an deren Stelle tun? Vielleicht ist es Ihre Lebensvision, in die Politik zu gehen oder eine Partei zu gründen. Sind Sie sicher, dass Sie sich nicht von der Macht korrumpieren lassen würden?

Niemand sollte sich damit begnügen, der Einäugige unter den Blinden zu sein. Wählen Sie eine Act-Big!-Arena, sodass Sie unter Profis, statt unter Dilettanten sind. Wenn Sie als Sportler in eine höhere Liga wechseln oder zu einem besseren Verein, lernen Sie zwangsläufig viel, viel schneller. Daher ist auch die Wahl der Arena extrem wichtig für Ihre Selbstentfaltung, sowohl charakterlich als auch fachlich.

Exercise for Excellence 15:
Die Act-Big!-Arena klug wählen

- Welche Menschen wollen Sie am liebsten in Ihrem privaten und beruflichen Umfeld haben?
- Mit wem können Sie am schnellsten lernen und wachsen? Welche Personen bringen das Beste in Ihnen hervor?
- Was haben Sie den genannten Menschen zu geben?
- Inwiefern profitieren die Menschen in Ihrer Act-Big!-Arena davon, Sie zum Freund, Kollegen oder Partner zu haben?

Der Mythos vom Teilzeithelden

»Die wahren Helden leben 24 Stunden am Tag
und nicht zwei Stunden in irgendeinem großen Spiel.«

Tennessee Williams

Viele Menschen gehen einer langweiligen Arbeit nach, um dann den Ausgleich in der Freizeit zu suchen. Dieser »Ausgleich« kann aus meiner Sicht nur eine Vorstufe zum letztlich heldenhaften Leben sein, also eine Art Sprungbrett. Ein wahrer Held gibt seine

Persönlichkeit nicht morgens beim Portier ab, um sie abends wieder abzuholen und dann nachts als Superman, Batman oder Spiderman die Schurken zu jagen und die Welt zu retten. Diese Vorstellung ist eine Illusion, entstanden in den Köpfen der Comiczeichner, die vom Heldentum träumen – und träumen tut man eben nachts.

Ein wahrer Held denkt, fühlt und handelt wie ein Held – wo immer sie oder er sich gerade aufhält. Können Sie sich vorstellen, dass Mutter Teresa die Hälfte des Tages mit einem Job zubringt, der für sie keinen Sinn ergibt? Ist ein Albert Schweitzer denkbar, der täglich bis zur Mittagspause in einem Schlachthof arbeitet, weil er glaubt, sonst nicht über die Runden zu kommen? Ich hoffe, die Beispiele sind grotesk genug, um zu verdeutlichen, dass ein Held zu sein, eine Grundsatzentscheidung ist.

Heldentum ist kein Hobby. Wenn Sie Ihre heldenhafte Seite in sich spüren, wird sie Ihnen viel zu wertvoll sein: Sie werden Ihr Superheldenkostüm keine Minute mehr ablegen wollen. Die Erfahrung wäre ähnlich schmerzhaft, als wären Sie auf einem Drogentrip gewesen, und nun lässt die Wirkung nach. Der Entzug wäre unerträglich! Dieser Vergleich gefällt mir, weil es ja tatsächlich Ihre körpereigenen»Drogen« (Glückshormone) sind, die ausgeschüttet werden, sobald Sie das Leben führen, das Sie wirklich führen wollen.

Jede Act-Big!-Arena sorgt für Leistungsfreude

Wir leben in einer Leistungsgesellschaft. Es ist Teil des Feel Small, die Leistungsgesellschaft zu verteufeln, sich von ihr auffressen und unterjochen zu lassen. Die Formel für erfüllenden Erfolg lautet: Tun Sie das, was Sie wirklich tun wollen, so gut sie können, und zwar in einer Arena, in der Sie Ihre Lebensvision am besten verwirklich können. Wenn Sie Ihren Beruf lieben, werden Sie automatisch Höchstleistungen erbringen. Das werden Ihnen Kunden, Kooperationspartner, Sponsoren, oder was auch immer

Sie gerade benötigen, bescheren, und die Glücksspirale dreht sich stetig nach oben.

Es ist verblüffend, dass der Begriff »Leistungsgesellschaft« zum Schimpfwort geworden ist – beruht nicht die gesamte Tier- und Pflanzenwelt auf Leistung? Nichts überlebt einfach so. Was keine Leistung und keinen Nutzen bringt, das stirbt. Eine Blume blüht nicht zum Zeitvertreib – sie blüht, um die Aufmerksamkeit der sie bestäubenden Insekten auf sich zu ziehen. Ihre Schönheit hat eine Funktion, sie ist kein Selbstzweck. Deswegen dürfen Frauen und Männer sich auch schön machen, sich selbst verwirklichen wollen oder an ihrer Liebesbeziehung arbeiten. Doch viele Menschen erliegen dem Irrglauben, dass es genüge, den Status quo aufrechtzuerhalten und es sich auf der Couch bequem zu machen. Wir haben als Menschen das Privileg des freien Willens. Ich bin der Überzeugung, dass diese Freiheit dazu da ist, dass wir unserem Leben einen Sinn geben, statt auf der faulen Haut zu liegen.

Überall hört man die Leute munkeln, Leistung dürfe nicht mit Liebe verwechselt werden. Leistung ist eine Form der Liebe. Liebe zur Existenz. Das ursächliche Problem ist, dass wir uns zwingen, eine unbeseelte Leistung zu erbringen. Weshalb zwingen wir uns? Weil wir es für wichtiger halten, von anderen geliebt zu werden, als uns selbst zu lieben. Tun Sie, was Sie wirklich wollen, und der scheinbare Gegensatz von Leistung und Liebe hebt sich auf.

Alles, was kreucht und fleucht, holt das Maximale aus sich heraus. Doch viele Menschen bevorzugen den Vorruhestand, die Erwerbsunfähigkeit, den Krankenstand. Sie warten darauf, dass die Kinder aus dem Haus sind, endlich Feierabend ist oder das Wochenende kommt. Sie bemerken nicht, dass sie sich umso mehr vom Flow-Zustand entfernen, je mehr sie die Zukunft auf diese Art herbeisehnen. Und dass die Zeit langsamer statt schneller vergeht. Wenn Sie sich entschließen, der Held Ihres Lebensfilms zu sein, werden Sie diesen ganz normalen Wahnsinn nicht mehr verstehen können. Weshalb führt Leistung zu Freude und ist nicht bloß Spaß? Weil es beglückend ist, über sich selbst hinauszuwachsen. Das Universum dehnt sich immer weiter aus. Tun Sie dasselbe.

Indem Sie sich wie ein Mensch benehmen, werden Sie glücklich. Das hat die Natur auf wunderbare Weise so eingerichtet. Setzen Sie auf intrinsische Motivation. Ein Papagei ist glücklich, wenn er wie ein Papagei leben darf. Andernfalls beginnt er, sich selbst die Federn auszurupfen. Menschen und Papageien sind gar nicht so verschieden. Aber im Gegensatz zu vielen Menschen sind Tiere und Pflanzen in der Lage sich anzustrengen, ohne sich überzustrapazieren. Ein Mensch hingegen, der nicht im Flow-Zustand arbeitet, unter- oder überfordert sich. Wo überfordern Menschen sich?

- Sie versäumen es, rechtzeitig Arbeitspausen einzulegen oder ins Bett zu gehen, obwohl die Intuition mehrfach anklopft.
- In punkto Zeitmanagement setzen sich viele Ziele für einen Tag, die bei realistischer Planung zwei bis drei Tage benötigen. Laut Anthony Robbins überschätzen die meisten, was sie kurzfristig erreichen können, und versuchen dies durch Selbstausbeutung zu kompensieren. Das würden sie nicht tun, wenn ihnen bewusst wäre, dass sie unterschätzen, was sie mittel- bis langfristig (innerhalb von fünf bis zehn Jahren) erreichen können, wenn sie konsequent an ihren Zielen arbeiten.
- Sie versuchen, es allen anderen recht zu machen – die ultimative Überforderung.

Dies sind nur einige Beispiele, die zeigen, dass nicht etwa die Leistungsgesellschaft Schuld an Burnout, Herzinfarkt und Co. ist. Wir wissen nicht, wo uns der Kopf steht und entsprechend verhalten wir uns. Es liegt immer am einzelnen, welche Bedeutung er den Ereignissen gibt. Dass der allgemeine Stresspegel steigt, besagt nicht, dass der einzelne dies für sich zulassen muss.

Wenn Sie mehr Glück und Erfolg haben wollen, müssen Sie in Vorleistung gehen und Energie investieren. Sie investieren in Ihr Vorstellungsvermögen, dass Meetings spannend, Teamarbeit freudvoll und Liebesbeziehungen beglückend sein können. Ihr Act-Big!-Publikum wird mit Ihnen erwachen, wenn Sie beschließen, endlich das Leben Ihrer Träume zu leben. Tun Sie nicht nur, was Sie nicht lassen können. Unterlassen Sie es, irgendetwas zu unterlassen, das Sie nicht unterlassen müssen. Ihr Herzblut, Ihr Schweiß, Ihre Tränen bringen Sie selbst zum Erblühen. Sobald Sie merken, dass Ihr Lebensglück wie eine Pflanze ist, die Sie nur auf die beschriebene Weise zu gießen brauchen, werden Sie keine Disziplin mehr brauchen, um Zeit und Energie aufzubringen. Dann wird Disziplin nötig, um Sie vom Investieren abzuhalten. Aus Freude entsteht Leistung, aus Leistung entsteht Freude. Wählen Sie die Drehorte für Ihren Lebensfilm klug und dieser wird oscarverdächtig.

6
Vergrößerung der Lebensvision

»Nichts hilft einer Person mehr, Schwierigkeiten zu bewältigen,
als das Bewusstsein, eine Aufgabe im Leben zu haben.«

Viktor Frankl

»Was? Noch einmal meine Lebensvision vergrößern? Sie ist mir jetzt schon eine Nummer zu groß!«, denken Sie vielleicht. Vertrauen Sie mir. Das Vergrößern erleichtert die Umsetzung, so paradox es klingen mag. Eine Lebensvision ist etwas Lebendiges. Sie wächst mit Ihnen. Ich selbst lese mir meine Lebensvision täglich durch. Anfangs kamen regelmäßig neue Punkte hinzu. Mittlerweile ist meine Lebensvision so durchdacht, dass sich nur noch selten etwas ändert. Dennoch werde ich niemals zögern zu modifizieren, was mir nicht mehr entspricht.

Die Zeit als Verbündeter

Im Zusammenhang mit der Lebensvision ist es wichtig zu verstehen,

- was Menschen im Verbund alles erreichen können,
- was alles möglich ist, wenn Sie über längere Zeit konsequent an einer Sache dranbleiben, und
- dass so manches sich auch ohne Ihr Zutun zum Positiven verändern wird.

Arbeiten Sie daher daran, sich ganz authentisch auch Ihre letzten Wünsche und Träume einzugestehen.

Exercise for Excellence 16:
Die Lebensvision weiterdenken

- Schätzen Sie zunächst, wie viele Lebensjahre Ihnen wahrscheinlich noch beschieden sind. Sie können auch ein Intervall definieren, zum Beispiel 40 bis 50 Jahre.
- Überlegen Sie nun, wie viele gesellschaftliche Missstände im Laufe der letzten 20, 50 und 100 Jahre behoben worden sind. So manche Entwicklung, wie etwa die Gleichberechtigung der Frauen oder die Abschaffung der Apartheid, mag noch nicht abgeschlossen sein. Dennoch: Wo sind gute Fortschritte zu verzeichnen?
- Wie viele Menschen mag es gegeben haben, die diese positiven Veränderungen niemals erwartet hätten – und doch sind sie eingetreten.

- Notieren Sie nun die wichtigsten gesellschaftlichen Herausforderungen, vor denen die Menschheit Ihrer Meinung nach noch immer steht.
- Wenn Sie nun die Ihnen verbleibende Lebenszeit heranziehen und berücksichtigen, dass sich der Wandel auf dieser Erde immer rasanter vollzieht: Welche Missstände könnten noch im Laufe Ihres Lebens behoben werden? Welche »Wunder« könnten geschehen, auch ohne dass Sie persönlich viel dazu beitragen mussten? Wozu ist die Menschheit als Ganzes imstande?
- In welchen Bereichen dürfen Sie auf ein Happy End hoffen? Wo wird sich das Blatt mit einiger Wahrscheinlichkeit zum Positiven wenden, auch wenn Sie selbst es nicht mehr erleben werden, wohl aber Ihre Kinder, Enkel beziehungsweise zukünftige Generationen?

Mit Gegnern rechnen

»Die Freunde nennen sich aufrichtig.
Die Feinde sind es.«

Arthur Schopenhauer

Ganz gleich, welche Ziele Sie im Leben verfolgen – es wird immer Leute geben, die Ihnen auf die Schulter klopfen, und solche, die Sie boykottieren oder nur ein Kopfschütteln für Sie übrig haben. Je mehr Sie sich diesen Umstand bewusst machen, desto freier werden Sie in Ihrem Handeln. Wenn Sie es sowieso nicht jedem recht machen können, dann tun Sie doch einfach das, was Sie wirklich wollen! Da die meisten Menschen aber einen begrenzten Bekanntenkreis und ein Feel-Small-Publikum haben, dem sie imponieren wollen, fällt ihnen gar nicht auf, wie viele Menschen kein Verständnis für ihre Art zu denken aufbringen.

- Ein Karrieremensch wird Schwierigkeiten haben nachzuvollziehen, weshalb jemand eine Beförderung ausschlägt, um weiterhin genug Zeit für seine Familie zu haben. Auf der nächsten Yuppie-Party werden ihn seine Freunde darin bestätigen.
- Für einen Hedonisten ist es schwer zu verstehen, weshalb andere Menschen auf Alkohol, Fleisch, weißes Mehl und weißen

Zucker verzichten. Bei der nächsten Weinverkostung werden ihn die anderen Anwesenden darin bestätigen.

- Ein Umweltschützer hält alle Kapitalisten für verrückt. Für alle übrigen Teilnehmer der Großdemonstration ist das ebenso offensichtlich.
- In den Augen des Kapitalisten hingegen sind die Umweltschützer realitätsferne, naive Träumer. Die übrigen Mitglieder des Vorstands werden ihm das bestätigen.

Im Grunde genommen wächst jeder in einem System auf, das ihm bestimmte Wertvorstellungen vermittelt, an die er einfach deshalb lange glaubt, weil sie ihm so oft vorgebetet und eingetrichtert wurden. Entsprechend orientiert sich auch das Feel-Small-Publikum an diesen Wertvorstellungen.

Wenn Sie Ihre Lebensvision definieren, kann es durchaus sein, dass Ihre gewohnte Umgebung Sie für verrückt erklärt. Es ist, als ob Sie Ihr Leben auf einem Volksfest verbracht hätten – alle scheinen denselben Musikgeschmack zu haben, sich in derselben Kleidung wohlzufühlen und dieselben Witze amüsant zu finden. Doch Sie brauchen sich nur ein paar hundert Meter in eine beliebige Richtung zu bewegen und schon werden Sie Leute treffen, die keine zehn Pferde auf dieses Volksfest bringen würden. Also, haben Sie Mut und suchen Sie sich eine Act-Big!-Arena, in der Sie maximale Unterstützung finden und wo andere für die Unterstützung durch Sie dankbar sind.

Exercise for Excellence 17:
Befürworter und Gegner

- Wählen Sie drei Ihrer Lebensziele aus.
- Finden Sie pro Lebensziel fünf Personen (oder Personengruppen), die Ihr Ziel für erstrebenswert halten, und fünf Personen, die Ihr Ziel für irrelevant oder sogar verfehlt halten.
- Welche Konsequenz ziehen Sie für sich, wenn Sie sich bewusst machen, dass es immer Menschen gibt, die für Sie sind, und solche, die gegen Sie sind – unabhängig davon, was Sie tun?

Den Wirkungskreis erweitern

»Der ideale Mensch fühlt Freude,
wenn er anderen einen Dienst erweisen kann.«

Aristoteles

Das Act-Big!-Publikum und die Suche nach der passenden Act-Big!-Arena erleichtern es Ihnen, zu Ihrer Lebensvision zu stehen. Ein dritter Ansatz besteht darin, Ihren gefühlten Wirkungskreis zu vergrößern. Machen Sie sich bewusst, wie viele Menschen von der Verwirklichung Ihrer Lebensvision profitieren werden. So wird Ihnen klarer, dass Sie den Erfolg wirklich verdienen. Alfred Adler betont in seinem Buch *Der Sinn des Lebens*, dass es zu psychosomatischen Erkrankungen kommen kann, wenn zwischen der Sinngebung des Individuums und dem, was der Gesellschaft dienlich ist, zu große Abweichungen bestehen. Fehlenden Gemeinschaftssinn sieht Adler als Ursache für Neurosen, Drogenabhängigkeit, sexuelle Perversionen, Selbstmordgedanken und Kriminalität.

Um die Frage nach dem Sinn des Lebens beantworten zu können, bedarf es des Gemeinschaftsgefühls. Aus diesem Grund ist die Utopie einer besseren Welt der erste der sieben Publikumsmagnete eines oscarverdächtigen Lebensfilms.

Wie oft haben Menschen das Gefühl, dass irgendetwas sie innerlich zurückhält, ein großartiges Leben zu führen? Viele haben unterschwellig das Gefühl, dass sie es nicht wert sind, wirklich erfüllt und glücklich zu sein, und erst recht nicht, aufgrund ihrer Taten im Rampenlicht zu stehen. Doch es gibt einen Kunstgriff, um einer Vielzahl von Selbstzweifeln den Nährboden zu entziehen: indem wir den Konflikt zwischen Egoismus und Altruismus auflösen. Die verblüffend einfache Lösung besteht also darin, dass Sie sich fragen, inwiefern andere Menschen davon profitieren, wenn Sie Ihre Lebensvision verwirklichen. Diese Überlegung hilft Ihnen auch dabei, Ihre Lebensvision gegebenenfalls zu erweitern oder zu überarbeiten. Der Nutzen Ihrer Lebensvision für andere kann darin bestehen, dass

- der Umgang mit Ihnen angenehmer wird. Verständlich: Wenn Sie selbst ausgeglichener sind, färbt das auf Ihre Verwandten, Freunde und Kollegen ab.

- neue Arbeitsplätze, Freundschaften oder soziale Netzwerke entstehen.
- die Volkswirtschaft angekurbelt wird.
- das Gesundheitssystem entlastet wird. Je glücklicher Sie sind, desto weniger psychosomatische Krankheiten entwickeln Sie.
- Sie Ihren Kindern, Kollegen oder Freunden als Vorbild dienen.
- alle, die Sie auf Ihrem Weg unterstützt haben und weiterhin unterstützen, sich mit Ihnen freuen.
- Menschen, denen Sie helfen, wiederum anderen Menschen helfen können.

Exercise for Excellence 18:
Den Wirkungskreis erweitern

Wessen Bedürfnisse werden direkt oder indirekt erfüllt, indem Sie Ihre Lebensvision verwirklichen?

- Mein Partner profitiert, indem ...
- Meine gesamte Familie profitiert, indem ...
- Meine Freunde und Bekannten profitieren, indem ...
- Meine Firma, die Kunden und Kollegen profitieren, indem ...
- Meine Gemeinde/mein Bezirk/meine Gegend/mein Bundesland/ meine Nation profitiert, indem ...
- Die Umwelt profitiert, indem ...
- Die gesamte Menschheit profitiert, indem ...

Wie gut fühlt es sich an, wenn Sie erkennen, dass Sie mit Ihrer Lebensvision wahrscheinlich viel mehr Menschen einen wertvollen Dienst erweisen, als Ihnen ursprünglich klar war? Je gründlicher Sie sich dazu Gedanken machen, desto eher verschwinden Hemmungen, Ihr innerer Schweinehund und falsche Bescheidenheit.

Abschließend gebe ich noch ein paar Beispiele, die veranschaulichen, wie sich eine größere Vision positiv auf Ihre Performance und zugleich Ihr Wohlbefinden auswirkt.

Angenommen, Sie sind im Management tätig. Wie überzeugend können Sie populäre und unpopuläre Maßnahmen vertreten, wenn Sie darauf aus sind,

- bei Ihren Mitarbeitern beliebt zu sein oder aber

- Entscheidungen zum Wohl des gesamten Unternehmens (inklusive der Mitarbeiter) zu treffen?

Angenommen, Sie sind Musiker. Wie groß ist Ihr Lampenfieber, wenn

- es Ihnen ausschließlich darum geht, ein berühmter Künstler zu werden oder aber
- es Ihnen um die Musik geht und darum, Ihre Freude daran mit anderen Menschen zu teilen?

Angenommen, Sie sind Arzt. Wie groß ist Ihre Motivation, sich auch nach abgeschlossenem Studium immer weiter fortzubilden, wenn es Ihnen darum geht

- Ihre Familie zu ernähren, ein großes Haus zu bauen und für Ihre Rente zu sparen oder aber
- erleichterte und lachende Gesichter von gesunden Menschen zu sehen, die Ihnen dankbar für Ihre Hilfe sind? (Wie viele Weiterempfehlungen werden diese Menschen geben und wie wird sich das auf Ihren Wohlstand auswirken, ohne dass es Ihr primäres Anliegen war?)

Gleichgesinnte finden

Nicht wenige Menschen fühlen sich von ihrer eigenen Lebensvision schier überwältigt. Doch wie sieht es aus, wenn Sie sich bewusst machen, dass Sie nicht die einzige Person mit Heldenambitionen sind? Gerade dazu eignet sich eine Lebensvision ganz besonders – sie überwindet Gefühle der Isolation, Einsamkeit und Überforderung. Und auch wenn es in Ihrer unmittelbaren Umgebung kaum Mitstreiter geben mag, so sorgt doch die Lebensvision dafür, dass Sie Ihren Suchradius drastisch vergrößern – und mit einem Mal tauchen überall Gleichgesinnte zur gegenseitigen Unterstützung auf. Als ich beispielsweise eine Umweltkampagne in Kaschmir durchführen wollte, schlossen sich gleich örtliche Bürgerinitiativen an. Sie sagten: »Wir haben so viel geredet, uns in Diskussionen aufgerieben und so wenig getan – endlich kommt einer, der etwas tut!« Erlauben Sie sich, dass Sie so viel überraschende Unterstützung erfahren, dass Sie sich in positiver Weise überfordert fühlen.

Exercise for Excellence 19:
Verbündete und Gleichgesinnte finden

Überlegen Sie sich, welche Teile Ihrer Vision leichter umsetzbar erscheinen, wenn Sie sich vor Augen führen,

* welche anderen Personen und Organisationen ähnliche Interessen verfolgen wie Sie? Mit wem können Sie zusammenarbeiten?
* dass sich Ihnen früher oder später Gleichgesinnte anschließen können, nach denen Sie nicht suchen müssen, sondern die Sie finden? Wie viele Menschen mag es weltweit geben, die eine ähnliche Anlage zum Helden haben wie Sie selbst und die irgendwann aktiv werden?
* dass Sie nicht alles alleine bewerkstelligen müssen, sondern auch (weitere) Arbeitsplätze schaffen und Aufgaben delegieren können?
* dass es Investoren geben könnte, die bereit sind, Ihre Ideen zu unterstützen?

Spätere Generationen führen Ihr Lebenswerk fort

Es gibt noch einen weiteren Aspekt, weshalb Sie vor einer großen Lebensvision nicht zurückschrecken müssen. In früheren Zeiten war den Menschen bewusst, dass Bauwerke wie eine Kathedrale nicht unbedingt im Laufe eines einzigen Menschenlebens fertiggestellt werden konnten. Heutzutage setzen wir uns höchst selten Ziele, die über unser eigenes Leben hinausreichen. Nicht zuletzt am Umweltbewusstsein wird sichtbar, dass kaum jemand das Wohlergehen der nächsten Generationen im Auge hat. Das betrifft die Wegwerfmentalität des Konsumenten und die Umweltpolitik der großen Parteien, die selten über die aktuelle Wahlperiode hinausreicht. Mir geht es an dieser Stelle aber nicht nur um die soziale Verantwortung, die wir gegenüber unseren Nachkommen haben, sondern auch darum, dass ihre Existenz Sie als Visionär beflügeln kann.

Exercise for Excellence 20:
Das Staffelholz weitergeben

Wie verändert sich Ihr Empfinden gegenüber Ihrer Lebensvision, wenn Sie die Möglichkeit zulassen,

- dass zukünftige Generationen Ihr Werk erst vollenden werden?
- dass zukünftige Generationen Ihr Werk fortführen und weiter ausbauen?
- dass Sie durch Ihr Werk in den Köpfen der Menschen unsterblich werden?

Überdenken Sie Ihre Lebensvision hinsichtlich dieses Aspekts noch einmal und überarbeiten sie gegebenenfalls.

Der Spur Ihres Herzbluts folgen

Wie bereits gesagt: Die Visionsfindung ist keine triviale Angelegenheit. Aus diesem Grund unternehme ich beispielsweise Visionsfindungsreisen mit Gruppen nach Marokko. In der Wüste, unter dem sternklaren Nachthimmel hat es die Muse bisweilen leichter, uns zu küssen. Sollten Sie sich schwertun, Ihre Lebensvision zu formulieren, und eine Reise nach Marokko in die Einsamkeit der Wüste ist gerade nicht möglich, können Sie sich mit einer anderen Methode Ihrer Lebensvision annähern: Folgen Sie der Spur Ihres Herzbluts. Das bedeutet, dass Sie sich mit Ihren wahren Gefühlen intensiv auseinandersetzen und lernen, sich selbst klarer wahrzunehmen. Was Ihre Selbstwahrnehmung trüben kann:

- Sie leben Ihr Leben (noch) nicht bewusst genug. Es ist, als ob Sie in einem D-Zug durchs Leben unterwegs sind – alles rauscht an Ihnen vorbei beziehungsweise Sie rauschen an allem vorbei, ohne dass Sie es genießen oder auf sich wirken lassen können.

Fragen Sie sich also ehrlich: Wie viel Zeit haben Sie sich für die Exercise for Excellence zur Visionsfindung genommen? Denken Sie daran: Das eigentliche Herzstück des Act-Big!-Programms sind Sie. Die Übungen erfordern daher Ihre Bereitschaft, sich auf sich selbst einzulassen – und das geht eben nicht auf die Schnelle und mal so nebenbei.

- Ihre Selbstwahrnehmung ist (noch) nicht ausreichend entwickelt, weil Sie nach wie vor versuchen, es Ihrem Umfeld rechtzumachen und Ihre wirkliche Meinung und Absichten verheimlichen. Sie haben die Erwartungen der anderen verinnerlicht und sich dabei selbst aus der Gleichung gestrichen. Wenn Sie nun die Exercise for Excellence zur Visionsfindung ratlos machen, ist dies die logische Folge. Um den Zugang zu sich selbst zurückzugewinnen und die Stufen der Selbstentfaltung zu erklimmen, müssen Sie Ihrer Intuition folgen, auch wenn Sie sich dabei vielleicht extrem egoistisch vorkommen.

Was also ist zu tun? Sollte Ersteres auf Sie zutreffen, dann geht es nicht darum, dass Sie sich zwingen, langsamer zu werden. In diese Falle tappen leider allzu viele Menschen, die versuchen zu *entschleunigen*. Das Entschleunigen wird dann lediglich zu einer weiteren Aufgabe auf der To-do-Liste. Hilfreich ist vielmehr, alles, was Sie tun, mehr zu genießen, tiefer in sich einzusaugen und sich davon berühren zu lassen. Auf diese Weise fließt täglich mehr Herzblut durch Ihre Adern, das Ihnen in der Folge ermöglicht, sich selbst besser wahrzunehmen. Wenn in Ihrem Kopf die Gedanken nur so umherschwirren und Sie nicht mehr fühlen können, was Sie wirklich wollen, müssen Sie eingreifen. Beschäftigen Sie sich in diesem Fall noch einmal mit den Publikumsmagneten »Begabungen« und »Interessen«. Wenn Sie bewusst Dinge tun, durch die Sie sich dem Flow-Zustand annähern, wird es automatisch stiller in Ihnen werden. Sie werden dann von selbst langsamer, weil Sie das, was im Augenblick vor sich geht, zunehmend interessiert und fasziniert. Sie bremsen also nicht mit dem zweiten Fuß, während Ihr anderer Fuß das Gaspedal tritt, sondern Sie entspannen sich und verlieren auf diese Weise ganz natürlich an Tempo.

Im zweiten Fall begeben Sie sich am besten auf eine Selbstentdeckungsreise: Folgen Sie der Spur Ihres Herzbluts. Hierfür ist Ihnen selbst der kleinste, unscheinbare Blutstropfen recht. Es ist wie beim Ariadnefaden, mit dessen Hilfe Theseus der Sage zufolge den Weg aus dem Labyrinth des Minotaurus fand. Es ist völlig unerheblich, an welcher Stelle Sie Ihren Herzbluttropfen wiederfinden. Erkennen Sie, dass die Entscheidung, Ihre eigenen Wünsche, Wahrnehmungen und Ideen anderen zuliebe zu vernachlässigen, von Ihnen stammt. Sie haben sich Ihr eigenes Labyrinth gebaut und sich darin verirrt. Machen Sie sich gleichzeitig bewusst: Da Sie selbst der Architekt des Labyrinths sind, liegt es in Ihrer Hand, neue Entscheidungen zu treffen, um den Ausgang zu finden – oder einen neuen zu schaffen.

Wie ich immer wieder betone, ist alle Wahrheit paradox. Im Hinblick auf Ihre Selbstwahrnehmung, welche die Grundlage für Ihre Visionsfindung und Ihr glückliches Leben bildet, bedeutet das, dass Sie sich nur selbst klarer sehen können, indem Sie auch für andere Menschen sichtbarer werden. Sie beziehen Stellung, bekommen mehr Profil, Ihre Mitmenschen erkennen immer besser, woran sie bei Ihnen sind. Zugegeben, viele Comic-, Roman- und Filmhelden besitzen einen Tarnumhang (Harry Potter), tragen eine Maske (Zorro) oder sind inkognito unterwegs (Superman, Spiderman, Batman). Doch die wahren Alltagshelden und großen Persönlichkeiten der Menschheitsgeschichte bleiben nicht unerkannt. Wenn Sie Ihre wahren Talente oder Ihre wahre Bestimmung entdecken wollen, lernen Sie, öffentlich zu sich zu stehen. Wenn Sie sich sehen lassen, werden Sie sich auch selbst klarer wahrnehmen.

Wer sich große Ziele setzt, das Beste aus sich herausholen will oder einen wertvollen Beitrag zum Wohle der Menschheit leisten will, wird sich oft schwach und zerbrechlich vorkommen. Und doch wird er genau daran wachsen, besser gesagt, er wird über sich hinauswachsen und Grenzen sprengen. Dazu sind freilich große Kräfte nötig.

Exercise for Excellence 21:
Selbstwahrnehmung verbessern

 Niemand kann sich vor anderen Menschen verstecken und gleichzeitig wissen, wer er ist und was er vom Leben erwartet. Wer sich hingegen für andere sichtbar macht, der nimmt sich selbst klarer wahr.

- Bei welchen Gelegenheiten hoffen Sie, nicht in den Mittelpunkt der Aufmerksamkeit zu geraten? Wo wünschten Sie, förmlich unsichtbar zu sein?
- Welche Dinge tun Sie, bei denen Sie hoffen, unentdeckt und unbeobachtet zu bleiben? Wie viel Kraft müssen Sie dafür im Endeffekt aufbringen?
- Welche kreativen Talente schlummern in Ihnen? Verstecken Sie möglicherweise Acrylbilder in den Tiefen des Kellers oder glühende Liebesgedichte in einem Geheimfach?
- Wo halten Sie mit Ihren politischen Ansichten hinter dem Berg, weil Ihr Freundeskreis anderer Meinung ist als Sie?
- Würden Sie gerne Ihren ganz persönlichen Kleidungsstil entwickeln und tragen doch nur immer, was der aktuellen Mode entspricht?
- Vielleicht haben Sie sexuelle Fantasien, von denen niemand etwas wissen darf?
- Wer in Ihrem sozialen Umfeld legt ein Verhalten an den Tag, das Ihnen zutiefst widerstrebt, aber Sie halten den Mund?
- Verheimlichen Sie Hobbys, weil Sie glauben, andere würden sich deswegen über Sie lustig machen? Gehen Sie als Mann heimlich zum Yoga oder als Frau zum Kickboxen?
- Reden Sie über Kollegen, Freunde oder Bekannte hinter deren Rücken, statt ihnen offen und ehrlich die Meinung zu sagen?
- Welche Schwächen verbergen Sie selbst vor Ihren Arbeitskollegen oder sogar Freunden?
- Wie sehr stehen Sie zu Ihrem Aussehen? Oder fühlen Sie sich nur wohl in Ihrer Haut, wenn alle Fettpolster kaschiert und Falten verdeckt wurden?
- Haben Sie religiöse Ansichten, die Sie vor Ihrem Bekanntenkreis verheimlichen?

Also: Sind Sie für andere ein Buch mit sieben Siegeln oder offen wie ein Buch? Sagen Sie anderen ehrlich Ihre Meinung, stehen Sie zu Ihren Ansichten, Vorlieben und Eigenarten. Der Nervenkitzel, den Sie und Ihr Act-Big!-Publikum dabei empfinden, kündigt das Herzblut an, das zurück in Ihre Adern schießt. Je mehr Sie zu sich stehen, desto inspirierender wird Ihr Lebensfilm.

Exercise for Excellence 22: Sichtbar werden

- In welchen Bereichen wollen Sie lernen, vollkommen zu sich selbst zu stehen?
- Wann bieten sich die nächsten Gelegenheiten, genau das zu tun?
- Welche Personen fallen Ihnen ein, denen gegenüber es Ihnen am leichtesten fallen wird, in allen Belangen Farbe zu bekennen (eventuell im gegenseitigen Austausch)?
- Wem gegenüber wäre es enorm wichtig, Stellung zu beziehen – auch wenn es Ihnen schwerfällt?

Wenn Sie Auseinandersetzungen immer vermeiden, gehen Sie letztlich auch sich selbst aus dem Weg. Natürlich geht es nicht darum, andere Personen zu missionieren oder durch Kritik in Grund und Boden zu stampfen, sondern nur darum, klar Stellung zu beziehen. Sorgen Sie dafür, dass Sie für andere Menschen täglich sichtbarer werden und Sie werden Ihr wahres Gesicht im Spiegel klarer erkennen. Viele Menschen beschweren sich darüber, dass andere sie nicht wirklich sehen, sondern nur oberflächlich anhand ihres Aussehens oder Status beurteilen. Doch für mich erhebt sich die Frage, wie sehr sie ihr Innerstes tatsächlich nach außen kehren, sodass ein Blick unter die Oberfläche überhaupt möglich wird.

Exercise for Excellence 23: Stellung beziehen

Machen Sie ein Experiment: Sprechen Sie einen Tag lang ausschließlich in Aussagen. Sagen Sie nichts ohne positive oder negative Bewertung. Lassen Sie keine Grauzonen zu. Hier ein paar Beispiele:

- **Im Meeting:** »Ihre Ansicht zu diesem Thema empfinde ich als undifferenziert.«
- **Auf der Straße:** »Die Kombination aus Anzug, Hemd und Krawatte finde ich sehr geschmackvoll.«
- **Beim Mittagessen:** »Dem Lachs hätte ich etwas mehr Salz gewünscht. Der Reis schmeckt mir hervorragend.«
- **In einer Boutique:** »Ihr Logo gefällt mir sehr – den Slogan finde ich nichtssagend.«

Vermeiden Sie es, eine Aussage durch eine andere abzuschwächen. Sagen Sie also nicht »Ich finde, der Lachs hätte etwas mehr Salz vertragen können, aber dafür hat mir der Reis umso besser geschmeckt.« Bleiben Sie bei Statement, Statement, Statement – bis es für Sie zur Selbstverständlichkeit geworden ist, dass Sie eine Meinung haben und andere Leute nun einmal eine andere. Hilfreich ist natürlich, Ihre Aussagen durch Ich-Botschaften als persönliche Ansicht zu kennzeichnen. Je mehr Ihnen das in Fleisch und Blut übergeht, desto einfacher wird die Definition Ihrer Lebensvision für Sie.

Betont sei noch einmal, dass Exercise for Excellence 23 für all jene gedacht ist, die Schwierigkeiten damit haben herauszufinden, was sie wirklich wollen. Für Menschen, die ohnehin felsenfest von ihren Ansichten überzeugt sind, müsste eine Exercise for Excellence darauf abzielen, mehr Flexibilität ins Denken zu bringen.

Gesunde Fantasie entwickeln

Eine andere Ursache dafür, dass es Menschen schwerfällt, eine Lebensvision zu finden, kann darin liegen, dass ihr Vorstellungsvermögen beeinträchtigt ist. Vielen Menschen sitzen all die Hiobsbotschaften aus den Medien in den Knochen. All die Sorgen, die sich ihre Eltern immer um sie gemacht haben, klingen ihnen noch in den Ohren und haben sie übervorsichtig werden lassen. Hinzu kommen negative Kindheitserfahrungen (wie etwa in einem Einkaufszentrum die Eltern aus den Augen verlieren oder Geister unter dem Bett sehen), die dazu geführt haben, dass in erster Linie Negatives leicht vorstellbar ist.

Exercise for Excellence 24:
Wie gesund ist Ihre Vorstellungskraft?

Im Folgenden finden Sie einige Aussagen, mit deren Hilfe Sie einschätzen können, ob es Ihnen generell leichtfällt, sich Probleme, Hindernisse und Schwierigkeiten vorzustellen, oder ob Sie eher offen für visionäre Überlegungen sind. Die negativen Vorstellungsbilder finden

Sie jeweils vor dem Schrägstrich, die positiven dahinter. Wie gut können Sie sich vorstellen, dass

- der Dritte Weltkrieg ausbricht / für mindestens 100 Jahre weltweit Frieden herrscht?
- eine Rezession kommt / ein wirtschaftlicher Aufschwung stattfindet?
- alle anderen eine Gehaltserhöhung bekommen, Sie aber leer ausgehen? / Dass Sie als Einziger weit und breit eine Gehaltserhöhung bekommen?
- viele Menschen mit Ihrer Arbeitsleistung unzufrieden sind und Ihnen das nur aus Höflichkeit nicht sagen? / Dass andere Personen häufig mit Ihrer Leistung zufrieden sind, auch wenn sie sich nicht die Zeit nehmen, mit Ihnen darüber zu sprechen?
- Sie nur unter Druck wirklich gut arbeiten können / Sie mit Arbeitsfreude deutlich bessere Ergebnisse erzielen als unter Druck?
- Sie nur benutzt und nicht wirklich geliebt werden / Sie um Ihrer selbst willen geliebt werden?
- die Menschen hinter Ihrem Rücken in erster Linie schlecht über Sie reden? / Dass viele Menschen positiv und anerkennend über Sie reden, auch wenn Sie nicht dabei sind?
- Sie eines Tages aufgrund einer schweren Krankheit sterben / Sie bis ins hohe Alter topfit sind und ganz natürlich sterben?
- Ihre Lebensvision letztlich nur ein Traum bleiben wird / Sie Ihre Lebensvision verwirklichen werden?
- Ihre Existenz keinen Unterschied macht. / Dass es generell wichtig ist, dass es Sie gibt?
- Sie in Ihrem Lebensfilm lediglich eine Statistenrolle spielen / Sie der Held Ihres eigenen Lebensfilms sind?

Ab und zu ist es auch hilfreich, sich Negatives vorstellen zu können. Komplikationen bei der Projektabwicklung, Lieferschwierigkeiten, Kundenbeschwerden – all das kann vorkommen und daher ist es vernünftig, Vorbereitungsmaßnahmen zu treffen. Die meisten Menschen können sich zwar Katastrophen in den schillerndsten Farben ausmalen, doch ihre Fantasie versagt, wenn es darum geht, einen Lebenstraum lebendig zu halten. Gerade dadurch jedoch, dass die Vorstellungskraft der meisten Menschen förmlich vergiftet ist, verdrängen sie, vor welchen Problemen die Menschheit steht: Artensterben, Bevölkerungsexplosion, Welthunger, Menschenrechtsverletzungen, Massentierhaltung. Sie verdrängen es, weil ihnen das Vorstellungsvermögen fehlt, dass all diese Herausforderungen zu meistern sind. Aufgrund der Verdrängung ist die Einstellung einiger Menschen unrealistisch »optimistisch«. Sie glauben dann beispielsweise, dass sie sich primär von Junkfood ernähren können, ohne eines Tages die Rechnung dafür zu zahlen. Oder sie meinen, wenn sie während der Arbeitszeit fast ausschließlich vor dem Computer und zu Hause vor dem Fernseher sitzen, hätte das keine negativen Konsequenzen für ihre Gesundheit. Sie reden sich ein, dass es anderen Menschen nichts ausmacht, unterbezahlt zu werden oder eine eintönige Arbeit zu verrichten, bloß weil diese Menschen zu viel Angst haben, um dagegen aufzubegehren (oder so abgestumpft sind, dass sie ihren eigenen Schmerz nicht mehr wahrnehmen). Sie denken, es genüge, ein Selbstmanagementbuch zu lesen, ohne die vorgeschlagenen Übungen zu absolvieren und das Gelernte in die Praxis umzusetzen. Sie tun nur das, was andere ihnen auftragen, aber sind so größenwahnsinnig zu behaupten, sie bräuchten keine Vorbilder. Diese Form des »Optimismus« wird immer zum Scheitern verurteilt sein, weil das »positive Denken« ungenügende Anbindung an die Realität hat. Unser Denken ist dazu da, uns ein adäquates Modell der Wirklichkeit zu liefern. Als Held Ihres Lebensfilms finden Sie durch Abenteuer heraus, was im Leben funktioniert und was nicht. Rückschläge sind in diesem Sinne wichtiges Feedback. Nur muss man damit umzugehen wissen (siehe Kapitel 10).

Wer Niederlagen und Verletzungen im Leben vermeiden will, der entscheidet sich oftmals für einen tristen Alltag. Er geht allen Risiken, die ihm seine einseitig negativ gefärbte Fantasie vorgaukelt, aus dem Weg.

Ihre Heldenreise besteht nicht nur darin, Ihrer Lebensvision zu folgen, sondern auch darin, den Sinn zu entdecken, den das Leben selbst Ihnen offenbaren will. Es ist demnach wichtig, dass Sie Ihr Vorstellungsvermögen in alle Richtungen ausdehnen. Viele Dinge müssen wir einfach erfahren, um sie uns vorstellen zu können. Genauso verhält es sich mit den Exercises for Excellence des Act-Big!-Programms. So manche Wirkung werden Sie sich erst vorstellen können, wenn Sie die Übung durchgeführt haben. So können Sie Ihrer Vorstellungskraft auf die Sprünge helfen:

- Umgeben Sie sich mit Menschen, die vieles von dem, was Sie sich nur schwer vorstellen können, für machbar halten. Idealerweise haben diese Menschen die Ziele, die Sie sich gesteckt haben, sogar schon erreicht, sodass für sie kein Zweifel besteht, dass auch Sie es schaffen können.
- Reduzieren Sie den Kontakt zu Personen, die Veränderungen und neuen Ideen prinzipiell skeptisch gegenüberstehen oder lenken Sie das Gespräch selbstbewusst in neue Bahnen.
- Besuchen Sie Vorträge von Menschen mit großem Vorstellungsvermögen, also Visionären oder Künstlern. Nutzen Sie die Gelegenheit, mit diesen Leuten in Kontakt zu kommen und stellen Sie Fragen, die Sie wirklich bewegen.
- Unabhängig davon, dass es immer besser ist, Menschen persönlich kennenzulernen, können Sie sich Videos von Leuten ansehen, die für ihre innovativen Ideen bekannt sind.
- Lesen Sie die Biografien von Persönlichkeiten mit großer Visionskraft. Hierzu zählen Menschen wie Hillary Clinton oder Viktor Frankl, der aufgrund seiner Erfahrungen im Konzentrationslager die Logotherapie entwickelt hat. Finden Sie Persönlichkeiten, die Sie inspirieren!
- Arbeiten Sie das Act-Big!-Programm gerne mehrfach durch. Übung macht den Helden.

7
Das Act-Big!-Publikum

»Es mag sein, dass wir durch das Wissen
anderer gelehrter werden.
Weiser werden wir nur durch uns selbst.«

Michel de Montaigne

Nun, da Sie sich Klarheit über Ihre Lebensvision verschafft haben, können wir den nächsten Schritt gehen, durch den Sie sich wie Münchhausen am eigenen Schopf aus dem Gefühlssumpf von Fremdbestimmung und Überforderung ziehen können: Sie implementieren Ihr Act-Big!-Publikum. Dieser Vorgang umfasst drei Schritte:

1. Sie wählen die Personen für Ihr Act-Big!-Publikum aus, die Ihnen am meisten Kraft geben und Sie an Ihre Lebensvision erinnern.
2. Sie führen ein Mentaltraining mit dem Act-Big!-Publikum durch.
3. Sie üben sich darin, in der Praxis mit dem Act-Big!-Publikum in Kontakt zu bleiben.

In Kapitel 2 haben Sie Ihren inneren Kinosaal mit dem Feel-Small-Publikum komplett geleert und alle Personen hinausgeworfen, in deren Gegenwart Sie dazu neigen, nicht zu sich selbst zu stehen. Diese Personen sind inkompetent, haben eine gänzlich andere Lebensphilosophie, stehen in negativer Konkurrenz mit Ihnen oder sind schadenfroh. So oder so, Sie wissen, dass die Assoziationen, die mit diesen Personen verknüpft sind, Sie behindern. Sie haben beschlossen, sich auf eine bessere Zukunft auszurichten. Nach diesem Abschied vom Feel-Small-Publikum geben Sie nun neue Eintrittskarten an Ihr Act-Big!-Publikum aus. Kinokarten bekommen Personen, die Ihre Lebensvision repräsentieren. Entweder dadurch, dass sie eine große Lebensvision bereits in der Vergangenheit verwirklicht haben (Gruppe A), derzeit eine ähnliche Lebensvision wie Sie verfolgen (Gruppe B) oder in der Zukunft noch erfüllen werden (Gruppe C).

• Die Mitglieder von Gruppe A inspirieren Sie und erinnern Sie vor allem daran, dass heldenhaftes Handeln immer und überall möglich ist. Vielleicht gefällt Ihnen die Vorstellung, Menschen wie Julia Lorraine Hill in Ihrem Act-Big!-Publikum zu haben. Als Akt des zivilen Ungehorsams lebte sie mehr als zwei Jahre in 40 Metern Höhe in einem Mammutbaum, um ihn vor dem Abholzen zu bewahren. Oder Sie wollen die englische Pilotin Amy Johnson-Mollison nicht als Mitglied missen. Da sie ihr ursprünglicher Beruf als Sekretärin nicht erfüllte, sattelte sie um und wurde 1929 die erste Frau Großbritanniens, die eine Prüfung als Flugzeugmechanikerin ablegte. Auf einem Alleinflug flog sie 1930 als erste Frau von Großbritannien nach Australien.

- Gruppe B setzt sich aus Personen zusammen, mit denen Sie entweder kooperieren oder sich emotional verbunden fühlen. Sie werden von diesen Personen unterstützt und unterstützen sie im Gegenzug.
- Gruppe C sind alle Personen zuzuordnen, die Sie selbst inspirieren wollen. Sie erkennen in einem Mitarbeiter das Potenzial zur Spitzenführungskraft oder Sie ahnen, dass in einem Ihrer Kinder ein integrer Politiker schlummert. Ebenso kann es sich um treue Freunde handeln, denen Sie zeigen wollen, dass sie es Ihnen gleichtun können.

Ihr neues inneres Publikum ermöglicht Ihnen den Zugang zu Stufe 4 der Selbstentfaltung. Ohne diesen Zugang vergessen Sie Ihren Lebenssinn schnell und verlieren sich wieder im operativen Tagesgeschäft. Ohne es zu merken, werden Sie dann wieder vor dem Feel-Small-Publikum auftreten. Sie werden im nächsten Businessmeeting versuchen, erlittene Schmähungen durch Ihre Kinder- und Jugendfreunde auszugleichen. Oder Sie werden Ihre Ziele zugunsten Ihres Partners zurückstellen, weil Sie auf der Suche nach der Anerkennung der Eltern sind. Mit anderen Worten: Sie werden der nächsten Fata Morgana des Glücks hinterherlaufen, statt Ihrer Lebensvision zu folgen. Ihr Act-Big!-Publikum erfüllt den Zweck, Sie aus diesen Verstrickungen zu befreien und konsequent an die vierte Stufe der Selbstentfaltung zu erinnern.

Eintrittskarten ausgeben

Das gute Beispiel ist nicht eine Möglichkeit,
andere Menschen zu beeinflussen, es ist die einzige.
Albert Schweitzer

Viele Heldentaten beginnen unscheinbar. Ein Einfall, den Sie haben, so mickrig die Idee im ersten Moment erscheinen mag, kann das Senfkorn sein, aus dem ein riesiges Projekt sprießt. Es ist der Glaube, der Berge versetzt. Wie sehr stärkt es Sie, wenn jemand an Sie glaubt? Es heißt nicht umsonst, dass hinter jedem großen Mann eine große Frau steht. Durch ihren Glauben an ihn stärkt Sie ihm den Rücken. Das gleiche Ziel verfolgt das Act-Big!-Programm. Sie stärken sich selbst den Rücken – mithilfe des inneren Act-Big!-Publikums. Sie sind als Held so stark wie der inspirierendste Gedanke, den Sie bewusst kultivieren können.

In das Heldendasein muss man erst hineinwachsen. Überstürzen Sie es, belasten Sie Ihr Selbstvertrauenskonto (mehr dazu in Kapitel 8). Ihr Act-Big!-Publikum kann Sie bei den kleinen Heldentaten des Alltags unterstützen. Sie lernen, Ihren Eingebungen zu folgen, beispielsweise einen Kunden persönlich anzurufen, statt ihm eine E-Mail zu schicken. Für sich genommen ist das keine weltbewegende Tat, aber sie ist Teil einer Aufwärtsspirale in Ihrem Leben. Indem Sie den Kunden anrufen, stärken Sie die Beziehung, gewinnen wertvolle Informationen, sparen Zeit (ein Telefonat ersetzt einen langen E-Mail-Dialog), und außerdem macht es mehr Spaß, mit Menschen persönlich im Kontakt zu sein. Ihr neues Publikum freut sich. Personen aus den Gruppen B und C dient Ihr Verhalten als Vorbild. Gruppe A zollt Ihnen Respekt für Ihren Fortschritt.

Mithilfe der nächsten Exercise for Excellence bestimmen Sie, wen Sie in Ihr Act-Big!-Publikum setzen, um maximalen Heldenmut zu entwickeln. Sie ordnen Zuschauer aus den Gruppen A, B und C den sieben Publikumsmagneten eines erfüllten Lebens zu. Wie dies vonstattengeht, veranschaulicht Tabelle 6.

Exercise for Excellence 25: Den Kinosaal füllen

Welche Personen repräsentieren in Ihren Augen am besten Ihre Uto- pie, Ihren Lebenszweck, Ihre Vision, Ihre Erlebnisse, Ihre Werte, Ihre Begabungen und Ihre Interessen? Finden Sie pro Publikumsmagnet Personen für die Gruppen A, B und C. Insbesondere für Personen, die Gruppe A bilden sollen, empfehle ich Ihnen, Recherchen durchzuführen, welche Vorbilder mit besonderen Verdiensten oder herausragenden Erfolgen es in den für Sie relevanten Gebieten gibt. Nehmen Sie sich dafür genügend Zeit. Natürlich können Sie im Laufe der Zeit Ihr Act-Big!-Publikum erweitern oder verändern.

Sobald Sie die ersten drei Spalten der Tabelle ausgefüllt haben, gehen Sie zu Spalte 4 über. Überlegen Sie sich, für welches Verhalten Sie zukünftig durch Applaus belohnt werden. Halten Sie sich dabei stets vor Augen, dass es sich um ein inneres Belohnungssystem handelt, das Sie selbst installieren und auch jederzeit nach Ihren Wünschen weiterentwickeln können.

Tabelle 6: Bestimmung des Act-Big!-Publikums

	Gruppe A: Vorbilder	Gruppe B: Partner	Gruppe C: Inspirierte	Verdienter Applaus
	Diese Personen erinnern mich daran, dass meine Lebensvision machbar ist.	Diese Personen stärken mich dadurch, dass Sie ähnliche Publikumsmagnete haben.	Für diese Personen ist es wichtig, wie ich mich verhalte, weil sie sich an mir orientieren.	Applaudiert wird ab sofort, wenn ich Folgendes tue:
Utopie				
Lebenszweck				
Vision				
Erlebnisse				
Werte				
Begabungen				
Interessen				

Exercise for Excellence 26: Collage des Act-Big!-Publikums

 Wenn Ihr Act-Big!-Publikum steht, fertigen Sie eine Collage an, die einem Visionboard ähnelt (siehe Kapitel 10). Laden Sie Fotos der Personen aus dem Internet herunter oder, falls Sie die Person kennen, bitten Sie sie, Ihnen ein Foto zur Verfügung zu stellen. Kleben Sie die Fotos auf eine große Malerleinwand: Das ist Ihr Act-Big!-Publikum.

Hängen Sie die Collage an prominenter Stelle zu Hause oder im Büro auf. Ab jetzt können Sie sich jederzeit vor die Leinwand stellen und Ihr Act-Big!-Publikum betrachten, wenn Sie vor wichtigen Entscheidungen stehen. Unter www.act-big.de können Sie sich durch die Collagen anderer Seminarteilnehmer und Leser inspirieren lassen.

Mentale Verbindung zum Act-Big!-Publikum

Die folgende Exercise for Excellence ist eine Visualisierungsübung, ein Mentaltraining für Helden. Sie nimmt etwas Zeit in Anspruch, aber sie ist sehr wichtig. Bei Bedarf können Sie die Visualisierungsübung auf mehrere Tage verteilen. Es bietet sich an, die Exercise for Excellence morgens nach dem Aufwachen zu machen, noch bevor Sie zum Tagesgeschäft übergehen. Stellen Sie Ihren Wecker auf Schlummerfunktion und nutzen Sie einige Minuten dafür, in Kontakt mit Ihrem Act-Big!-Publikum zu treten. Es wird Ihr Leben von Grund auf verändern. Sie richten in Ihrem Geist eine Art Labor ein, in dem Sie ausprobieren können, wie sich die Anwesenheit bestimmter Menschen auf Ihre Gefühlswelt und Tatkraft auswirkt. Lernen Sie, achtsam dafür zu werden, wie es sich anfühlt, wenn Sie aufwachen und quasi im falschen Film sind. Wechseln Sie dann zurück zum oscarverdächtigen Film.

Exercise for Excellence 27:
Mentaltraining mit dem Act-Big!-Publikum

- Lassen Sie vor Ihrem geistigen Auge zunächst eine Person der Gruppe A Ihren Kinosaal betreten und Platz nehmen.
- Nun stellen Sie sich vor, wie diese Person Sie bei einer Handlung beobachtet, bei der Sie bislang noch unentschlossen oder gehemmt sind. Achten Sie darauf, wie sich die Anwesenheit der Person auf Ihre Gefühlswelt auswirkt.
- Welchen Effekt hat die Person auf Ihre Handlungsimpulse? Welche neuen Verhaltensoptionen fallen Ihnen ein? Wie verändert sich Ihre Einstellung gegenüber Chancen, Optionen und Herausforderun-

gen? Selbst wenn Sie den Eindruck haben sollten, noch nicht den nötigen Mut zu haben, um das Verhalten in der Praxis auszuführen – jede neue Idee ist bereits ein Fortschritt.

- Visualisieren Sie als letzten und wichtigsten Schritt, wie Sie die Handlungen tatsächlich durchführen. Bleiben Sie dran, selbst wenn Zweifel auftauchen, ob Sie es schaffen. Vorstellungskraft will trainiert sein. Stellen Sie sich Körperempfindungen, Gefühle und Ihren inneren Dialog lebendig vor.
- Wiederholen Sie das Ganze mit so vielen weiteren Einzelpersonen (aus allen drei Gruppen) wie Sie mögen.
- Durch dieses mentale Training bekommen Sie ein Gefühl für Ihr gesamtes Act-Big!-Publikum. Wie wirkt sich die Zuschauermenge auf Ihr Denken, Ihr Fühlen und Ihre Handlungsimpulse aus?
- Als Nächstes können Sie sich fragen: Welche kleinen oder großen Vorhaben schieben Sie auf die lange Bank? Wer im Publikum inspiriert Sie besonders dazu, diese Vorhaben jetzt anzugehen? Welche neuen Ideen, Strategien und Emotionen entstehen auf diese Weise?

Neue Perspektiven gewinnen

Achten Sie generell darauf, dass Sie nicht aufgrund von negativer Motivation (Druck = Angst, Scham, Schuld), sondern positiver Motivation (Zug = Inspiration, Neugier, Tatendrang) handeln. Nichts anderes bezweckt das Act-Big!-Publikum. Es erfüllt aber noch eine weitere nützliche Funktion. Die anwesenden Personen ermöglichen Ihnen wertvolle Perspektivenwechsel. Wenn Sie beispielsweise als Selbstständiger vor der Frage stehen, welches neue Produkt Sie Ihren Kunden anbieten wollen, und Sie haben Anita Roddick, die Begründerin von The Body Shop, in Ihr Act-Big!-Publikum gesetzt, dann kann sie Ihnen bei der Entscheidungsfindung helfen. The Body Shop stellt Kosmetika unter Verzicht auf Tierversuche her. Gleichzeitig ist die britische Handelskette weltweit erfolgreich. Anita Roddick kann Sie also hervorragend daran erinnern, dass Erfolg und ethisch wertvolles Handeln vereinbar sind. Zusätzlich kann Sie sie zu konkreten Ideen anspornen.

Helden setzen zudem auf das richtige Maß an Gewohnheiten. Wer Erfolg im Leben haben will, der braucht die richtige Mischung aus hilfreichen Gewohnheiten einerseits und Flexibilität und Lernbereitschaft andererseits. Wer fortwährend alle Entscheidungen aufs Neue überdenkt, wird handlungsunfähig oder wankelmütig. Ihr Act-Big!-Publikum regt Sie an, Grundsatzentscheidungen zu treffen, aus denen Sie dann Gewohnheiten formen.

Denken Sie daran: Wen auch immer Sie in Ihr Act-Big!-Publikum setzen – Ihr Publikum zielt immer darauf ab, Sie von der Fremdbestimmung in die Selbstbestimmung zu führen. Es geht also nie darum, es Ihren Zuschauern rechtzumachen. Die Mitglieder Ihres Act-Big!-Publikums repräsentieren lediglich einen Teil Ihrer Persönlichkeit. Durch die Vorstellung, der Held Ihres eigenen Kinofilms zu sein, bekommen Sie verstärkt Zugang zu Ihren vergessenen Anteilen. Niemand darf sich ohne Ihre Einladung in Ihrem Publikum tummeln.

Sollten Sie ein Mensch sein, der sich permanent getrieben fühlt, werden Sie wahrscheinlich im Verlauf der Exercise for Excellence beobachten, wie Stress von Ihnen abfällt. Die Befreiung kann sich zunächst wie Leere oder Antriebslosigkeit anfühlen. Es ist jedoch wichtig, dass Sie diese Lücke entstehen lassen – das Vakuum wird durch Ihren authentischen Selbstausdruck im Sinne des Act Big! gefüllt werden, wenn Sie standhaft bleiben.

Ich sage nicht, dass Sie durch Ihr Act-Big!-Publikum arrogant« werden sollen. Doch es gibt etwas, das ich »positive Ignoranz« nenne. So viele Menschen sind derart weit davon entfernt, aus integren Gründen zu handeln, dass sie denkbar schlechte Berater darstellen. Wie viele vernünftige Lösungen werden auf dieser Welt nicht implementiert, weil damit kurzfristig keine Wähler zu gewinnen sind oder innerparteilich mit Widerständen zu rechnen ist? Wie viele Unternehmen sprechen von Nachhaltigkeit und entscheiden sich doch jedes Quartal wieder für die Verfolgung kurzfristiger Ziele? Sind Sie bereit für Ihre Intelligenz, Vernunft und Weitsicht? Ebenso wenig plädiere ich dafür, dass Sie künftig alle Feedbacks von Arbeitskollegen oder Freunden in den Wind schlagen sollen. Die Erfahrung zeigt das Gegenteil, nämlich dass Sie viel besser zuhören und schneller lernen können, wenn Sie nicht auf der Suche nach Anerkennung sind. Es ist nicht zwingend notwendig, dass jeder alle Fehler selbst begeht, statt seine lebendige Vorstellungskraft zum mentalen Probehandeln zu nutzen.

Ihre Premiere

Der nächste Schritt des Mentaltrainings besteht im Agieren im echten Leben – mit Ihrem Act-Big!-Publikum im Hinterkopf. Ihr Lebensfilm hat Premiere, Sie sind ab sofort auf der großen Leinwand des Lebens zu sehen.

Exercise for Excellence 28: ... und Action!

- **Phase 1:** Versuchen Sie zunächst, ohne irgendeinen Anspruch auf Veränderung Ihres Verhaltens, während des Tages regelmäßig in Kontakt mit Ihrem Act-Big!-Publikum zu treten. Wenn Sie das zu neuem Verhalten inspiriert – gut. Wenn nicht – auch gut. Hauptsache Sie erinnern sich. Sobald Sie geübt darin sind, gehen Sie zu Phase 2 über.

- **Phase 2:** Gewöhnen Sie sich an innezuhalten, wenn Sie merken, dass Sie etwas nur aus Bequemlichkeit, Angst oder Gewohnheit tun wollen. Zapfen Sie die Kraftquellen der Neugier, Inspiration und Freude an, indem Sie sich fragen, was Ihr Act-Big!-Publikum in dieser Situation am meisten begeistern würde. Handeln Sie entsprechend, wenn Sie können. Gelingt Ihnen das nicht, achten Sie darauf, in der Act-Big!-Welt zu bleiben, indem Sie sich selbst akzeptieren, wie Sie sind.

Wenn Sie durch das Act-Big!-Publikum zu neuen Verhaltensweisen gelangen, sich aber noch komisch dabei vorkommen, kann ich Ihnen ein Vorgehen nach dem Motto »Freiheit durch Übertreibung« empfehlen. Alles, was Sie zögerlich tun, fühlt sich von vornherein irgendwie daneben an. Das liegt aber gar nicht am Verhalten selbst, sondern an Ihrer Herangehensweise. Ein paar Anwendungsbeispiele für die Freiheit durch Übertreibung:

- Wenn Sie das Gefühl haben, nicht richtig durchatmen zu können, nehmen Sie für einige Minuten absolut entschlossene Atemzüge. Saugen Sie sich voll wie ein Schwamm. Vergessen

Sie irgendwann erlernte Atemtechniken, geben Sie den Versuch auf, irgendetwas zu erreichen. Lassen Sie einfach die Intensität zu und geben Sie mit jedem Atemzug noch etwas mehr Gas. Es ist unerheblich, wie tief der einzelne Atemzug ist – worauf es ankommt, ist die Steigerung von Mal zu Mal.

• Wenn Sie schüchtern sind, versuchen Sie nicht, Ihre Schüchternheit zu überspielen. Sie haben hier gemäß dem Prinzip der Übertreibung zwei Möglichkeiten: Entweder Sie spielen ganz bewusst noch mehr den Schüchternen und kokettieren absichtlich damit. Verbergen Sie nichts, sondern erlauben Sie sich, dass Sie Ihren Blick beschämt abwenden, werden Sie genüsslich rot. Die zweite Möglichkeit besteht darin, dass Sie wild entschlossen vorgehen: Beginnen Sie, übertrieben laut zu sprechen und zu gestikulieren. Das, was dem Schüchternen aufdringlich, laut oder ungehobelt vorkommt, ist in den Augen Außenstehender in der Regel ganz normal.

• Wenn Sie Angst vor Konflikten haben, legen Sie es einmal richtig auf einen Streit an. Was für Ihr Gefühl eine unerträglich angespannte Atmosphäre ist, wird Menschen, die weniger harmoniesüchtig sind, kaum belasten. Wenn Sie das erst einmal erfahren, nimmt Ihre Konfliktfähigkeit stark zu.

• Besuchen Sie eine Karaokebar und singen Sie – laut! Sollten Sie der Ansicht sein, Sie seien kein besonders begnadeter Sänger: Singen Sie noch lauter! Übertreiben Sie, bis Sie spüren, dass Sie nur noch von Entschlossenheit erfüllt sind und sonst nichts.

Abendliche Reflexion

Viele Menschen sind der Ansicht, dass es mit der eigenen Karriere, mit der Gesundheit oder mit der Beziehung, die sie gerade führen, stetig bergauf gehen muss. Und das hindert viele daran, den Helden in sich zu entdecken. Denn wie oft sind Menschen erst nach herben Rückschlägen bereit, etwas Grundlegendes in ihrem Leben zu ändern, wenn sich also die Lage verschlimmert. Da wäre der Raucher, der das Qualmen erst aufgibt, wenn er beim

Treppensteigen außer Atem gerät. Da wäre der Alkoholiker, der erst an den Rand der Kündigung gelangen muss, um endlich die Entziehungskur anzutreten. Worauf will ich hinaus? Nun, sobald Sie erst einmal Ihre Lebensvision definiert haben, kann es durchaus passieren, dass Ihnen schlagartig bewusst wird, mit wie wenig Sie sich im Leben bislang zufriedengegeben haben. Sie hatten den falschen Job, die falschen Freunde, den falschen Lebenspartner, die falschen Besitztümer. Wie ist es Ihnen nur gelungen, sich die ganze Zeit vorzumachen, Sie seien glücklich? Nun greifen Ihre Ausreden nicht mehr. Dies kann sich im ersten Moment wie ein Rückschritt anfühlen, aber genau diese Unzufriedenheit ist Teil Ihrer Heldenreise. Praktisch alle großen Persönlichkeiten haben massive Krisen durchgemacht. Warum sollten Sie eine Ausnahme sein?

Die nächste Exercise for Excellence soll Sie darin unterstützen, Ihren blinden Fleck zu erhellen. Je kleiner dieser blinde Fleck wird, desto unverwundbarer werden Sie. Je weniger Sie darauf hoffen, dass andere Menschen Sie genauso sehen wie Sie sich selbst sehen, desto standhafter und selbstsicherer werden Sie sich fühlen. Daher lassen wir nun die wichtigsten Mitglieder Ihres inneren Publikums zu Wort kommen. Ich habe Ihnen bereits empfohlen, jeden Morgen vor dem Aufstehen den Kontakt mit Ihrem Act-Big!-Publikum herzustellen. Nun empfehle ich Ihnen, es abends ebenso zu tun.

Exercise for Excellence 29:
Abendliche Meldungen aus dem Publikum

 Wählen Sie drei Zuschauer aus Ihrem Act-Big!-Publikum aus, deren Meinung Ihnen besonders wichtig ist. Diese drei Personen konnten Sie den ganzen Tag über bei all Ihrem Tun beobachten. Nun ist die heutige Vorstellung vorbei, und diese Zuschauer haben die Gelegenheit, über Ihre Art, den heutigen Tag zu gestalten, zu diskutieren. Was würden sie wohl sagen? (Es ist ein Gedankenspiel ohne den Anspruch, dass die Personen tatsächlich genau das sagen würden, was Ihnen einfällt.)

Diese Übung hilft Ihnen dabei, Distanz zu Ihrem eigenen Verhalten zu gewinnen und mehr wertschätzende Selbstkritik zuzulassen.

Als ich die Übung zum ersten Mal an mir selbst ausprobierte, war das Ergebnis für mich schockierend. Die drei Zuschauer, die ich gewählt hatte, waren Nelson Mandela, Steve Jobs und Mahatma Gandhi. Und alle waren sich in einer Sache einig:»Marc muss mehr Würde entwickeln!« Es gab noch zahlreiche weitere wertvolle Hinweise, aber dieser eine ist mir im Gedächtnis geblieben. Was also sagen Ihre drei wichtigsten Zuschauer über Sie, wenn Sie jeden Abend eine schonungslos offene Diskussion zulassen? Nach kurzer Zeit benötigt diese Exercise for Excellence nicht mehr als drei Minuten. Drei Minuten, die sich bezahlt machen.

8
Die 20 Superkräfte des Act-Big!-Helden

»Frage dich in jeder schwierigen Situation:
›Was würde der stärkste, mutigste,
liebevollste Teil meiner Persönlichkeit jetzt tun?‹
Und dann tue es. Tue es richtig. Und zwar sofort.«

Dan Millman

Die Kraft des Bewusstseins

Jeder ist die Hauptperson in seinem eigenen Lebensfilm – die einen sind sich dessen bewusst, die anderen nicht. Bewusstheit macht den Unterschied. Bewusstsein gibt zwar Kraft, kann zuweilen aber auch irritierend sein. Haben Sie schon einmal erlebt, dass Sie eine Treppe hinunterliefen und in dem Augenblick, als Sie sich auf den Bewegungsablauf konzentrierten, unsicher wurden? Wenn es Ihnen wie den meisten Menschen geht, haben Sie sich kurzerhand wieder für den Autopiloten entschieden (»Besser nicht darüber nachdenken!«). Dieses Beispiel zeigt, dass Bewusstheit etwas Erschreckendes haben kann. Doch grundlegende Veränderungen und damit auch Verbesserungen können Sie nur durch ein Mehr an Bewusstheit erzielen. So lässt es sich erklären, warum Menschen, die sich ihrer selbst besonders bewusst sind, zwischenzeitlich stärker verunsichert sind als andere.

Bewusstheit sorgt für Entscheidungsfreiheit, und diese Freiheit kann als Verwirrung erlebt werden. Wo bisher das eigene Handeln ganz klar erschien (zum Beispiel anderen die Schuld für die eigenen Fehler geben/eifersüchtig sein/sich trotzig zurückziehen), entsteht durch Bewusstsein plötzlich eine Lücke. Aus meiner Sicht ist das ein integraler Bestandteil der Heldenreise. Genau in den Situationen von Verwirrung und Ratlosigkeit können Sie auf Ihr Act-Big!-Publikum zurückgreifen: Welcher Weg bringt Sie Ihrer Lebensvision näher? Und was können Sie als Nächstes tun, das Ihr Publikum inspiriert? Tun Sie auch einmal etwas Unerwartetes, womit Sie sich selbst und Ihre Zuschauer überraschen.

Stellen Sie sich eine Blüte an einem Obstbaum vor. Sie entfaltet sich nicht nur in eine Richtung, sondern harmonisch in alle Richtungen zugleich. Mit der Persönlichkeitsentwicklung verhält es sich ebenso: Ihr Verhaltens- und Gefühlsrepertoire muss sich in alle Richtungen erweitern. Wenn Sie beispielsweise beabsichtigen, spontaner zu werden, ist es wichtig, auch in Ihre Weitsicht zu investieren. Wenn Sie offener werden wollen, sind Sie gut beraten, auch Ihre Grenzen klarer zu identifizieren.

Die meisten Managementtrends verfliegen so schnell, weil sie mit Patentrezepten aufwarten. Doch diese haben eine kurze Lebensdauer. Wie oft habe ich von Mitarbeitern, deren Chef gerade von einem Führungstraining zurückkam, gehört:»Ach, der beruhigt sich schon wieder!« Einen Vorgesetzten jedoch, der ganzheitlich lernt und sein Bewusstsein in alle Richtungen schult, muss der Mitarbeiter ernst nehmen. Denn hier folgt nicht ein Strohfeuer dem nächsten, sondern es brennt dauerhaft. Die Strohfeuer werden durch die Hoffnung entfacht, dass Mitarbeiterführung doch eines Tages ganz einfach sein wird. Wäre der Vorgesetzte ehrlich zu sich selbst, würde er feststellen, dass er genauso wenig motiviert ist, sich grundlegend weiterzuentwickeln, wie seine Mitarbeiter. Persönlichkeitsentfaltung braucht nichts weiter als die Intuition. Sie weist den Weg. Der neueste Managementtrend beabsichtigt in der Regel genau das Gegenteil: Er verführt seine Anhänger dazu, das selbstständige Denken einzustellen.

>»Jeder kann wütend werden, das ist einfach.
Aber wütend auf den Richtigen zu sein,
im richtigen Maß, zur richtigen Zeit,
zum richtigen Zweck und auf die richtige Art,
das ist schwer.«

Aristoteles

Nur durch Bewusstheit können wir den goldenen Mittelweg entdecken. Nehmen wir als Beispiel die Gewaltfreie Kommunikation (GfK) von Marshall Rosenberg. Sie leistet einen wertvollen Beitrag zur Konfliktkultur in Unternehmen, ja sie hilft sogar bei der Völkerverständigung. Aber manchmal gibt es nichts Besseres, wenn Menschen sich bewusst streiten und nicht jedes Wort mit Bedacht wählen, sondern einfach heraussprudeln lassen, was sich angestaut hat. Wenn Sie sich das hin und wieder erlauben, helfen Sie damit sowohl sich als auch den anderen. Ab und zu braucht jeder von uns einen Weckruf. Etwas, das uns aus dem Tiefschlaf der Egozentrik aufschrecken lässt:»Ach ja, da gibt es noch andere Menschen, die auch Gefühle, Bedürfnisse und wichtige Einsichten ins Leben haben.« Wer sich immer an Methoden hält – sei es Knigge, NLP-Technik, GfK, Transaktionsanalyse et cetera –, der wird sich selbst und auch sein Umfeld nur bedingt emotional erreichen. Natürlich gibt es in der GfK etliche Übungen, die das Wahrnehmen der eigenen Gefühle unterstützen. Und doch breche ich hier eine Lanze für das bewusste Streiten. So kann die tiefer liegende, unzensierte Wahrheit zu Tage treten. Wenn Sie sich entschließen, die Kraft des Bewusstseins für sich zu nutzen, bedeutet das, dass Sie sich angewöhnen, stets beide Seiten der Medaille zu sehen (wenn Sie wollen, lesen Sie doch einmal Paul Watzlawicks Buch *Vom Guten des Schlechten*). Das macht Sie flexibel – und genau dadurch kann Ihre Intuition Sie immer besser leiten.

Exercise for Excellence 30: Achtung, einfache Lösung!

- In welchen Situationen verlassen Sie sich immer wieder auf einfache Lösungen und Patentrezepte – und sind von den Ergebnissen frustriert?
- Wie sieht Ihr Arbeits-/Privatleben aus, wenn Sie ganzheitlich denken, wenn Sie Ihr Verhaltensrepertoire beständig in alle erdenklichen Richtungen erweitern?

Persönlichkeitsentwicklung, die diesen Namen verdient, besteht in Bewusstseinsentwicklung. Wer sein Bewusstsein nicht entwickelt, der sucht auf der alten Ebene nach neuen Lösungen. Daher der neueste Managementtrend, das neueste pädagogische Konzept, die neuesten Tipps für gelungene Sexualität. Der Trend mag sogar neu sein, die Tipps mögen geistreich und praxisnah sein – aber wenn der Anwender nicht neu ist, nicht über sich hinauswachsen will, bleibt alles Schall und Rauch. Stellen Sie also sicher, dass Sie beim Studium des Act-Big!-Programm weder nur nach Bestätigung für das suchen, was Sie bereits wissen, noch Ausschau nach simplen Lösungen halten. Natürlich ist das Leben letztlich einfach. Aber um das zu erkennen, müssen Sie den Dingen, die Sie tun, mehr Aufmerksamkeit schenken. Und das wiederum gelingt Ihnen am leichtesten, wenn Sie sich auch in Act-Big!-Arenen (Beruf, Freunde, Wohnort, Hobbys) bewegen. Nur im Wasser kann ein Fisch sich wirklich wohlfühlen. Alle Bücher, die der Fisch liest, während er an Land auf dem Trockenen sitzt, helfen ihm nur bedingt. Die besten Bücher motivieren ihn am meisten, so schnell wie möglich den Weg ins Wasser zurückzufinden.

Die Kraft der Liebe

»Am Anfang gehören alle Gedanken der Liebe.
Später gehört dann alle Liebe den Gedanken.«

Albert Einstein

Bewusstes Handeln lässt Liebe entstehen. Gleichzeitig ist bewusstes Handeln ein Ausdruck von Liebe. So kitschig es in den Ohren manches Zynikers klingen mag, die Liebe ist die stärkste aller Kräfte, die einen Helden ausmachen. Die Liebe verwandelt den Kleinmütigen in einen Großmütigen. Manch einer mag glauben, dass Mut Männersache und Liebe etwas für Frauen sei. Doch wie bereits betont, geht es im Act-Big!-Programm darum, ein ganzer Mensch zu werden. Mir ist durchaus bewusst, dass der Begriff »Liebe« im beruflichen Kontext noch immer wenig mehr als Stirnrunzeln hervorruft. Doch die Liebe macht aus dem Beruf erst eine Berufung. Steve Pavlina, Betreiber eines weltweit erfolgreichen Blogs über Persönlichkeitsentwicklung, bringt es auf die griffige Formel: Mut = Liebe + Macht.

Erst durch Liebe wachsen wir über uns selbst hinaus. Die Liebe zu den Mitarbeitern sorgt dafür, dass eine Führungskraft sich ihrer Verantwortung bewusst wird. Die Liebe zum Unternehmen ermöglicht es der Führungskraft, entscheidungsfähig zu bleiben, auch wenn sie sich dadurch unbeliebt machen könnte. Sie kann beispielsweise Sparmaßnahmen ankündigen oder einen Mitarbeiter entlassen, wenn er den Teamerfolg gefährdet. Anhand dieser Beispiele sehen wir einmal mehr, dass Denken und Gefühl gleichermaßen wichtig sind. Vernunft und Liebe liegen viel näher beieinander, als es den meisten von uns bewusst ist. Ein Mitarbeiter, dem etwas am Fortbestehen seines Unternehmens liegt, wird viel mehr Verständnis für Umstrukturierungen oder Einsparungen haben als ein Mitarbeiter, der sich nur für sein Gehalt interessiert. Ein Management, das unternehmerisches Denken von seinen Mitarbeitern fordert, ohne sich darüber im Klaren zu sein, dass dies die Kraft der Liebe erfordert, wird über das Wundern, weshalb alle Appelle ungehört verhallen, nicht hinauskommen.

Jeder, der liebt, will einen Beitrag leisten. Einen Beitrag zum Unternehmenserfolg, einen Beitrag zum Familienglück, einen Beitrag für eine lebenswerte Welt. Ein Mitarbeiter, der liebt, muss nicht kontrolliert werden. Er kontrolliert sich selbst. Wie ich bereits in meinem Buch *Selbstdisziplin* ausgeführt habe, darf Selbstdisziplin niemals Selbstzweck sein, sondern muss mit Sinn unterfüttert werden. Derjenige, der glaubt, Selbstdisziplin ohne Liebe habe einen Wert, läuft Gefahr, in den Burnout zu schlittern. Ohne Liebe verliert er nicht nur die notwendigen Erholungspausen, sondern auch seine Familie, Freunde und Hobbys aus den Augen. In allen Bereichen seines Lebens fühlt er sich fremdbestimmt. Durch Selbstdisziplin wollen wir die Macht über uns selbst wiedererlangen. Ohne Liebe wird daraus eine Diktatur.

Dass Helden sich von ihren Ängsten nicht ins Bockshorn jagen lassen, versteht sich von selbst. Das bedeutet aber nicht, dass sie furchtlos sein müssen. Der Held klopft sich eben nicht nur selbstherrlich auf die Schulter und prahlt:»Seht her! Bin ich nicht toll? Ich bin ohne Angst.«

Wenn Sie sich als Vorgesetzter um das Wohlergehen des Unternehmens, der Abteilung oder des Teams sorgen, dann kann es sich um Für-Sorge handeln, die Liebe für andere Menschen. Viele versuchen allerdings, alle Sorgen wegzuschieben. So wie sie andere ständig mahnen»Ach, mach dir keine Sorgen!«, versuchen Sie auch die eigenen Sorgen zu verdrängen. Doch diese Vogel-Strauß-Taktik ist noch selten aufgegangen. Entscheidend ist nicht, ob Sie sich Sorgen machen oder nicht – entscheidend ist, ob die Sorge das letzte Wort hat oder Ihre Vorstellung davon, wie negative Entwicklungen (Ausbrennen der Mitarbeiter, Umsatzeinbußen, Lieferschwierigkeiten) abzuwenden sind. Daher sage ich immer: »Jedes Problem ist ein nicht zu Ende gedachtes Gedankenspiel«.

Wenn Sie die Für-Sorge als konstruktive Kraft in Ihr Denken einbeziehen, wird es ein Kinderspiel, Ihre Lebensvision zu definieren. Der Unterschied zwischen bloßer Angst und Fürsorge besteht darin, dass die Angst schwächt (sie macht kleinmütig), während die Fürsorge stärkt (sie macht mutig). Durch die Fürsorge der Eltern gedeihen Kinder, durch die Fürsorge der Führungskraft entwickeln sich die Mitarbeiter. Ein fürsorglicher Vorgesetzter ist in der Lage, gesunde Grenzen zu setzen, wenn es dem Wachstum dient. Das kann bedeuten, einen Mitarbeiter freizusetzen, der den Gesamterfolg des Teams gefährdet. Viele schrecken davor zurück, weil Ihnen der zu entlassende Mitarbeiter leidtut. Als Held hingegen bewahren Sie den Blick für das Ganze. Den Konflikt zwischen der Liebe zu sich selbst und der Liebe zu anderen zu lösen, ist wirklich keine triviale Aufgabe. Dazu sind Intuition und eine radikale Bewusstseinserweiterung nötig. Bei »Bewusstseinserweiterung« muss man nicht gleich an Drogen denken. Obwohl es durchaus körpereigene Drogen gibt, zum Beispiel Glückshormone, die eine ähnliche Wirkung entfalten. Tun Sie, was Sie glücklich macht, und Ihr Bewusstsein erweitert sich. Das klingt mystischer als es ist. Haben Sie schon einmal nach einer mehrstündigen Wanderung auf einem Berggipfel gestanden und das Gefühl gehabt, mehr wahrzunehmen als sonst? Die körperliche Betätigung, die erhöhte Sauerstoffzufuhr, Ihr Interesse an dem großartigen Ausblick – all das zusammengenommen erweitert Ihr Bewusstsein.

Stellen Sie sich bitte vor, Sie wollen eine Rede vor größerem Publikum halten, zum Beispiel anlässlich einer Firmenfeier. Dabei lauern folgende Fallen:

1. **Die Egoismus-Falle:** Wenn Sie in diese Falle tappen, dann sprechen Sie über Themen, die zwar Sie selbst begeistern, für die sich aber ansonsten kaum jemand interessiert. Dies geschieht immer dann, wenn Sie – während Sie sprechen – die anderen Menschen nicht mehr in Ihrem Bewusstsein haben. Der Effekt ist als Schwafeln oder Labern bekannt.
2. **Die Altruismus-Falle:** Wenn Sie in diese Falle tappen, richten Sie sich blindlings nach den Interessen aller übrigen Anwesenden. Sie sind »Dienstleister«. Die meisten Dienstleister, denen ich begegne, befinden sich auf Stufe 1 der Selbstentfaltung. Ihre Tätigkeit erfüllt sie nicht. Deshalb müssen sie eine Fassade aufbauen. Auch Ihre Rede wird die Menschen kalt lassen, wenn Sie nicht aus tiefster Überzeugung sprechen können. Wenn Sie Ihr Act-Big!-Publikum vernachlässigen, wird der Funke auch nicht zum äußeren Publikum überspringen.

Im ersten Fall sind Sie mit sich selbst emotional verbunden – nicht jedoch mit Ihren Kollegen. Im zweiten Fall richten Sie sich nach den Gefühlen der anderen, aber Sie vernachlässigen Ihre eigenen Gefühle, das heißt Sie verlieren die Verbindung zu sich selbst.

Ähnliches geschieht, wenn Sie »kundenorientiert« sind – statt Synergien zwischen Ihren Interessen und denen des Kunden als die gesunde Basis zu verstehen.

Den Konflikt zwischen Geben und Nehmen können Sie tatsächlich nur dann auflösen, wenn Sie die richtige Person am richtigen Platz sind, das heißt wenn Sie sich in einer Act-Big!-Arena aufhalten. Im Beispiel der Firmenfeier sollte nicht immer der Geschäftsführer eine Rede halten, bloß weil es Konvention ist. Sondern es sollte die Person auf die Bühne, die genau über jene Themen mit Kompetenz und innerer Überzeugung referiert, die für das Unternehmen am relevantesten sind. Sollten Sie diese Person sein, wird Ihnen das Ihre Intuition zuflüstern. Dann brauchen Sie sich als Redner auch nicht abzustrampeln, sondern die Gruppe wird sich gerne Ihrer Führung anvertrauen und gebannt Ihren Worten lauschen. Dieses Kunststück vollbringen Sie nur dadurch, dass die Anwesenden in Ihrem Bewusstsein einen Platz haben. Das bedeutet, dass Sie nicht in einer egozentrischen »Ich-Blase« verschwinden. Vergessen Sie alle Besorgtheit hinsichtlich Ihrer Außenwirkung. Konzentrieren Sie sich stattdessen darauf, mit sich selbst und den Zuhörern in Kontakt zu stehen – und Ihre Rede wird die Menschen abholen und begeistern.

Viele Menschen haben Angst davor, sich auf Tatsachen einzustellen. Sie glauben, wenn sie die Umstände akzeptieren würden, blieben alle Probleme ungelöst und ihnen ginge die Motivation verloren, überhaupt etwas zu verändern. Die Motivation geht nicht verloren. Nur basiert sie zunehmend auf Act-Big!-Qualitäten (Inspiration, Fürsorge, Vernunft) statt auf Feel-Small-Qualitäten (Wut, Angst). Mehr dazu in Kapitel 9.

Solange wir in erster Linie aus negativer Motivation heraus handeln, können wir uns kaum vorstellen, dass wir etwas auch aus Liebe verändern können. Wir sollten verstehen, dass Entwicklung etwas Natürliches ist. Alles will sich permanent weiterentwickeln. Bis zum Schuleintritt ist das auch bei den meisten noch der Fall. In den ersten Jahren unseres Lebens haben wir Freude an Leistung. Wir wollen wissen, wo unsere Grenzen liegen – diese Grenzen nehmen wir aber nicht allzu ernst, weil wir gewohnt sind, sie sowieso täglich zu verschieben. Wir sind kleine Helden. Dieser Sportsgeist geht vielen verloren, und sie verschanzen sich hinter der absurden Haltung:»Wenn du mich liebst, dann lässt du mich wie ich bin!« Dieser Haltung liegt ein Missverständnis zugrunde, wie Evolution und bedingungslose Liebe funktionieren. Liebe umfasst eben auch Kritik, Tiefschläge und Wachstumskrisen. Wer das nicht wahrhaben will, wird weder eine funktionierende Partnerschaft führen, eine Lebensvision verwirklichen, noch seine Kinder liebevoll aufziehen können.

>»Man liebt das, wofür man sich müht,
und man müht sich für das, was man liebt.«
Erich Fromm

Die Dinge so zu lieben, wie sie sind, ist dabei durchaus ein wichtiger Zwischenschritt. Erst durch die Akzeptanz gewinnen wir die richtige Einstellung zu ihnen. David Hawkins hat die Unterschiede in seinem Buch *Power versus Force* herausgearbeitet. Sobald wir in Einklang mit den Umständen sind, wollen wir Veränderung nicht mehr mit Gewalt erzwingen *(force)*, sondern finden intuitiv den harmonischsten und effizientesten Weg *(power)*. Not macht erfinderisch, aber noch mehr Erfindergeist entspringt der Liebe zu den Dingen.

Die Kraft der Selbstermächtigung

Insbesondere in Deutschland ist Macht zum Unwort geworden. Nicht zuletzt aufgrund der Machtergreifung durch die Nazis, die zum Zweiten Weltkrieg und dem Holocaust geführt hat, ist die kollektive Angst vor Macht enorm groß. Zugleich fühlt sich der »normale« Bürger entmachtet. Er steht unter dem Eindruck, Dutzenden von Zwängen zu unterliegen: Es beginnt mit dem Elternhaus, setzt sich in der Schule fort, geht über in ein Angestelltenverhältnis und endet in der Abhängigkeit vom Rentensystem. Dieser normale Bürger kommt niemals in Kontakt mit der hellen Seite der Macht. Der kleine Mann hat gut reden, wenn er sich über »die korrupte Politik«, die »kapitalistischen Ausbeuter« oder in Unternehmen ganz einfach über »die da oben« echauffiert. Wenn Sie in Kontakt mit Ihrer Mächtigkeit kommen, werden Sie demütiger als der kleine Mann werden – denn Ihnen werden die Versuchungen der Macht bewusst. Wenn Sie an der Spitze einer Hierarchie stehen, sind Sie auf Selbstkontrolle angewiesen. Nur Sie selbst können sich davon abhalten, Ihren Einfluss zu missbrauchen oder sich korrumpieren zu lassen. Auf diese Weise entsteht der wahrhaft gute und bescheidene Mensch erst im Angesicht der Macht. Der verantwortungsvolle Gebrauch von Macht formt Ihren edlen, charismatischen Charakter. Niemand kann erwachsen werden, ohne sich zugleich mächtig zu fühlen.

Der Tiefenpsychologe Alfred Adler postulierte, dass nur der nach Macht strebe, der die Liebe nicht habe. Aber er sprach von Macht im Sinne von *force*. Macht im Sinne von *power* ist etwas Positives – wie ist das zu verstehen? Wenn wir uns die Natur ansehen, dann erkennen wir, dass jedes Lebewesen danach strebt, seine Überlebensfähigkeit zu maximieren. Krankhaft wird es dort, wo die eigene Macht dazu dient, andere Lebewesen (aus Spaß) zu unterdrücken. Wenn ein Sportler die Nummer 1 werden will, geht es um *power*. Wenn allerdings ein Sportteam ein anderes demütigen will, dann geht es um *force*. Es gibt also zwei Arten von Macht, die aber zunächst einmal immer gemeinsam »geliefert« werden. Wenn Sie die vier Stufen der Selbstentfaltung erklimmen, erlangen Sie mehr Macht, aber es liegt an Ihnen, wie Sie diese Macht nutzen. Die Versuchungen, denen ein Mensch ausgesetzt ist, der an Macht gewinnt, nehmen ebenfalls zu. Von diesem Konflikt handeln seit jeher Heldensagen, Mythen und Kinofilme wie etwa *Star Wars*, *Herr der Ringe*, *Die Matrix* oder *Avatar*.

- Die dunkle Seite der Macht *(force)* ist die, die wir für ausbeuterische Zwecke nutzen. Hier gibt es keine Ethik und Nächstenliebe.
- Die helle Seite der Macht *(power)* umfasst zwar ebenfalls persönliche Bedürfnisse, auch hier gibt es also Egoismus, aber sie schließt zugleich die Bedürfnisse der anderen Menschen und der Umwelt mit ein. Power dient einem höheren Zweck.

Die Unterscheidung zwischen der hellen und der dunklen Seite der Macht ist extrem wichtig, da Macht aus Feel-Small-Sicht immer missverstanden wird. Ein fremdbestimmter Mensch kann sich die helle Seite der Macht nicht vorstellen – genau das hält ihn auf Stufe 1 der Selbstentfaltung gefangen. Er wird jede Person, die ihre Mächtigkeit entdeckt, argwöhnisch beäugen und versuchen, sie wieder zurück in die »Bescheidenheit« hinunterzuziehen – eine Bescheidenheit, die aus Angst gespeist wird und mehr mit Demütigung als mit Demut zu tun hat.

Wenn Sie der kollektiven Angst erliegen und nur die dunkle Seite der Macht sehen, brauchen Sie sich nicht zu wundern, warum Sie keine Kraft haben, Ihren inneren Schweinehund nicht überwinden können, Konflikten ausweichen, sich in Wettkämpfen nicht behaupten können und Kritik schlecht vertragen. Ich lade Sie dazu ein, sich Ihre Mächtigkeit bewusst zu machen und zu lernen, verantwortlich mit ihr umzugehen.

Exercise for Excellence 31:
Vertrag zur Selbstermächtigung

- Notieren Sie die Namen von fünf Personen, die Ihrem Empfinden nach den Versuchungen der dunklen Seite der Macht erlegen sind.
- Notieren Sie nun ebenso viele Persönlichkeiten, die in der Lage waren, ihre helle Seite der Macht zum Nutzen eines ganzen Unternehmens, der eigenen Nation oder sogar der Menschheit zu gebrauchen. Welche Vorbilder fallen Ihnen ein?
- Schließen Sie einen Vertrag mit sich selbst. Ihre Mächtigkeit wird sich auf positive Weise entfalten, sobald Sie gegenüber sich und der Welt feierlich das folgende Versprechen abgeben: »Ich verspreche, meine Kraft nach bestem Wissen und Gewissen zum höchsten Wohl der Menschheit und der Natur einzusetzen. Aus diesem Grund habe ich es verdient, meine Mächtigkeit zur Gänze zurückzuerhalten.« Die Übung muss man ausprobieren, um zu erfahren, wie viel Kraft sie freisetzen kann. Die meisten Menschen leiden deshalb unter Aufschieberitis, Depressionen et cetera, weil sie Macht mit Missbrauch assoziieren. Die Medien berichten so einseitig von korrupten Politikern, Steuer hinterziehenden Unternehmern und so weiter, dass viele beschließen, ohnmächtig zu bleiben.

Wie Sie sehen, ist Macht an sich genauso neutral wie Geld. Es kommt allein darauf an, was Sie mit Ihrer Macht beabsichtigen.

Nur wer viel von der hellen Seite der Macht in sich kultiviert hat, kann der dunklen Seite widerstehen. In jeder Emotion, auch in den als negativ gebrandmarkten wie Eifersucht, Hass und Niedergeschlagenheit, steckt Kraft in Form von Act-Big!-Botschaften (mehr dazu in Kapitel 9). Bildlich gesprochen ist es tiefgefrorene Macht, die Sie erst zurückerobern müssen, indem Sie als Mensch auftauen. Was bedeutet es, aufzutauen? Dass Sie herzlicher, lebendiger, umsichtiger, beziehungsfähiger werden. Dunkle Macht wird in helle verwandelt, ebenso wie Neid in Inspiration oder Wut in Kraft. Um der Held Ihres Lebensfilms zu werden, müssen Sie Meister Ihrer Emotionen werden und diese nutzen und verwandeln.

Ein praktisches Beispiel hierfür ist der Zweifel. Viele Menschen sehen den Zweifel als etwas rein Negatives an. Was sind jedoch seine Vorzüge? Nur wer zweifelt, kann auf neue Ideen kommen. Am Anfang jeder Innovation steht die Frage »Geht das nicht irgendwie einfacher?« Das gilt auch für Ihre persönliche Weiterentwicklung. Wenn wir es ganz genau betrachten, ist sogar unser Bestreben, den Zweifel loszuwerden, zu etwas gut, denn jegliche Klarheit entsteht genau aus diesem Bestreben. Wir streben vom Zweifel zur Klarheit. Den Zweifel einfach zu vertreiben, das wird niemals funktionieren – dem Zweifel mithilfe Ihrer Intuition zuhören, ihn tiefer verstehen, seine Act-Big!-Botschaft entschlüsseln, das wird Sie ans Ziel bringen. Eine andere ineffektive Strategie, die viele Menschen anwenden, besteht darin, den Zweifel per se als etwas Wichtiges anzusehen. Diese Menschen nehmen den Inhalt jedes Zweifels ernst, egal wie begründet oder unbegründet er sein mag. Dann wird es jedoch nichts mit den Heldentaten, und das Leben bleibt trist und öde.

Finden Sie auf vernünftigem Wege heraus, was passiert, wenn Sie sich Ihren Lebensängsten stellen, indem Sie beispielsweise Führungsverantwortung übernehmen, sich selbstständig machen oder sich Ihrem Partner auch nach einer Verletzung wieder emotional öffnen.

Was uns bei der nun folgenden Exercise for Excellence besonders interessiert, ist, dass sich alle Gedanken auch körperlich ausdrücken. Wenn Sie beispielsweise gerade Zweifel hegen, werden Sie in Ihrem Körper eine gewisse Unruhe oder Leere spüren. Lehnen Sie dieses Gefühl ab, dann können Sie nicht die nächste Ebene der Klarheit erreichen. Das heißt, in Wahrheit gehören Zweifel und Klarheit zusammen. Wenn Sie versuchen, nur Klarheit zu gewinnen, ohne jemals den Zweifel zuzulassen, so wird es Ihnen nicht gelingen. Sie werden nicht lieben können, ohne sich Hassgefühle einzugestehen und auch keine Arbeitsfreude verspüren, wenn Sie sich Ihre Unlust und Langeweile nicht eingestehen. Ebenso verhält es sich mit der Inspiration. Viele Menschen wollen zwar inspiriert leben, aber sie lassen keinerlei Bewunderung zu – sie haben Autoritätsprobleme und akzeptieren nichts und niemanden »über« sich. Dadurch erschweren sie es sich selbst, zu einer Lebensvision zu gelangen. Denn Inspiration beginnt oftmals mit Bewunderung. Nicht einmal Autoritätsprobleme haben nur negative Seiten – sie dienen dazu, seinen eigenen heroischen Weg zu gehen, sich eine eigene Meinung zu bilden und eigene Erfahrungen zu sammeln, statt nur anhand von Secondhand-Erfahrungen zu leben (siehe Kapitel 1). Sie sehen also: Alles hat zwei Seiten, alles ist zu etwas gut.

Exercise for Excellence 32:
Zugang zur eigenen Macht (Teil 1)

- Setzen Sie sich bequem hin und schließen Sie die Augen. Konzentrieren Sie sich auf Ihren Atem, lassen Sie ihn ruhig fließen.
- Lassen Sie Ihre Aufmerksamkeit durch Ihren Körper wandern. Welche Empfindungen haben Sie? Manche Körperregionen werden sich wahrscheinlich weniger ausgedehnt anfühlen als andere. Bleiben Sie mit Ihrer Aufmerksamkeit an diesen Stellen für einige Atemzüge und denken Sie: »Auch hier sitzt meine Kraft!«
- Lassen Sie die Stimme, die den Kraftsatz denkt, mit jeder Wiederholung selbstsicherer werden. Wählen Sie entsprechend Tonfall, Tonlage, Sprechtempo.
- Gehen Sie auf diese Weise durch Ihren ganzen Körper, bis Sie sich immer wohler in Ihrer Haut fühlen (selbst wenn es noch immer irgendwo drücken oder ziehen sollte).

Der Sinn des zweiten Teils dieser Übung besteht darin, dass Sie sich angewöhnen, unangenehmen Situationen nicht automatisch auszuweichen, sondern sich heldenhaft damit zu konfrontieren. Ein Held braucht die Herausforderung – wie anders könnte er seine Größe und seinen Mut erkennen?

Exercise for Excellence 33:
Zugang zur eigenen Macht (Teil 2)

- Setzen Sie sich bequem hin und schließen Sie die Augen. Konzentrieren Sie sich auf Ihren Atem, lassen Sie ihn ruhig fließen.
- Gehen Sie gedanklich die letzten Tage und Wochen durch: In welchen Situationen haben Sie sich verunsichert, schuldig, ängstlich, wütend, neidisch … gefühlt?
- Rufen Sie eine Situation nach der anderen und die damit verbundenen Gefühle in sich wach. Was auch immer Sie fühlen, ob angenehm oder unangenehm – lernen Sie, Gefühle als Kraft zu betrachten, indem Sie sich sagen: »Auch das ist meine Kraft!« Atmen Sie dabei ruhig und fließend weiter.
- Achten Sie wiederum darauf, dass sich die Stimme in Ihnen, die den Kraftsatz denkt, selbstsicher und überzeugt anhören darf.
- Gehen Sie auf diese Weise mehrere Situationen durch, bis Sie merken, dass sich eine Gelassenheit in Ihnen einstellt, die situationsunabhängig ist. Dies ist die Ruhe, in der bekanntlich die Kraft liegt. Sie bleibt Ihnen erhalten.

Um es noch einmal zu betonen: Es geht nicht darum, negative Gefühle zu züchten, sondern ein tieferes Verständnis dafür zu entwickeln, wie sie zustande kommen und wozu sie dienen. Das Wichtigste aber ist die Erfahrung, dass der größte Teil der Negativität aus dem hilflosen Ausweichversuch vor ihnen resultiert.

Die Kraft des Heldenmuts

Als Held geht es nicht nur um Ihren Mut, sondern auch darum, dass Sie andere ermutigen. Hierzu habe ich ein Modell entworfen: die vier Stufen der Ermutigung (siehe Tabelle 7). Viele fragen sich, woher sie den Mut nehmen sollen, um ihr Leben authentisch zu leben, Projekte umzusetzen oder eine tiefe Liebesbeziehung einzugehen. Dabei kann die von mir entwickelte Mut-Leiter (siehe Tabelle 8) helfen, welche widerspiegelt, wie die Kraft des Heldenmuts während der Heldenreise wächst.

Tabelle 7: Die vier Stufen der Ermutigung

Bezeichnung	Beschreibung
Stufe 1: Sich selbstundandere entmutigen	Auf dieser Ebene fühlen Menschen sich arm, leer und hilflos und wollen auch nicht, dass es anderen Menschen besser geht. Es herrscht ein Kampf um die als äußert knapp wahrgenommenen Ressourcen Liebe und Anerkennung. »Ermutigt« wird hier bestenfalls zur Rache am Unternehmen oder Ex-Partner.
Stufe 2: Ermutigung durch andere zulassen	Viele sind aufgrund ihrer Schulzeit, ihres Elternhauses oder Erfahrungen in der Arbeitswelt derart verschlossen, dass es ihnen schwerfällt, Komplimente und Zuspruch überhaupt anzunehmen. Die intuitive Unterscheidung zwischen Manipulation und aufrichtiger Anerkennung muss erst wieder erlernt werden. Es ist wichtig für Betroffene, sich ein Umfeld zu suchen, in dem Menschen ehrliches Feedback geben (positiv wie negativ) oder aber die eigene Intuition zu schulen, um Lügen von ehrlichen Aussagen zu unterscheiden.
Stufe 3: Sich selbst ermutigen	Auf dieser Stufe erkennen Menschen, dass Sie Selbstverantwortung übernehmen und sich selbst die Anerkennung geben müssen, die sie sich wünschen. Sie gewinnen an mentaler Stärke, um selbst Herausforderungen zu bewältigen, bei denen sie auf sich allein gestellt sind. Das Act-Big!-Publikum hilft dabei, diesen mutigen Schritt zu tun.
Stufe 4: Sich und andere ermutigen	Die innere Stärke der Person hat sich so sehr vertieft, dass sie sich auf ihre Intuition verlässt und eine klare Lebensvision lebt. Mithilfe des Act-Big!-Publikums steht die Person so fest auf eigenen Beinen, dass sie andere ermutigen kann. Wer andere ermutigt, stärkt gleichzeitig auch sich selbst.

Im Act-Big!-Programm geht es darum, den eigenen Ängsten mutig die Stirn zu bieten. Aber Mut will, wie alles andere auch, trainiert sein. Und niemand kann von sich behaupten, in allen Lebensbereichen gleichermaßen mutig zu sein. Anhand der Mut-Leiter können Sie reflektieren, wie es um Ihren Heldenmut je nach Übungsfeld bestellt ist und worin der nächste Schritt für Sie bestehen könnte. Die Mut-Leiter gilt übergreifend für alle vier Stufen der Ermutigung und zeigt Ihnen einen Weg auf, wie Sie Ihren Mut trainieren können wie einen Muskel.

Tabelle 8: Die Mut-Leiter

Bezeichnung	Erläuterung
Stufe 1: Mut, an eine Handlung zu denken	Die Person hat ihre Angst, als egoistisch oder unverschämt zu gelten, überwunden und sich entschlossen, ein selbstbestimmtes Leben zu führen. Sie verbietet sich nicht länger, ihre Möglichkeiten auszuloten. Nun kann sie Karriereziele, einen Kinderwunsch oder eine Scheidung zumindest gedanklich in Erwägung ziehen.
Stufe 2: Mut, zu kommunizieren	Auch wenn die Person ihre Vorhaben noch nicht in die Tat umsetzen kann, spricht sie mit anderen Menschen darüber. Das dient dem Ansammeln von Mut. Umsetzungspläne werden entwickelt und optimiert sowie unnötige Sorgen entkräftet.
Stufe 3: Mut, eine Handlung auf einem Übungs- oder Spielfeld auszuführen	Die Person erprobt eine Handlung im vertrauten Kollegen- oder Freundeskreis.
Stufe 4: Mut, eine Handlung öffentlich auszuführen	Die Person ist bereit, öffentlich sichtbar zu werden. Sie nimmt an Wettkämpfen teil, präsentiert ihre Kunst in einer Vernissage, verdient möglicherweise sogar Geld mit der neuen Handlung.
Stufe 5: Mut, eine Führungs-, Lehrer- oder Vorbildrolle einzunehmen	Die Person geht einen Schritt weiter und beansprucht nun eine Lehrer- oder Führungsrolle, um ihr Wissen weiterzugeben – und andere zu ermutigen.

Exercise for Excellence 34: Die Mut-Leiter hinaufklettern

- Welche Möglichkeiten, im Leben mehr Erfüllung zu finden, haben Sie sich immer wieder aus dem Kopf geschlagen oder verbieten lassen?
- Welche Handlungen möchten Sie gerne wieder ernsthaft in Betracht ziehen – auch wenn Sie noch niemandem davon erzählen, weil es Ihnen peinlich ist oder Sie Kritik fürchten?
- Über welche Ihrer bislang im Stillen gehegten Pläne, Ziele oder Handlungsoptionen wollen Sie sich mit anderen Menschen austauschen? Achten Sie dabei darauf, die passende äußere Arena zu

wählen: Welche Personen werden Ihnen Mut machen oder aber Sie wertschätzend kritisieren?

- Über welche Dinge haben Sie oft genug mit anderen gesprochen? Wo ist es also höchste Zeit, zur Tat zu schreiten? Welches Übungsfeld wählen Sie hierfür als Arena?
- Worin haben Sie sich oft genug im stillen Kämmerlein geübt? Was ist reif, der Öffentlichkeit präsentiert zu werden?
- Was können Sie so gut, dass es an der Zeit ist, alle falsche Bescheidenheit zu vergessen und stattdessen andere Menschen durch Ihr Tun zu inspirieren?

Das Schwierige beim Schritt vom Kleinmut zum Heldenmut ist, dass Menschen sich klein und unbedeutend vorkommen, sobald sie versuchen, sich emotional mit wirklich großen Zielen zu verbinden. Doch erst dadurch geben sie sich die Gelegenheit, mit der Aufgabe zu wachsen. Leider lassen sich die meisten von ihren momentanen Gefühlen beherrschen. Wenn sich der Gedanke an die eigene Lebensvision nicht augenblicklich kraftvoll, sondern zunächst entmutigend anfühlt, folgern sie daraus, die falsche Lebensvision zu haben. Doch in unser Heldendasein müssen wir erst hineinwachsen, sei es als Eltern, Lehrer oder Führungskräfte.

Exercise for Excellence 35: Die Heldenpose einnehmen

- Stellen Sie sich aufrecht hin. Nehmen Sie eine Körperhaltung ein, in der Sie sich (so gut es nur geht) als Held fühlen.
- Experimentieren Sie mit verschiedenen Haltungen, Bewegungen, Ihrem Atem und Ihrer Körperspannung. Ziel ist es, das Gefühl, ein Held zu sein, schrittweise zu vertiefen. Entscheidend ist, dass Sie sich nur an dem orientieren, was Sie selbst tatsächlich spüren können.
- Speichern Sie die gefundene, für Sie persönlich optimale Kombination aus allen oben genannten Faktoren bewusst ab: Dies ist Ihre »Heldenpose«. (Wenn Sie diese Übung das nächste Mal machen, kann sich eine andere Heldenpose für Sie herauskristallisieren. Nichts ist so gut, dass es sich nicht optimieren ließe.)
- Denken Sie nun an Ihre Lebensvision und achten Sie darauf, wie Ihr Körper auf die Vorstellung reagiert: Haben Sie das Gefühl zu wachsen oder sacken Sie in sich zusammen? Sollten Sie dazu tendieren,

an Lebensenergie zu verlieren, statt zu gewinnen, kommt es jetzt darauf an, im wahrsten Sinne des Wortes standhaft zu sein. Je länger Sie der Versuchung, innerlich zu kollabieren, entgegenwirken, desto besser. Was können Sie tun? Es ist nichts anderes nötig, als nicht auszuweichen, sondern die bewusste Verbindung zwischen der Vorstellung von Ihrer Lebensvision und Ihrer Heldenpose aufrechtzuerhalten. Das ist alles. Dann werden Sie sich mit Lebenskraft vollsaugen wie ein Schwamm.

So können Sie Ihr Gefühl von Heldentum stärken, ohne zuvor bestimmte Resultate erzielt haben zu müssen. Vielfach erlauben wir uns positive Gefühle erst, nachdem Ereignisse eingetreten sind. Erst mit dem Erringen des Sieges fühlt so mancher sich gut. Doch der umgekehrte Weg hat auch seine Berechtigung: Je mehr Sie sich vorab bereits erlauben, den siegreichen Helden in sich zu fühlen, desto zuversichtlicher können Sie zur Heldentat schreiten und desto besser sind Ihre Erfolgsaussichten. Seien Sie ein realistischer Visionär.

Die Kraft der Wahrhaftigkeit

Haben Sie je darüber nachgedacht, welche Argumente dafür sprechen, dass Sie ehrlich sind, und zwar nicht anderen zuliebe, sondern sich selbst zuliebe? Es ist eine einfache Relation: Je ehrlicher Sie sind, desto mehr Kraft bekommen Sie. Weshalb ist Aufrichtigkeit so immens wichtig? Nehmen wir eine typische Verwechslungskomödie als Beispiel. Alles dreht sich um Missverständnisse aufgrund unklarer Kommunikation oder Notlügen, die aber keine Notlügen sind, sondern nur eine Folge fehlender Heldenkräfte. Heldenkräfte, die sich nur entwickeln lassen, indem man von ihnen Gebrauch macht. Wären die Beteiligten ehrlich miteinander, würde sich der ganze Spuk in Nullkommanichts auflösen. Freilich nicht immer in Wohlgefallen, denn die verlassene Braut, die sich einen anderen Mann suchen muss, wird vielleicht wenig von den wahren Worten aus dem Mund ihres Ex-Bräutigams halten. Aber letztlich würde der Bräutigam ihr mit seiner Ehrlichkeit einen Gefallen tun, denn eine Heirat wäre nur der Beginn einer Tragödie. Die Braut will aber im Grunde nicht, dass der Bräutigam tut, was er will, sondern das, was sie will – heiraten. Es ist die Geschichte zweier Menschen, die auf Stufe 1 der Selbstentfaltung leben. Die gesamte Story solcher Filme könnte man als eine gelungene Dokumentation zum Thema Zeitverschwendung betrachten. Hätte der Bräutigam vor seiner Verlobten dazu stehen können, dass er eine andere liebt, wäre der Film nicht einmal fünf Minuten lang geworden. Für Hollywood denkbar ungeeignet, für Sie aber umso praktikabler. Wenn ich also vorschlage, dass Sie der Held Ihres Lebensfilms werden, dann meine ich damit nicht, dass Sie ein unnötig dramatisches Leben führen und es für Ihr Publikum abseits Ihrer Lebensvision spannend machen sollen. Eine ganz normale Heldenreise ist abenteuerlich genug und bietet genügend Nervenkitzel.

Trotz allem enthalten Verwechslungskomödien eine wichtige Botschaft. In all diesen Filmen geht es letztlich darum, dass die Hauptperson es auf Stufe 1 der Selbstentfaltung nicht länger aushält, ihrem Herzen folgt und damit bis auf Stufe 3 vorrückt. So viel in diesen Komödien gelogen wird – letzten Endes geht es doch darum, wie gut es tut, zu sich selbst zu stehen.

Wer ehrlich ist und frei heraus sagt, was er wirklich will, welcher Job ihn erfüllt oder welchen Menschen er liebt, der gilt in den Augen anderer oft als selbstsüchtig. Andere nicht zu verletzen, interessiert auf Stufe 1 der Selbstentfaltung jeden. Dass der Unaufrichtige sich permanent selbst verletzt, kümmert niemanden. Jeden Tag, an dem er seine Arbeitsstätte betritt, betrügt er sich selbst. Unternehmen kostet dies eine Unmenge Geld aufgrund von Krankenständen, Fluktuation und innerer Kündigung. Jedes Unternehmen steht heute vor derselben Herausforderung wie der Einzelne: Wird es den Mut haben, nach den richtigen Mitarbeitern Ausschau zu halten und Rahmenbedingungen zu schaffen, unter denen diese Mitarbeiter zur Höchstform auflaufen? Das ist möglich. Es ist nicht einmal schwierig. Weitaus komplizierter ist es, 1000 Methoden zu erdenken, um den falschen Mitarbeiter zu motivieren, ihn zu kontrollieren, unternehmerisches Denken aus ihm herauszupressen und ihn zur Teamarbeit – womöglich mit weiteren falsch platzierten Mitarbeitern – zu bewegen.

Seien Sie also beruhigt: Den Unternehmen und selbst dem Staat ergeht es nicht anders als Ihnen, und alle gemeinsam sollten ein Interesse daran haben, diese missliche Lage zu verändern. Also, gehen Sie mutig Ihren Weg. Auch wenn es heute noch immer nicht allzu viele Menschen gibt, die Sie verstehen werden. Jeder Held zählt. Sie helfen nicht nur sich, sondern auch der Gesellschaft. Sie dienen nicht nur Ihrem Act-Big!-Publikum als Inspiration, denn letztlich hat Ihr inneres Publikum nur eine Brückenfunktion. Wenn genügend Menschen zur Besinnung gekommen sind, werden Sie das Act-Big!-Publikum immer weniger brauchen.

Wie sehr haben Sie das Gefühl, dass Sie tatsächlich das Leben führen, das Sie führen wollen? Je nachdem wie weit Sie auf dem Weg des Helden bereits fortgeschritten sind, bedeutet das Wort »Lüge« oder »fauler Kompromiss« etwas anderes für Sie. Zu Beginn werden Ihnen vor allem Ihre großen Lebenslügen bewusst: der falsche Arbeitsplatz, der falsche Partner, die falschen Freunde. Sie korrigieren diese Fehler, und je mehr Ihr Leben wieder in Balance kommt, desto feiner werden Ihre Antennen, um zwischen Wahrheit und Unwahrheit (es ist von *Ihrer* Wahrheit die Rede) zu unterscheiden. Eines Morgens stellen Sie dann zum Beispiel fest, dass Sie bei der falschen Bank sind oder dass Sie nicht mehr in einem bestimmten Restaurant essen gehen wollen, weil es Ihren Überzeugungen widerspricht. Irgendwann wird es vielleicht sogar so sein, dass Sie niemanden mehr umarmen, dem Sie lieber nur die Hand schütteln wollen, und niemandem mehr nur die Hand entgegenstrecken, den Sie lieber umarmen möchten. Sie nehmen es also immer genauer.

Exercise for Excellence 36: Mentales Heldentraining

Schauen Sie sich eine Verwechslungskomödie an, also einen Film, in dem fortwährend aufgrund von Unehrlichkeiten Verstrickungen zwischen allen Beteiligten entstehen, zum Beispiel *Bezaubernde Lügen*. Lassen Sie das Geschehen auf sich wirken und stellen Sie sich folgende Fragen:

- Wie kommt es, dass all die Lügen unerkannt bleiben? Welche Voraussetzungen müssen die Protagonisten erfüllen?

- Welche entscheidenden Wendepunkte gibt es in der Handlung? Durch wessen Feigheit oder Mut kommt es jeweils dazu?
- Sehen Sie nun den Film ein zweites Mal an und betätigen Sie die Pause-Taste, wenn Ihnen Gelegenheiten auffallen, zu denen die jeweilige Person heldenhafter hätte handeln können. Wie hätte eine integere, von ethischen Werten getragene Entscheidung ausgesehen? (Meistens gibt es mehrere Möglichkeiten.) Versetzen Sie sich nun in die Lage der jeweiligen Person und stellen Sie sich vor, wie Sie es besser machen würden. Auf diese Weise dient Ihnen ein banaler Film als mentales Heldentraining. Anschließend sehen Sie sich den Film weiter an.

Für einen Helden ist das Leben einfach, weil er gelernt hat, sich selbst zu vertrauen, statt es den anderen rechtzumachen. Wieso ist das vernünftig? Es kommt dadurch, dass wir Jahrmillionen von Evolution in allen unseren Zellen gespeichert haben. Die Natur kennt sich in jeglicher Hinsicht sehr gut aus: Welche Nahrungsmittel uns bekommen, welcher Job uns guttut. Jeder hat ein Gespür dafür, wer es gut mit ihm meint und wer nicht, wer die Wahrheit sagt und wer lügt. All das zählt zu unserer Grundausstattung als Mensch. Insofern müssen Sie gar nicht viel tun, um diese Intelligenz, Ihre Intuition, anzuzapfen.

Ein typisches Beispiel habe ich unlängst in einem Einzelcoaching erlebt. Die Klientin meinte, sie könne sich nicht vorstellen, auf Menschen zuzugehen und einfach ungezwungen ein Gespräch anzufangen. Ich lud sie ein: »Okay, dann experimentieren wir doch gleich jetzt damit – wir kennen uns auch erst seit ein paar Minuten.« Sie müsse sich einfach nur fragen, was sie aufrichtig an mir interessiere. Etwas zögerlich rückte sie mit der Sprache heraus:

- »Warum trägst du goldene Schuhe?«
- »Kann man lernen, so in Menschen hineinzuschauen?«
- »Wie alt bist du eigentlich? Ich kann das schwer einschätzen.«

Die Klientin erkannte sehr schnell, dass sie nur authentisch sein musste – und schon lief alles von allein. Sie hatte versucht, eine Rolle zu spielen, und dadurch war es kompliziert geworden. Und so ist es in allen Lebensbereichen. Das Leben ist letztlich sehr einfach, wenn wir aufhören, es kompliziert zu machen. Deswegen sage ich immer: Wer verwirrt ist, der ist nicht bereit für seine Wahrheit.

Exercise for Excellence 37: Das Leben vereinfachen

- Welche Verwicklungen ersparen Sie sich durch Ehrlichkeit?
- Wo wird Ihr Gedächtnis entlastet, wenn Sie sich nicht länger merken müssen, wer Ihnen Geheimnisse anvertraut hat, die Sie niemandem weitererzählen dürfen? Natürlich gibt es beruflich bedingte Informationen, die vertraulich behandelt werden müssen. Abgesehen davon empfehle ich Ihnen, dass Sie Menschen, die Ihnen Geheimnisse anvertrauen wollen, respektvoll darauf hinweisen, dass Sie nichts von Heimlichtuerei halten und nicht darüber nachdenken wollen, wer was nicht erfahren darf.
- Mit welchen Personen könnten Unterhaltungen deutlich interessanter werden, wenn Sie beschließen, sich mit Ihren Ansichten zu outen?
- Wo wollen Sie üben, Menschen beim Reden häufiger in die Augen zu sehen, damit Sie selbst schlechter lügen können und andere besser beim Lügen ertappen?

Die Kraft der Intelligenz

Halten Sie es für ein Zeichen von Schwäche, wenn Sie Selbstmanagement-Bücher lesen oder Fortbildungen besuchen? Glauben Sie, auf wundersame Weise allwissend sein zu müssen? Schämen Sie sich, dass Sie manchmal verwirrt und sich Ihrer Sache nicht so sicher sind wie viele andere, die auf alles eine Antwort zu haben scheinen? Sollte das der Fall sein, will ich Ihnen eines versichern: Ihre Wissbegier und phasenweise Verwirrung sind ein Zeichen Ihrer Intelligenz. Sie haben erkannt, dass so manche Zusammenhänge im Leben doch etwas komplexer sind, als es den meisten Menschen lieb ist. Wann immer wir glauben, den Stein der Weisen gefunden zu haben, und die ultimative Antwort laute Benchmarking, Kaizen, Guerilla-Marketing oder wie auch immer, kommt das Leben dazwischen und erteilt uns eine Lehre. So einfach ist es eben doch nicht.

Aus diesem Grund poche ich so stark auf die Intuition. Denn sie ist eine ganzheitliche Art der Informationsverarbeitung. Dadurch laufen Sie immer seltener dem neuesten Managementtrend, der besten Verkaufsstrategie aller Zeiten oder dem angeblich hilfreichsten pädagogischen Ansatz hinterher. Sie suchen nicht nach einem Patentrezept, sondern erarbeiten sich Weisheit in allen Lebensbereichen – Puzzlestück für Puzzlestück. Sie wissen oder ahnen, dass jede Erfahrung, die Sie machen, das Gesamtbild komplettiert, dass kein Hindernis jemals umsonst auf Ihrem Weg liegt. Die einfachen Patentrezepte funktionieren nicht. Rückschläge wird es immer geben, ganz gleich wie gut Ihre Strategie auch sein mag. Alle Patentrezepte gründen auf dem Irrtum, dass es eine einfache Lösung geben *muss*, sodass das Leben endlich unkompliziert wird. Doch Mitarbeiterführung ist manchmal ebenso harte Arbeit wie eine erfüllende Partnerschaft. Je mehr Heldenkräfte Sie besitzen, desto einfacher erscheint Ihnen das Leben. Herausforderungen sind dazu da, dass Sie Ihre Kräfte aktivieren können.

Je intelligenter ein Mensch ist, desto mehr Faktoren kann er gleichzeitig in seinem Denken berücksichtigen. Und wenn Sie sich ein wenig mit Kombinatorik befasst haben, dann wissen Sie, dass es auf einem Schachbrett mit 64 Feldern nicht bloß 55 Zugmöglichkeiten mehr gibt als beim Tic Tac Toe, wo das Spielfeld aus neun Feldern besteht. Sondern beim Schach gibt es, allein in den ersten Zügen, Abermillionen mehr Zugmöglichkeiten. Entsprechend erhöht ein zusätzlicher Faktor, den Sie in Ihr Leben einbeziehen, die Komplexität enorm. Bereits für eine einzelne Person ist es nicht leicht, in den Flow zu gelangen. Um wie viel herausfordernder ist es, zum Beispiel im gesamten Projektteam den Flow aufrechtzuerhalten?

Als Held geben Sie sich nicht mit vermeintlichen Patentrezepten zufrieden. Sie lesen, Sie studieren, Sie informieren sich. Sie hören sich die Meinungen anderer Menschen an. Lassen Sie ruhig zu, dass Sie sich vorübergehend von der Informationsflut erschlagen fühlen. Aber Sie können darauf vertrauen, dass Sie mithilfe Ihrer Intuition lernen, auch die größten Datenmengen zu verdauen. Die eingestandene Wissenslücke von heute bildet das Fundament für die Weisheit von morgen. Intelligente Menschen erkennen, wie beschränkt sie sind. So erklärt sich Sokrates legendärer Ausspruch »Ich weiß, dass ich nichts weiß«. Deshalb pflege ich zu sagen: »Wenn dir nicht jeden Tag irgendetwas von dem peinlich ist, was du bis gestern getan hast, dann bist du nicht dabei zu wachsen.«

Die Kraft des metapositiven Denkens

»Denn an sich ist nichts weder gut noch böse;
das Denken macht es erst dazu.«

William Shakespeare

Beinahe jeder versucht positiv zu denken – doch das Problem dabei ist, dass die Grundannahmen, was eigentlich »gut« und was «schlecht« ist, nicht in Frage gestellt werden. Vielfach denken Menschen, die Dinge laufen gut, wenn sie so laufen, wie sie es wollen. Merken Sie etwas? Bei dieser Art von Definition ist Lernen unwillkommen. Veränderungen sind unerwünscht. Dahinter stecken frühkindliche Mechanismen – ein Kleinkind braucht Rituale (Stillzeiten, Mittagsschläfchen), die ihm Sicherheit und Geborgenheit geben. Ich habe erlebt, dass Mitarbeiter sich überfordert fühlten, weil sie jahrelang in einem bestimmten Stockwerk des Unternehmens gearbeitet hatten und nun die Etage wechseln sollten oder weil sie als Sachbearbeiter bislang für Kunden mit den Anfangsbuchstaben K bis L des Nachnamens zuständig waren und sich jetzt um die Buchstaben D bis E kümmern sollten.

Kleinkinder brauchen Gewohnheiten. In einer chaotisch erscheinenden Welt vermitteln sie ihnen Geborgenheit, und das ist auch gut so. Als Held haben Sie zwar auch Gewohnheiten, aber diese erfüllen weniger einen emotionalen Zweck als vielmehr einen praktischen. Die Gewohnheit entlastet Sie davon, über jeden Ihrer Schritte immer wieder aufs Neue nachdenken zu müssen. Sie haben eine Entscheidung getroffen. Doch Sie können als Held Ihre Gewohnheiten jederzeit über Bord werfen – je nachdem, was Sie der Erfüllung Ihrer Lebensträume näherbringt. Wenn Sie spontan auf günstige Gelegenheiten reagieren können wollen, sind eingefleischte Verhaltensmuster natürlich hinderlich. Die Frage, die Sie sich in diesem Sinne stellen sollten, lautet: Habe ich eine Gewohnheit oder hat die Gewohnheit mich? Je erwachsener Sie werden, desto weniger sind Sie emotional auf Routine angewiesen. Sie lernen immer besser, mit Komplexität umzugehen und finden Halt in sich selbst statt in den äußeren Umständen. Das meiste »positive Denken«, dem ich begegne, ist sehr eindimensional. Dabei gibt es auch interkulturelle Unterschiede: Was ein Asiate für gut hält, das hält ein Europäer noch lange nicht für gut.

Was ist der Ausweg aus der Sackgasse dieses »positiven Denkens«? Ich nenne ihn metapositives Denken. »Meta« bedeutet »über«. Metapositives Denken bezieht Herz und Verstand gleichermaßen ein – Sie beurteilen Sachverhalte und Personen zwar, aber Sie verurteilen sie nicht. Sie sehen die Vor- und Nachteile, Sie sehen die Chancen und die Gefahren, und doch bleiben Sie offen und treffen in aller Ruhe eine bewusste Entscheidung für das ethische Wertvolle. Metapositives Denken ist das Pendant zu bedingungsloser Liebe auf mentaler Ebene. Es verschafft Ihnen mehr Handlungsspielraum, und das spürt Ihr Umfeld. Dadurch ernten Sie Respekt. Je eingeschränkter hingegen Ihre Sicht ist, was als »positiv« anzusehen ist, desto unflexibler werden Sie und desto eher wirft Unvorhergesehenes Sie aus der Bahn.

Weder metapositives Denken noch bedingungslose Liebe führen zu Passivität oder gar Hilflosigkeit. Doch beide schließen per Definition alles mit ein, also auch Aktivität, gesunde Grenzen, Macht oder Konflikte. Der tiefere Sinn des metapositiven Denkens ist, dass es den Weg frei macht für Ihre Intuition. Überall dort, wo Sie sich nicht mehr in Gut und Böse verstricken, können Sie ganzheitliche Entscheidungen treffen. Es spricht nichts dagegen, wenn Sie einen Projektplan mehrfach optimieren, um den Erfolg zu gewährleisten. Es ist vernünftig, einen Businessplan so zu trimmen, dass er die besten Erfolgsaussichten verspricht. Doch metapositives Denken geht einen entscheidenden Schritt weiter. Es schließt das innere Wachstum mit ein. Und Lernen ist häufig unter widrigen Umständen sogar besser möglich, als wenn alles glatt läuft. Das Stichwort heißt lebenslanges Lernen (3L). Viele reden darüber, doch nur wenige richten ihr Berufs- und Privatleben wirklich danach aus.

Setzen Sie metapositives Denken ein, zielen Sie immer noch auf Erfolge ab. Sogar auf deutlich größere Erfolge. Aber weil Sie nicht mehr alles so tierisch ernst nehmen, kann gar nichts mehr schiefgehen: Entweder dürfen Sie sich über einen umso größeren Erfolg freuen oder Sie dürfen sich über eine weitere Gelegenheit freuen, innerlich und äußerlich über sich selbst hinauszuwachsen. Auch hier dient Ihnen das Act-Big!-Publikum als wertvolle Erinnerungshilfe, denn Ihrem Publikum ist nicht nur der Ausgang der Geschichte wichtig (der Verkaufsabschluss, die Beförderung), sondern auch die spannende Handlung selbst.

Exercise for Excellence 38:
Flexible Gewohnheiten durch metapositives Denken

Befragen Sie Ihr Act-Big!-Publikum,

- welche Grundsatzentscheidungen Sie treffen sollten, weil entsprechende Gewohnheiten Ihnen guttun werden. Über welche Handlungen wollen Sie nicht mehr nachdenken müssen?
- welche Gewohnheiten Ihnen mehr im Weg stehen, als Ihnen zu helfen. Wo wollen Sie Ihren Handlungsspielraum vergrößern? In welcher Weise kann metapositives Denken dazu beitragen, Ihr Verhalten zu flexibilisieren?

Je mehr Sie vom metapositiven Denken Gebrauch machen, desto leichter wird es Ihnen fallen, den goldenen Mittelweg einzuschlagen.

- Die goldene Mitte zwischen Verstand und Gefühl heißt *Intuition*.
- Die goldene Mitte zwischen Risikobereitschaft und Feigheit heißt *Vernunft*. (Das Feel-Small-Publikum verwechselt Feigheit mit Vernunft).
- Die goldene Mitte zwischen Stress und Langeweile heißt *Flow-Zustand* und sorgt für persönliche Bestleistungen.

Sich in der goldenen Mitte zu bewegen, setzt Handlungsspielraum und Wahlfreiheit voraus. Die Intuition leitet Sie dann auch durch unruhige Gewässer. Im Gegensatz dazu steht vielen Menschen oft nur eine einzige Handlungsalternative zur Verfügung. Eine Zeit lang habe ich auch Schlagfertigkeit trainiert und weiß daher, wie oft Menschen unfreiwillig sprachlos sind, weil sie unbedingt die Guten sein wollen. Der goldene Mittelweg ist eine Errungenschaft der Heldenreise. Die meisten Menschen gehen in der grauen Masse verloren – und viele wollen auch darin verloren gehen. Seine Individualität jenseits von Wichtigtuerei, Trotz und Aussteigermentalität zu finden, ist eine echte Herausforderung. Aber Ihr Act-Big!-Publikum und Sie lieben ja Herausforderungen.

Die Kraft der Fantasie

»Habe den Mut, dich deines eigenen
Verstandes zu bedienen.«

Immanuel Kant

Wie viel Heldenmut werden Sie zur Verfügung haben, wenn Sie sich in Bezug auf Ihre Lebensvision nichts als Misserfolge, Hindernisse und Gegner vorstellen können? Um mit Ihrem Act-Big!-Publikum zu kommunizieren, brauchen Sie Fantasie. Um Pleiten, Pech und Pannen in Chancen und Gelegenheiten zu verwandeln, brauchen Sie Fantasie. Ihr Selbstvertrauenskonto wächst mit Ihrer Fantasie. Sie sehen also: Jede Minute, die Sie in die Ausbildung Ihrer Vorstellungskraft investieren, ist gut investiert. Dafür gibt es jede Menge gute Gelegenheiten. Sie könnten zum Beispiel

• Messen besuchen, auf denen Innovationen präsentiert werden,
• die Kunstausstellung eines »verrückten« Künstlers besuchen,
• Science-Fiction- oder Fantasy-Romane lesen.

Nur wenn Sie die Welt neu erdenken können, dürfen Sie von sich behaupten, dass Sie Ihre schlechten Erfahrungen aus der Vergangenheit verkraftet haben. Ihre Lebensvision ersetzt diese durch positive Erwartungen an die Zukunft sowie konstruktive Handlungsmöglichkeiten in der Gegenwart – das ist die Kraft der Fantasie.

Exercise for Excellence 39: Fantasievolle Drehbücher

Schritt 1 : Zweifel feststellen

- Bei welchen Aspekten Ihrer Lebensvision haben Sie ernste Zweifel, dass sich diese verwirklichen lassen? Vielleicht träumen Sie von finanziellem Überfluss, aber eigentlich kennen Sie nur Geldnot; vielleicht wünschen Sie sich einen Partner, mit dem Sie gemeinsam eine Firma gründen wollen, aber im Grunde können Sie sich nicht vorstellen, wo Sie einen solchen Menschen treffen sollen. Notieren Sie Ihre wichtigsten Zweifel.

Schritt 2: Die Fantasie entfesseln

- Zapfen Sie die ungeheure Kraft Ihrer Fantasie an: Überlegen Sie, durch welche glücklichen Zufälle und unerwartete Hilfe von anderen Menschen Ihre Träume wahr werden könnten? Vielleicht sitzen Sie eines Tages im Flugzeug neben einem steinreichen Privatier, der Ihnen einen Insidertipp gibt, wie Sie mit einer kleinen Investition zu viel Geld kommen. Vielleicht treffen Sie völlig unerwartet Ihren künftigen Liebes- und Geschäftspartner bei einem Verkehrsunfall? Ihre Einfälle sollen ausgefallen sein, solange sie sich noch gerade so im Rahmen der Realität abspielen.
- Welche Geschichten würde sich ein Regisseur einfallen lassen, der für ein Happy End in Ihrem Lebensfilm sorgen will? Vielleicht lässt dieser Regisseur einen längst vergessenen Jugendfreund auf den Plan treten, der Ihnen noch einen Gefallen schuldet und Ihnen nun unter die Arme greift. Vielleicht lässt er Sie arbeitslos werden und die Beraterin auf dem Arbeitsamt entpuppt sich als Ihr Traumpartner. Verrückte Einfälle sind willkommen.
- Befragen Sie Personen aus Ihrem Act-Big!-Publikum, wie sie sich vorstellen können, dass sich Ihre Lebensvision wider alle Erwartungen umsetzen lässt?
- Interviewen Sie einige Ihrer Freunde, welche Ideen sie haben, durch welche Zufälle und unerwartete Wendungen Ihre Lebensvision wahr werden könnte?

Schritt 3: Zuversicht überprüfen

- Werfen Sie nochmals einen Blick auf Ihre Lebensvision: Inwiefern hat sich Ihre Zuversicht durch diese Übung verbessert?

Die Kraft der Neugier

Im Laufe der Jahre habe ich unzählige Menschen kennengelernt, die unter den aus der Transaktionsanalyse bekannten inneren Antreibern leiden. Ich habe in meinen früheren Büchern bereits etliche Methoden entwickelt, um diese Antreiber zu entschärfen (in *Schluss mit dem Aufschieben* gehe ich ausführlich darauf ein). Mit der Metapher des Kinohelden kämpfen Sie nicht länger mit den Antreibern, sondern packen den Leistungswahn an der Wurzel.

Wie gesagt, soll das Act-Big!-Programm Ihren Stresspegel nicht erhöhen, sondern Ihnen einen Weg aufzeigen, wie Sie inneren und äußeren Erfolg verbinden und auf diese Weise zu mehr Glück kommen. Vielleicht haben auch Sie schon einmal vergeblich probiert, den Leistungsdruck über Bord zu werfen, den Perfektionismus abzubauen oder den inneren Kritiker zum Schweigen zu bringen? Es ist unmöglich, dass Sie etwas loslassen können, von dem Sie gleichzeitig zutiefst überzeugt sind.

- **Innerer Antreiber »Mach es allen recht!«:** »Normal« und »konventionell« sein steht hoch im Kurs bei jedem Feel-Small-Publikum. Wer sich am besten anpassen kann und immer brav lächelt, der hat alles richtig gemacht. Wen wollen Sie zusätzlich in Ihr Act-Big!-Publikum setzen, damit Sie Ihrer Lebensvision treu sein können, statt nur anderen gefallen zu wollen?
- **Innerer Antreiber »Streng dich an!«:** In vielen Sportarten zählt fast ausschließlich der Erfolg – viele Fußballfans freuen sich weit mehr darüber, wenn ein Tor fällt, als über einen schönen Spielzug. Was soll Ihr Act-Big!-Publikum bei Ihnen zu schätzen wissen?
- **Innerer Antreiber »Sei stark!«:** Viele Zuschauer honorieren einen Film nur dann, wenn möglichst viel passiert und die Handlung vor Spezialeffekten nur so strotzt. Welchen Wert sollen authentische Gefühle in den Augen Ihres Act-Big!-Publikums haben?
- **Innerer Antreiber »Sei perfekt!«:** Mit welchen Personen, die eine konstruktive Einstellung gegenüber Fehlern haben, wollen Sie die Zuschauerränge Ihres Act-Big!-Publikums zusätzlich

besetzen? In Frage kommen beispielsweise Künstler, die Schönheit entdecken, wo andere nur Hässlichkeit sehen.

- **Innerer Antreiber »Beeile dich!«:** Wer muss im Act-Big!-Publikum sitzen, damit Sie sich Zeit für Qualität und wichtige Detailaufgaben nehmen können? Mozart beispielsweise betonte, dass Pausen auch Teil der Musik sind. Jeder rhetorisch versierte Redner setzt die Stille ganz bewusst ein. Auch jeder Spitzensportler weiß, dass es trainingsrelevante Pausen gibt.

Wenn Sie vom Leistungsdruck zur Leistungsfreude gelangen wollen, brauchen Sie etwas, das erfolgsträchtiger ist als Leistungsdruck und sich auch noch besser anfühlt: die Neugier! Sich einzureden, Leistung spiele keine Rolle, wird kaum funktionieren. In der Natur gibt es keinen Organismus, der keine Leistung erbringen muss. Außerdem ist es das Bedürfnis einer jeden Kreatur, sich weiterzuentwickeln. Die Leistungsfähigkeit zu verbessern, ist aus meiner Sicht ein Bestreben der Evolution. Und den Evolutionsdrang wird kein Mensch, weder Sie noch ich, abstellen können. Durch Neugier jedoch kann Weiterentwicklung mit Freude geschehen. Zu diesem Schluss ist auch Glücksforscher Csíkszentmihályi in jahrzehntelanger Forschung gekommen. Durch Neugier lernen Sie sogar schneller, bringen also bessere Leistungen als zuvor unter Leistungsdruck. Aus der Lernpsychologie ist bekannt, dass emotionale Beteiligung die Gedächtnisleistung steigert. Je gelangweilter Sie arbeiten, desto dürftiger die Resultate und desto dürftiger die Erfolgschancen in einer Gehaltsverhandlung oder bei einer Bewerbung. Lernen macht von Natur aus Freude. Durch Neugier schlagen Sie also zwei Fliegen mit einer Klappe. Mindestens.

Wenn Sie sich zurückerinnern, dann haben wahrscheinlich auch Sie bis zum Schuleintritt große Freude am Lernen gehabt, waren neugierig auf alles. In der Schule ist Ihnen dann womöglich eingebläut worden, was Sie gefälligst zu interessieren hat. Die Neugier wird oftmals übertüncht. Doch Sie können Ihre Neugier – und damit jede Menge psychische Energie – zurückgewinnen. Wenn Sie beispielsweise mit Leistungsdruck an die Sexualität herangehen, dann wollen Sie ein guter Liebhaber sein. Was jedoch werden Sie tun, um dem Leistungsdruck zu entkommen? Sie werden sich auf die Suche nach »Rezepten« machen: »Was muss ich tun, um gut im Bett zu sein und meinen Partner zu befriedigen?« Genau diese Rezepte sind es jedoch, die auf Dauer Sie selbst und Ihren Partner langweilen werden. Gehen Sie hingegen immer aufs Neue mit Neugier an die Sexualität heran, dann bleibt Ihr Sexualleben lebendig. Sie erforschen die Sexualität immer tiefer, überraschen sich selbst und Ihren Partner.

Der Trick mit der Neugier kann nur gelingen, wenn Sie sich erlauben, sich mit Dingen zu befassen, die Sie aufrichtig interessieren. Neugier lässt sich nur schwer vortäuschen. Wofür also schlägt Ihr Herz wirklich? Von welchen Themen können Sie niemals genug bekommen? Durch Authentizität werden Sie zu Ihrer Neugier zurückfinden. Seien Sie ehrlich zu sich selbst – auch und vor allem dann, wenn Ihnen Ihre Wünsche und Träume zunächst Angst machen. Neugier führt dazu, dass Sie aufmerksam und voll bei der Sache sind, was Ihr Lerntempo abermals erhöht. Das viel gepriesene Leben im Hier und Jetzt wird zum Kinderspiel, wenn Sie sich Neugier erlauben. Achten Sie darauf, dass Ihre Neugier pur ist – und nicht wieder Leistungsdruck in einem neuen Gewand. Neugier fühlt sich vollkommen anders an als Leistungsdruck. Leistungsdruck müssen Sie künstlich erzeugen und durch viel Disziplin am Leben erhalten. Neugier hingegen brauchen Sie nur zuzulassen. In dem Maße, wie Sie auf Neugier umsatteln, lässt der Leistungsdruck nach.

Exercise for Excellence 40: Neugier kultivieren

- Erstellen Sie eine Liste mit zehn Aufgabenbereichen, in denen Sie sich regelmäßig unter Leistungsdruck fühlen, zum Beispiel Kundenpräsentation, Reklamationsbearbeitung, Projektleitung, Umsatzziele, Kindererziehung et cetera.
- Stellen Sie sich für jeden einzelnen Aufgabenbereich vor, worauf Sie neugierig sein können. Definieren Sie vorab verschiedene, interessante Fragen für sich. Statt ein Ergebnis erzwingen zu wollen, verlegen Sie sich auf Experimentierfreude, Nervenkitzel, Abenteuerlust – natürlich in einem verantwortungsvollen Ausmaß.
- Wie verändert sich Ihre Herangehensweise an die Arbeit, wenn Leistungsdruck für Sie absolut undenkbar ist und all Ihr Tun ab sofort durch Neugier motiviert ist?

Die Kraft des Selbstvertrauens

»Der Glaube an unsere Kraft kann sie ins Unendliche verstärken.«
Friedrich von Schlegel

Es gibt wenige Begriffe, die so gründlich missverstanden worden sind, wie der des Vertrauens. Die Mehrzahl der Bürger versteht unter Vertrauen, dass ihnen eine Garantie gegeben wird, sei es zum Beispiel eine Beschäftigungsgarantie im Job oder dass ihr Partner ihnen treu ist. Das Vertrauen in den Sozialstaat, den Partner und die Freunde ist aber nur eine Form des Vertrauens. Die zweite Form ist das Vertrauen in sich selbst. Dieses Selbstvertrauen ist nicht passiv, sondern aktiv. Sie erzeugen es, auch wenn in der Außenwelt kein Anlass dazu besteht. Vertrauen und Selbstvertrauen setzen sich aus zwei Komponenten zusammen:

1. Das generelle Vertrauen in die Welt: Auch wenn es uns manchmal schwerfällt, dies zu erkennen, so ist die Menschheit als Ganzes doch auf einem guten Weg. Immer mehr Krankheiten sind heilbar, es gibt zunehmend weniger barbarisches Verhalten.
2. Das Vertrauen in die eigenen Coping-Fähigkeiten, das heißt die Fähigkeit, mit Schwierigkeiten umzugehen und an Rückschlägen, Hindernissen und Problemen aller Art zu wachsen.

Exercise for Excellence 41:
Katastrophen selbstbewusst meistern

Listen Sie die größten Katastrophen Ihres Lebens auf und beantworten Sie dann folgende Fragen:

- Wie wahrscheinlich ist es, dass sich die Katastrophe noch einmal ereignet? Lohnt es sich tatsächlich, sich davor zu schützen?
- Inwiefern sind Sie an der Katastrophe gewachsen oder hätten die Möglichkeit dazu gehabt?
- Wer in Ihrem Act-Big!-Publikum würde zusätzliche Möglichkeiten des Wachstums sehen?
- Inwiefern könnte die Person, die Sie heute sind, besser mit der Katastrophe von damals umgehen?

Selbstvertrauen ist von unschätzbarem Wert. Es entscheidet darüber, wie schnell Sie den ersten Schritt auf dem Weg zur Zielerreichung gehen können (den Stein ins Rollen zu bringen, ist immer das Wichtigste), wie viel Geduld Sie aufbringen und wie gut Sie mit Rückschlägen umgehen können. Nur mit intaktem Selbstvertrauen werden Sie an Ihren Lebensträumen festhalten können und es überhaupt erst wagen zu träumen. Und nur wenn Sie selbst visionär denken können, können Sie andere Menschen motivieren. Als Held sind Sie in der Lage, die fehlende Zuversicht Ihrer Mitstreiter mithilfe Ihres eigenen unerschütterlichen Glaubens auszugleichen.

Wie ich in meinem Buch *Selbstdisziplin* beschreibe, ist jeder für das Ausmaß seines Selbstvertrauens verantwortlich. Leider versuchen viele Menschen, ihr angeschlagenes Selbstwertgefühl durch unrealistisch große Ziele zu kompensieren. Um die hinter dieser psychologischen Falle steckende Logik zu verdeutlichen, verwende ich die Metapher eines Bankkontos. Wie bei einem richtigen Konto gibt es Einzahlungen, Abbuchungen und einen Kontostand, wobei die Währung »Selbstvertrauen« heißt. Jedes Mal, wenn Ihnen etwas gelingt, bekommen Sie eine Einzahlung auf Ihr Selbstvertrauenskonto. Scheitern Sie, führt das zu einer Abbuchung. Die Höhe des jeweiligen Betrags ist proportional zur Größe des Erfolgs beziehungsweise Misserfolgs. Nun klagen sehr viele Menschen darüber, sie besäßen zu wenig Selbstvertrauen. Den wenigsten ist bewusst, dass wir unser Selbstvertrauen erst verdienen müssen. In der Regel geben wir uns mit gemischten Ergebnissen zufrieden. Statt unser Act-Big!-Publikum zu begeistern, gehen wir den Weg des geringsten Widerstands, der zu Nullsummenspielen in Bezug auf unser Selbstvertrauen führt. Was ich damit konkret meine, zeigen die folgenden Beispiele:

- Sich ein ehrgeiziges Ziel zu setzen, gibt ein erhabenes Gefühl. Es kann auch dazu dienen, eine vergangene Niederlage scheinbar wettzumachen – zumindest in der Vorstellung sind wir dann der Sieger (Einzahlung auf dem Selbstvertrauenskonto). Doch die Realität wird uns in Form einer weiteren Niederlage früher oder später einholen (Abbuchung). Wenn wir das nicht wahrhaben wollen, wird die Kluft zwischen Einbildung und Realität immer größer.

- Eine durch Intrigen erschlichene Beförderung erhöht zwar aufgrund des höheren gesellschaftlichen Status das Selbstvertrauen (Einzahlung). Gleichzeitig wird das Selbstbewusstsein aber durch die fehlende Integrität geschmälert (Abbuchung). Schuldgefühle sind unvermeidlich.
- Wenn Kinder nur aufgrund drakonischer Strafen brav sind, gibt dies den Eltern zwar das Gefühl, sich durchsetzen zu können (Einzahlung). Gleichzeitig hat die Lieblosigkeit zur Folge, dass sie das Gefühl haben, als Eltern zu versagen (Abbuchung).
- Wenn jemand über einen Kollegen lästert, bekommt er von den anderen zwar Bestätigung (Einzahlung). Doch sein fehlendes Rückgrat wird ihm irgendwann wahrscheinlich schmerzlich bewusst (Abbuchung). Und so bleibt unter dem Strich wieder kein Plus an Selbstvertrauen übrig.

Diese Liste ließe sich beliebig fortsetzen. Anhand der folgenden Exercise for Excellence wird sich Ihr Bewusstsein dafür vertiefen, dass Ihr Selbstvertrauen unabdingbar mit Ihrer Integrität, Ethik und Intuition verbunden ist. Finden Sie heraus, wie Sie Ihr Selbstvertrauen nachhaltig steigern.

Exercise for Excellence 42: Selbstvertrauen steigern

Überlegen Sie sich, zu welchen Handlungen Sie sich in den obigen Beispielen entschließen müssten, um wirkliche Einzahlungen auf Ihrem Selbstvertrauenskonto zu erzielen. Zur Inspiration können Sie Ihr Act-Big!-Publikum um Rat fragen.

Die Übung liefert weitere Argumente dafür, weshalb es sich für Sie lohnt, kontinuierlich in Kontakt mit Ihrem Act-Big!-Publikum zu stehen. Diese Verbindung wird Ihnen helfen, Entscheidungen zu treffen, mit denen Sie an Selbstvertrauen gewinnen. Milchmädchenrechnungen gehören damit der Vergangenheit an.

Im Sinne des Selbstvertrauenskontos ist es wichtig, dass Sie Ihre Heldenreise mit solchen Heldentaten beginnen, zu denen Sie derzeit imstande sind. Fordern Sie sich unbedingt selbst heraus, aber achten Sie darauf, sich nicht zu überfordern – auf diese Weise gelingt Ihnen eine ganzheitliche, harmonische Persönlichkeitsentwicklung. Je nach Kontostand Ihres Selbstvertrauenskontos wählen Sie Ihre nächste Heldentat. Es kann sich um etwas Größeres, wie etwa ein nachhaltig produziertes Produkt, handeln. Oder um etwas Kleineres, wie beispielsweise ein klärendes Gespräch mit Ihrem Partner. Jeder Schritt in Harmonie mit Ihrer Lebensvision zählt. Wenn Sie Ihre Heldentaten in Übereinstimmung mit Ihrem Selbstvertrauenskonto wählen und den Grad der Herausforderung langsam und beständig steigern, gewöhnen Sie sich an, bei allem, was Sie tun, Erfolg zu erwarten. Zögern und Zaudern verschwinden auf diese Weise. Mit den Jahren werden Sie so viel Selbstvertrauen entwickeln, dass Erfolg oder Misserfolg für Sie fast gar keine Rolle mehr spielen. Ihr Kontostand ist über die Jahre derart angewachsen, dass kein einzelner Rückschlag mehr für Sie bedrohlich wirkt.

Jeder von uns hat Stärken und Schwächen. Als Held gestehen Sie sich Ihre Schwächen ein und durch Ihre Lern- und Kooperationsbereitschaft können Sie diese Schwächen ausgleichen. Mit der 10-Vorteile-Methode, die Sie in der nächsten Exercise for Excellence kennenlernen, verändern Sie Ihre Wahrnehmung hinsichtlich Ihrer Schwächen. Sie erkennen, dass alles zwei Seiten hat und dass Sie auch mit Ihren Schwächen einen gewissen gesellschaftlichen Beitrag leisten können. Sie bekommen mehr Kraft und werden kritikfähiger.

Beispiel: Sabines Schüchternheit

Sabine ist sehr schüchtern. Sie sieht dies als enorme Schwäche an und empfindet sich als Mensch oft uninteressant. Um die guten Seiten an ihrer Schwäche zu erkennen, setzt sie sich intensiv mit ihrer Schüchternheit auseinander. Sabines Liste sieht so aus:

Vorteile der Schüchternheit für mich selbst
1. Ich habe durch meine Schüchternheit eine gute Beobachtungsgabe und Menschenkenntnis entwickelt.
2. Ich handle überlegter.

3. Ich werde weniger oft verletzt.
4. Ich habe mehr Zeit für mich als andere, die ständig unter Menschen sein müssen.
5. Ich wirke geheimnisvoll.
6. Ich bin in der Lage, einen Job zu machen, in dem es weniger auf den Kontakt zu Menschen ankommt.
7. Ich wirke bescheiden.

Vorteile meiner Schüchternheit für andere Menschen

1. Andere Personen haben weniger Angst vor mir.
2. Ich habe viel Respekt und Verständnis dafür, wenn andere Menschen Grenzen setzen oder ihre Privatsphäre schützen wollen.
3. Ich beanspruche nicht so viel Aufmerksamkeit und gebe dadurch anderen mehr Raum, sich selbst darzustellen.
4. Ich verärgere andere weniger und provoziere seltener Konflikte.
5. Ich bin treu und weiß Freundschaften zu schätzen.
6. Ich habe vollstes Verständnis für andere Schüchterne.

Wie Sie sehen, ist es durchaus möglich, mehr als zehn Vorzüge der eigenen Schwächen zu identifizieren. Das wird wahrscheinlich nichts daran ändern, dass sich Sabine mehr Kontakt mit Menschen wünscht. Doch das Wissen um die Vorteile nimmt den Druck von ihr. Dieser Druck war nämlich Teil ihrer Schüchternheit. Er führte dazu, dass Sabine sich innerlich verstrickte.

Exercise for Excellence 43: Die 10-Vorteile-Methode

- Was betrachten Sie als Ihre drei größten Schwächen?
- Identifizieren Sie für jede dieser Schwächen mindestens fünf Vorteile für andere Menschen und fünf Vorteile für sich selbst.

Das Entscheidende bei der 10-Vorteile-Methode ist, dass Sie nicht lockerlassen, bevor Sie nicht mindestens zehn Vorteile Ihrer vermeintlichen Schwäche erkannt haben. Sollten Ihnen die Ideen ausgehen, versetzen Sie sich in die Position Ihres Act-Big!-Publikums. Welche Vorteile fallen Ihren Zuschauern ein?

Die Kraft der Widerstandsfähigkeit

Wir leben in einer Zeit, in der die meisten Dinge per Knopfdruck, Fernbedienung oder Mausklick funktionieren. Während echte Heldentaten ungeheures Durchhaltevermögen verlangen, können Sie im Computerspiel binnen Stunden ein ganzes Imperium aufbauen. Echte Helden, wie Clemens Kuby, machen es sich nicht so leicht. Kuby war Mitbegründer der Grünen in Baden-Württemberg. Dazu reiste er von Bad Mergentheim bis zum Bodensee und hielt in jedem Wahlkreis eine Rede – mit Erfolg: Am Ende gab es in jedem Wahlkreis einen grünen Kreisverband. All dies war seine eigene Initiative, aus seiner inneren Überzeugung heraus.

Die Menschheit hat es geschafft, mit minimalem Aufwand unglaubliche Erträge zu erzielen. Die Kehrseite der Medaille ist uns weniger bewusst: Die allgemeine Bereitschaft sich anzustrengen, ist im stetigen Sinkflug begriffen. Ziele, die die Technologie nicht für uns erreichen kann, erscheinen uns daher plötzlich als unerreichbar. Sie würden schließlich unsere totale Hingabe, Aufmerksamkeit, Einsatzbereitschaft erfordern. Alle Ziele, die in den Bereich der Persönlichkeitsentwicklung fallen, sind hier zu nennen. Wenn Sie beispielsweise als Politiker oder Führungskraft Ihre Integrität entwickeln wollen, so ist dies ein lebenslanges Projekt ohne äußeren Druck. Vielfach werden Sie Entscheidungen treffen müssen, mit denen Sie sich nicht beliebt machen, die für andere nicht nachvollziehbar sind und durch die Ihnen kurzfristige Vorteile entgehen.

Um Ihrer Lebensvision treu bleiben zu können, auch wenn Sie dafür persönliche Nachteile in Kauf nehmen müssen, auf sich allein gestellt sind oder sogar boykottiert werden, brauchen Sie Widerstandsfähigkeit *(Resilienz)*. Ich wage die Behauptung, dass es die Unerschütterlichkeit ist, die alle großen Geister der Geschichte eint. Nun ist es aber nicht so, dass Integrität ein Akt der Selbstlosigkeit ist. Ganz im Gegenteil. Die Natur hat es so eingerichtet, dass, wenn Sie aus Integrität, Heldenmut oder Liebe handeln, Sie durch Glücksgefühle belohnt werden.

Wenn Sie sich an Act Big! halten, werden Sie innerlich belohnt, auch wenn andere nur verständnislos mit dem Kopf schütteln. Ein Teil des Erfolgs besteht also darin, dass Sie sich erlauben, wirklich viel vom Leben zu erwarten. Die zweite Herausforderung besteht darin, dass Sie auch angesichts Ihrer großen Ziele weiter in Etappenzielen denken und für jeden Schritt, den Sie mit der richtigen Haltung gehen, dankbar sind. Auch dann, wenn noch keine sichtbaren Resultate vorliegen (siehe Die Kraft der Fülle). Das Geheimnis eines erfüllten Lebens besteht darin, sich riesige Ziele zu setzen und anschließend die kleinsten Fortschritte dankbar wahrzunehmen und zu feiern – und sich nicht davon abbringen zu lassen. Da dies so eine große Herausforderung ist, habe ich dazu eigens eine Trainingsmethode entwickelt, die ich »Resilience Activator« nenne. Das Training läuft in drei Phasen ab, die insgesamt 20 bis 30 Minuten dauern. Investieren Sie diese Zeit, denn der Resilience Activator kann Ihr Leben nachhaltig zum Positiven verändern.

Exercise for Excellence 44: Resilience Activator

Vorbereitung
Wählen Sie für diese Übung erstens drei Vorbilder, zweitens drei Personen, die Sie als »totale Versager« betrachten, und schließlich drei große Ziele, also zentrale Bestandteile Ihrer Lebensvision, aus.

Phase 1: Vorbilder

- Schließen Sie die Augen und stellen Sie sich nun das erste Vorbild vor: Welche Gefühle verbinden Sie mit der Person? Verinnerlichen Sie das Gefühl, bevor Sie zum nächsten Schritt gehen.
- Stellen Sie sich die vielen kleinen Schritte vor, die Ihr Vorbild gehen musste, um jene Vorhaben umzusetzen, für die Sie die Person bewundern. Disziplinieren Sie Ihren Geist, sich zehn bis 20 dieser Schritte einfallen zu lassen.
- Erlauben Sie sich, Vermutungen anzustellen: In wie viele Konflikte mit seinem Umfeld ist Ihr Vorbild vermutlich geraten? Wie viele Gegner und Neider gab es?
- Wie viele Krisen, Phasen der Hoffnungslosigkeit, Enttäuschungen und Selbstzweifel hat Ihr Vorbild wohl durchlebt? (Wenn Sie wollen, überprüfen Sie später Ihre Annahmen durch zusätzliche Internetrecherchen.)

- Konnte Ihr Vorbild bis zum eigentlichen Durchbruch (Verleihung des Nobelpreises, ein Unternehmen in die schwarzen Zahlen zurückführen) jemals sicher sein, dass all die Mühe belohnt werden würde? Wie viel Vertrauen und Glauben an die eigene Sache musste Ihr Vorbild vermutlich aufbringen?
- Wie viele Rückschläge musste Ihr Vorbild hinnehmen? Wie oft war es nahe dran, alles hinzuschmeißen?
- Wenn Sie nun erneut an Ihr Vorbild denken: Inwieweit entstehen andere Gefühle, wenn Sie an diese Person denken?
- Wiederholen Sie die sieben Schritte mit Ihren beiden anderen Vorbildern.

Phase 2: Versager

- Stellen Sie sich nun den ersten sogenannten Versager detailliert vor. Welche Gefühle tauchen dabei auf? Prägen Sie sich auch diese ein.
- Welchen Effekt hätte es auf das Leben dieser Person, sollte sie eines Tages das Erfolgsrezept »Erfülltes Leben = Große Ziele + Dankbarkeit für allerkleinste Erfolge« umsetzen?
- Stellen Sie sich lebhaft vor, wie auch dieser Mensch sein Leben verändern kann, wenn er sich angewöhnt, in Babyschritten sein Lebensglück anzustreben.
- Wenn Sie nun erneut an die Person denken: Inwieweit entstehen nun andere Gefühle in Ihnen als zu Beginn?
- Wiederholen Sie die vier Schritte mit den anderen beiden »Versagern«.

Phase 3: Große Ziele

- Denken Sie nun an eines Ihrer wirklich großen Ziele, das Sie im Rahmen der Visionsfindung für sich definiert haben: Welche Gefühle entstehen dabei in Ihnen?
- Lassen Sie nun den Gedanken zu, dass Ihr Weg zur Erreichung dieses Ziels aus vielen kleinen Schritten besteht. Malen Sie sich aus, wie unsäglich winzig so mancher Fortschritt aus der Perspektive eines einzelnen Tages erscheinen mag – und wie sich Ihr Erfolg eines Tages aus der Summe all dieser unscheinbaren Teilerfolge zusammensetzt.
- Kalkulieren Sie Rückschläge, Zeiten der Niedergeschlagenheit und Frustration mit ein. Machen Sie sich dabei die Parallelen zum Lebensweg Ihrer Vorbilder bewusst.

- Sehen Sie sich am Ziel all Ihrer Träume angekommen. Drehen Sie sich um und blicken Sie auf Ihren Weg zum Erfolg zurück.
- Wiederholen Sie diese Schritte mit Ihren anderen beiden Riesenzielen.

>»Nur eines macht dein Traumziel unerreichbar:
die Angst vor dem Versagen.«

Paulo Coelho

Als Ergänzung empfehle ich Ihnen, sich mit den Lebensgeschichten großer Persönlichkeiten auseinanderzusetzen. Sie werden feststellen, dass viele berühmte Persönlichkeiten mehrere Lebenskrisen überstehen mussten, dass auch sie sich ihren Erfolg hart erarbeiten mussten, dass sie Zeiten der Entbehrungen in Kauf nehmen mussten. Sinn und Zweck des Resilience Activators ist es, dass Sie einerseits Ihre Vorbilder nicht länger idealisieren und andererseits vermeintliche Versager nicht mehr als hoffnungslose Fälle abstempeln. Je besser Ihnen das gelingt, desto krisensicherer werden Sie.

Die Kraft der Intuition

Das Einzige, worauf Sie sich letzten Endes verlassen können, ist Ihre Intuition. Obwohl gerade die Intuition eine so wenig greifbare Instanz zu sein scheint, wird sie im Laufe Ihrer Heldenreise zu Ihrem konkretesten Rüstzeug. Die Kraft der Liebe ist es, die uns die Augen öffnet. Doch erst durch die intuitive Wahrnehmung wird das, was wir dann erblicken, integriert, eine höhere Ordnung wird hergestellt, und alles im Leben bekommt einen Sinn. Je mehr Sie wirklich begreifen, desto weniger werden andere Menschen in der Lage sein, Sie von Ihrer Heldenreise abzubringen.

Viele Menschen können Feel-Small-Qualitäten und Act-Big!-Qualitäten nicht auseinanderhalten (siehe Tabelle 1). Nichts anderes können Sie von dieser Person erwarten – ihr fehlt es an Erfahrungen. Wenn solche Menschen Ihnen Feedback geben, werden Sie sich verwirrt fühlen, wenn Sie sich nicht wie Odysseus fest an den Mast (= Act-Big!-Publikum + Lebensvision) haben binden lassen. Auf Ihrer Heldenreise geben Sie Stück für Stück das Verlangen auf, dass andere ein bestimmtes Bild von Ihnen haben sollen. Es zählt allein das, was sich für Sie wahr anfühlt. Bezeichnet Sie jemand als egoistisch und ist etwas Wahres daran, werden Sie es sich eingestehen müssen. Andernfalls lassen Sie sich nicht beirren. So oder so liegt die Entscheidungsinstanz in Ihrem Inneren. Durch Intuition können Sie zwischen berechtigter und unberechtigter Kritik unterscheiden.

Gesunde und ungesunde Skepsis

Wenig bekannt ist, dass sich Intuition häufig in Form von *gesunder Skepsis* äußert. Ich empfehle Ihnen nicht, sich blindlings in jedes Abenteuer zu stürzen. Das wäre naiv, und Naivität ist eine Feel-Small-Qualität. Manchmal bleibt uns aber nichts anderes übrig, als bittere Erfahrungen zu machen, um draufzukommen, wo wir naiv sind. Hier kann Ihnen Ihre Intuition zu Hilfe eilen, denn sie zeigt sich im Vorfeld als gesunde Skepsis. Die gesunde Skepsis tritt auf, wenn Sie merken, dass eine Information einfach keinen Sinn ergibt – obwohl Sie ihr gegenüber vollkommen offen eingestellt waren.

Wenn es eine gesunde Skepsis gibt, muss es wohl auch eine ungesunde geben. Die ungesunde Skepsis zeugt von Verwirrtheit und dem fehlenden Zugang zu Gefühlen. Ungesunde Skepsis ist eine grundsätzlich misstrauische, distanzierte Haltung dem Leben gegenüber. Leider setzt sie oftmals einen Teufelskreis in Gang: Je skeptischer Sie sind, desto weniger können Sie fühlen. Denn Ihre Beobachterrolle, die eigentlich für Objektivität sorgen soll, lässt Sie erstarren. Es fehlt an lebendiger Erfahrung. Der Kopf versucht das Fühlen zu ersetzen. Die ungesunde Skepsis verallgemeinert unzulässig. Dann tauchen in der Wahrnehmung Männer auf, die alle gleich, Kapitalisten, die allesamt Schurken oder Politiker, die sowieso korrupt sind. Ungesunde Skepsis besteht aus Vorurteilen.

Nehmen wir an, Sie arbeiten freiberuflich, und ein geschätzter Freund unterbreitet Ihnen einen Geschäftsvorschlag im Bereich Multi Level Marketing (MLM). Obwohl Sie Ihrem Freund vertrauen, können Sie der Idee beim besten Willen nichts abgewinnen, Sie haben irgendwie ein ungutes Gefühl dabei. Das ist gesunde Skepsis, das ist Intuition. Um sie zu schulen, brauchen Sie Abenteuer und vielfältige, bewusste Erfahrungen. Wer glaubt, er könne im Halbschlaf durchs Leben wandeln, der wird viele unliebsame Überraschungen und Enttäuschungen erleben. Wenn Sie hingegen aufmerksam, neugierig und offen durchs Leben gehen, werden Sie zwar ebenfalls Fehler begehen und Rückschläge hinnehmen müssen – aber die Konsequenzen, die Sie daraus ziehen, sind gänzlich andere: Sie lernen, immer feiner zu differenzieren. Gesunde Skepsis äußert sich häufig auch in Form von Unlustgefühlen. Je oberflächlicher wir unser Leben führen, desto weniger wichtig erscheint uns, was wir tun, welchen Job oder Partner wir beispielsweise haben. In etlichen Firmen ist Halbherzigkeit förmlich ein Teil der Unternehmenskultur. Wer allzu motiviert ist, den akzeptiert das System nicht – es könnte ja offensichtlich werden, wie gemächlich es der Rest der Belegschaft angehen lässt. Wenn Sie jedoch etwas wahrhaft Großes vollbringen wollen, dann werden Sie dazu all Ihre Power benötigen – und an diese Power kommen Sie nur heran, indem Sie in Übereinstimmung mit Ihren tiefsten Überzeugungen handeln und sich weitgehend unabhängig machen vom Lob oder Tadel anderer. An diese tiefsten Überzeugungen gelangen Sie durch Intuition.

Wenn Sie sich auf Ihre persönliche Heldenreise begeben, kann es durchaus passieren, dass Sie zu Beginn mit einer ganzen Reihe innerer Widerstände konfrontiert werden. Ihnen kommen Gedanken wie:»Das ist alles sinnlos« oder »zu anstrengend« oder »zu kompliziert«. Nur durch die Kraft der Intuition können Sie zwischen Ihrem inneren Schweinehund und gesunder Skepsis unterscheiden: In welchen Fällen hält Sie die Macht der Gewohnheit in ihren Klauen und wo gäbe es tatsächlich einen einfacheren Weg zum Ziel? Natürlich können Sie nicht bei jedem kleinen Widerwillen, jedem Selbstzweifel, der sich regt, in einen stundenlangen Diskurs mit Ihrem Inneren treten. Sie würden vor lauter Selbstreflexion schließlich kaum zum Handeln kommen – und genau dieses Handeln will Act Big! doch herbeiführen. Sie müssen also bislang ungenutzte Ressourcen anzapfen und Energie freisetzen, wenn Sie wirklich große Vorhaben umsetzen wollen. Und diese Ressourcen verbergen sich häufig hinter Gefühlen der Unlust.

- An welchen Projekten arbeiten Sie derzeit nur halbherzig? Finden Sie heraus, warum das so ist. Welche Teile Ihrer Persönlichkeit fühlen sich übergangen?
- Nehmen Sie Kontakt auf zu diesen widerstrebenden Anteilen. Würdigen Sie Ihre Gefühle und überlegen Sie, welche positiven Absichten Ihr Widerwille haben könnte. Angenommen Ihr Widerwille will nur das Beste für Sie – was wäre das? Finden Sie mittels Intuition einen Weg zum Ziel, der Ihnen entspricht.
- Was müssen Sie ändern, um volles Engagement zeigen zu können? Agieren Sie in der richtigen Act-Big!-Arena? Finden Sie es heraus.

Manchmal reicht eine kleine Modifikation des Projekts nicht aus, sondern es muss eine grundsätzliche Kursänderung her. Das kann sogar bedeuten, dass Sie Ihre Lebensvision überdenken müssen. Ich weiß, ein geradliniger Weg zum Erfolg wäre Ihnen lieber. Doch in meiner Philosophie ist es besser, aus vollem Herzen ein neues Projekt zu beginnen, als halbherzig an einem überkommenen festzuhalten, nur um vor sich selbst konsequent zu erscheinen. Kein äußerer Erfolg kann das erhebende Gefühl, mit sich selbst im Einklang zu sein, kompensieren. Wer am Ende seines Lebens mit größtmöglicher Erfülltheit abtreten möchte, der setzt besser auf das richtige Pferd.

Sobald Sie Widerwillen verspüren, kann es also sein, dass sich Ihre Intuition zu Wort meldet. Das bedeutet natürlich nicht, dass jedwede Antriebslosigkeit gerechtfertigt ist. Es soll Sie vielmehr ermutigen, die tiefere Bedeutung Ihrer Gefühle zu erforschen (siehe Kapitel 9). Wenn sich ein Teil von Ihnen gegen Ihre Vorhaben und Ziele sträubt, ist das kein Grund, sich selbst vorschnell zu verurteilen. Selbstsabotage tritt aus meiner Erfahrung nur so lange auf, wie wir noch nicht vollkommen zu unseren wirklichen Lebensträumen stehen.

Zusammengefasst gibt es bei der Umsetzung einer Lebensvision also zwei Ursachen für fehlende Motivation, Unlust und Antriebslosigkeit, denen selten Beachtung geschenkt wird:

1. Psychische Kräfte von Persönlichkeitsanteilen sind noch nicht integriert.
2. Warnhinweise der Intuition werden fälschlich dem inneren Schweinehund angelastet, wodurch ein innerer Kampf entsteht, der zu nichts führt.

Die Kraft des freien Willens

Niemand kann seinen freien Willen entdecken, ohne sich mit Wut und Trotz auseinanderzusetzen (Stufe 2 der Selbstentfaltung). Wie Sie der Aufstellung der Feel-Small- und Act-Big!-Qualitäten (siehe Tabelle 1) entnehmen können, sind weder Wut noch Trotz die Endstation persönlicher Entwicklung. Wut wird in Kraft verwandelt. Ohne Wut jedoch steht Ihnen kein Material für diesen Prozess zur Verfügung. Alle Wut löst sich auf, sobald Sie entdecken, dass Sie letzten Endes immer nur wütend auf sich selbst sind und dass Sie nach der Pfeife anderer getanzt haben. Entdecken Sie Ihren freien Willen, handeln Sie konsequent danach, und die Wut verfliegt.

Keine Frage – Wut birgt einige Gefahren in sich, die den meisten von uns auch hinlänglich bekannt sind: Sie kann Beziehungen zerstören und lässt uns unbedacht werden. Aber so wie in jedem anderen Gefühl stecken auch in der Wut wertvolle Aspekte. Das ist nur wenigen bewusst, weil Wut sozial unerwünscht ist. Die Vorzüge von Wut:

- Wut kann dazu führen, dass Sie wichtige Entscheidungen treffen, weil Ihnen etwas einfach »zu blöd« wird: Sie beenden das Verwirrspiel und werden aktiv.
- Wut ist zwar zerstörerisch, aber die eigentliche Frage ist doch, was zerstört wird. Viele Missstände auf dieser Welt wurden durch wütende Revolutionäre beseitigt. Die Missachtung von Menschenwürde und Gerechtigkeit bringt Wut hervor.
- Wut öffnet Ihnen und anderen die Augen: Häufig nehmen andere Sie erst wahr, wenn Sie einmal richtig auf den Tisch hauen. Wenn Sie immer stillhalten, kann der andere in seiner Ignoranz verharren.

- Wut ist lebenserhaltend in Form des Beschützerinstinkts. In der Tierwelt wird dies deutlich: Muttertiere sind durch Wut in der Lage, ihre Brut auch gegen eine stärkere Spezies zu verteidigen.
- Wut ist die treibende Kraft, die Menschen von Stufe 1 der Selbstentfaltung zu Stufe 2 vordringen lässt. Teenager befreien sich durch Wut von der Meinung ihrer Eltern und entwickeln eine eigene Lebensphilosophie.

Wut hat also, wie jedes andere Gefühl, Licht- und Schattenseiten. Wenn Sie lediglich die negativen Aspekte betonen, berauben Sie sich Ihrer Kraft. Ähnlich verhält es sich mit Trotz. Er ist menschlich und manchmal notwendig. Trotz ist gesünder als Fremdbestimmung, denn er sorgt dafür, dass Sie innerlich blockieren, statt sich manipulieren oder erpressen zu lassen. Durch Trotz gelingt es uns, andere zu blockieren – gleichzeitig jedoch auch uns selbst.

Wenngleich Trotz auch auf den Stufen 3 und 4 der Selbstentfaltung noch gelegentlich auftaucht, ist er primär kennzeichnend für Stufe 2. Trotz ist aber immer nur eine Übergangslösung. Innere Kündigung und Krankenstände bringen weder dem Mitarbeiter noch dem Unternehmen etwas. Irgendjemand muss dafür bezahlen, dass er noch nicht die volle Verantwortung für seine Unzufriedenheit übernimmt.

Trotz verschafft Ihnen Zeit zum Nachdenken. Er garantiert, dass Sie Ihre Würde behalten. Denn es ist besser, auf Stufe 2 der Selbstentfaltung zu verharren, als sich auf Stufe 1 zurückdrängen zu lassen. Doch über kurz oder lang wollen Sie natürlich Selbstbestimmung, und diese beginnt erst ab Stufe 3. Dennoch geschehen derlei Dinge praktisch täglich: Ein Unternehmen nimmt eine Umstrukturierung vor oder baut Personal ab, und ein Teil der Belegschaft reagiert trotzig, zum Beispiel mit Krankschreibungen oder innerer Kündigung. Wenn Sie in Verbindung mit Ihrem Act-Big!-Publikum stehen, werden Sie mit hoher Wahrscheinlichkeit andere Entscheidungen treffen. Sie überprüfen in jedem Fall, welche Verhaltensalternativen zur Verfügung stehen (zum Beispiel das Gespräch mit dem Vorgesetzten suchen) beziehungsweise, dass Sie auch sicherstellen, dass Sie den Trotz zurücknehmen, sobald die bedrängende Situation vorüber ist. Leider wird dies häufig vergessen und der Trotz bleibt bestehen, obwohl der äußere Druck längst weggefallen ist.

Exercise for Excellence 46: Trotz lass nach!

- Erstellen Sie eine Liste mit fünf Situationen, in denen Sie bislang trotzig reagiert haben. Überlegen Sie sich dazu Folgendes: Wenn Sie trotzig das Gegenteil von dem tun, was andere von Ihnen erwarten, tun Sie dann wirklich das, was Sie selbst wollen? Wenn Sie aus Trotz gar nichts tun, tun Sie dann das, was Sie wirklich wollen?
- Finden Sie jetzt pro Situation drei alternative Handlungsoptionen. Welche Verhaltensweisen wählen Sie, wenn Sie aus dem Bewusstsein eines Helden heraus denken und fühlen?
- Überlegen Sie sich, in welchen Lebensbereichen Sie sich noch immer trotzig verhalten, obwohl es, wenn Sie genau hinsehen, niemanden gibt, der Ihnen ernsthaft Vorschriften machen kann. Solange Sie trotzig gegenüber Ihrem Partner sind, glauben Sie, er habe Macht über Sie. Doch Sie sind ein erwachsener Mensch, der seine eigenen Entscheidungen trifft und die Konsequenzen zu tragen hat.

Trotz ist der Sieg der Verlierer! Tun Sie, was getan werden muss, obwohl es verboten ist – aber tun Sie es nicht, *weil* es verboten ist! Erwachsene, die Dinge tun, nur weil sie verboten sind, leben in der Welt des Feel Small. Sie sind wie unartige Kinder, die sich gegen ihre Eltern auflehnen (Stufe 2 der Selbstentfaltung). Als Held brechen Sie keine Regeln, weil Sie Spaß daran haben. Sie brechen eine Regel aus guten Gründen und weil Sie ein höheres Ziel verfolgen. Insofern gilt die alte Weisheit: Gesetze sind für die Menschen da – nicht die Menschen für die Gesetze. Viele Verkäufer berichten, dass, wenn sie sich an alle internen Vorgaben und Prozesse hielten, sie nicht die Umsätze generieren könnten, von denen das Unternehmen schließlich lebt. Ich kenne preisgekrönte Dokumentarfilme, die nicht zustande gekommen wären, wenn der Regisseur um eine Drehgenehmigung gebeten hätte. Die Liste ließe sich beliebig fortführen. Natürlich sind negative Konsequenzen nicht auszuschließen, und es liegt an Ihnen, Chancen und Risiken gegeneinander abzuwägen.

In die Rubrik des Trotzes fällt insbesondere auch jedwedes Suchtverhalten (Alkoholismus, Spielsucht, Kaufsucht, Streitsucht). Es nutzt allerdings nicht, dass die Betroffenen sich einfach nur zusammenreißen. Das Einzige, was langfristig helfen wird, ist, herauszufinden, was die Sucht kompensieren soll. Was will die Person wirklich?

Sollten Sie wiederholt an sich beobachten, dass Sie zu Trotz neigen, bedeutet das ganz ohne jeden Zweifel, dass Sie noch immer auf Ihr Feel-Small-Publikum hören und dadurch von Ihrem Lebensweg abkommen. Betrachten Sie Trotz als Erinnerungshilfe dafür, Ihr Act-Big!-Publikum zu aktivieren.

> »Wer einen Fehler macht und ihn nicht korrigiert,
> begeht einen zweiten Fehler!«
>
> *Konfuzius*

Ein Held handelt in Übereinstimmung mit seiner Lebensvision. Für Trotz hat er gar keine Zeit. Er muss niemandem etwas beweisen, er lässt sich zu nichts zwingen, und er begleicht auch keine offenen Rechnungen aus der Vergangenheit. Dafür ist ihm die Zukunft viel zu wichtig.

Exercise for Excellence 47: Trotz oder höheres Ziel?

- Welche Situationen fallen Ihnen ein, in denen Sie Menschen dabei beobachtet haben, wie sie Regeln brechen (zum Beispiel im Straßenverkehr, im sozialen Umgang).
- In welchen Fällen haben diese Menschen Ihrer Meinung nach nur aus Trotz gehandelt und in welchen Fällen hatten sie ethisch hochstehende Gründe für den jeweiligen Regelbruch (das heißt, es war konstruktive Wut im Spiel)?

Helden vereinigen Selbstbestimmung mit liebevoller Rücksicht. Erwachsen werden bedeutet nicht, das Leben eines Aussteigers zu führen (wenngleich dies ein Zwischenschritt auf dem Weg sein kann) und sich von allen Anforderungen des täglichen Lebens und des Lebens als Mitglied einer Gesellschaft zu befreien. Das Leben ist eine Schule mit dem Ziel zu lernen, auch unter widrigen Umständen einen Beitrag zu leisten (Stufe 4). Dazu gehört es, sozialem, finanziellem, zeitlichem und sonstigem Druck standzuhalten. Das Leben ist eben kein Streichelzoo. Das Leben wird erst einfach, wenn Sie aufgrund eines konsequenten Act-Big!-Trainings Kraft im Überfluss haben. Diesen Zustand strebt die fernöstliche Kampfkunst an: Der Großmeister muss nicht mehr kämpfen, weil er sich jeder Herausforderung gewachsen fühlt. Hat er zuvor gelernt zu kämpfen? Jede Wette!

Ein Leben, das keine Anforderungen stellt, ist die Vision eines Kindes aus der Feel-Small-Welt:»Ich will mir von niemandem etwas sagen lassen«,»Ich will so viel Geld haben, dass ich nicht arbeiten muss«,»Ich akzeptiere keine Regeln, sondern will alle Grenzen sprengen«. Erwachsen sein hingegen bedeutet, die volle Verantwortung für sich selbst zu übernehmen und für alle seine Taten vor der Gemeinschaft einzustehen. Es bedeutet, den tieferen, lebensbejahenden Sinn von Regeln und Gesetzen für das Zusammenleben und -arbeiten zu erkennen.

Leider begreifen viele derjenigen, die heutzutage Regeln und Gesetze machen, selbst nicht den Sinn von Gesetzen. Viele Regularien stehen dem Leben, dem Fortschritt, dem persönlichen und gesellschaftlichen Wachstum entgegen. Der Fokus liegt einseitig auf Erhaltung/Bewahrung, statt ein ausgewogenes Verhältnis von Entwicklung und Erhaltung/Bewahrung herzustellen. Dementsprechend zielen Gesetze meist darauf ab, dass »nichts passiert«. Und genau das passiert dann auch: Nichts! Der Bürger fühlt sich sicher – aber wie viel Handlungsspielraum bleibt ihm? Wie soll er Verantwortung lernen, wenn es für alles eine Vorschrift gibt?

Ihr Act-Big!-Publikum unterstützt Sie darin, sich von dem Bild, das gewisse Personengruppen von Ihnen haben, zu distanzieren und ein selbstbestimmtes, würdevolles Selbstbild zu etablieren. Heldenhaft handeln kann nur derjenige, der etwas auf sich hält. Halten wir fest: Die Befreiung, die sich heutzutage so viele Menschen herbeisehnen, weil sie sich dem äußeren Druck nicht mehr gewachsen fühlen, sieht anders aus als zunächst angenommen. Ja, befreien Sie sich von allen Zwängen und tun Sie es so schnell Sie können. Aber erwarten Sie anhaltendes Glück erst, wenn Sie auf Stufe 4 der Selbstentfaltung angekommen sind.

Genau darin soll Act Big! Sie unterstützen: Selbstbestimmung und Rücksicht werden miteinander vereint, sodass am Ende nichts als der Fluss des Lebens übrig bleibt. Dann stehen Sie weder unter dem Zwang, ständig etwas leisten zu müssen, noch müssen Sie Ihren Mitmenschen Ihre Fertigkeiten und Talente vorenthalten. Glück entsteht durch die perfekte Balance. Das Leben ist im ständigen Wandel, und daher müssen Sie dazu bereit sein, sich zu verändern.

Als wahrer Held sind Sie in die Gesellschaft integriert, denn genau das macht einen Helden aus: sein Eintreten für Ziele, die vielen Menschen dienen. Fälschlicherweise wird in diesem Zusammenhang von der »Selbstlosigkeit« des Helden gesprochen. Doch der Held ist nicht selbstlos, wie es aus der Perspektive des Feel Small erscheint. Der Held hat sich als Teil der Menschheit begriffen und weiß, dass er für sich allein ebenso wenig glücklich sein kann, wie sich eine einzelne Körperzelle wohlfühlen kann, wenn der Rest des Körpers krank ist. Dem Helden ist bewusst, dass er für das Ganze und zugleich sich selbst sorgt, indem er ethisch hochstehende Ziele verfolgt.

Die Kraft der Fülle

Das Act-Big!-Programm will Ihnen Fülle in allen Lebensbereichen bescheren. Der Stand Ihres Selbstvertrauenskontos darf sich täglich erhöhen, mithilfe der sieben Publikumsmagnete streben Sie Glück und Erfolg an, Ihre Antennen in puncto Intuition funktionieren immer besser, Ihre Intelligenz nimmt zu. Fülle ist aber auch eine Kraft, die Sie bewusst aktivieren können. Dazu ist nichts weiter nötig, als zu lernen, Ihren Fokus auf Fülle zu richten. Ihre Aufmerksamkeit hat aber nicht nur Einfluss auf Ihr eigenes Befinden. Sie beeinflussen dadurch auch die Wahrnehmung anderer Menschen. Daher verwenden Zauberer ihre eigene Aufmerksamkeit, um die Aufmerksamkeit der Zuschauer zu lenken. Doch Achtung: Als Held geht es Ihnen nicht um Manipulation, sondern um positiven Einfluss.

Ein beliebter Einwand, den ich an dieser Stelle höre, ist, dass sich durch die Steuerung der eigenen Aufmerksamkeit nur das Erleben ändert, nicht aber die äußere Realität. Im ersten Schritt trifft das auch zu. Heutzutage verwenden wir den Begriff der selbsterfüllenden Prophezeiung, um zu beschreiben, welchen Effekt die eigenen Gedanken und Gefühle auf das soziale Umfeld haben. Mit der folgenden Exercise for Excellence verinnerlichen Sie, weshalb Sie Wohlstand, Erfolg und Glück ernten werden, wenn Sie sich auf die Kraft der Fülle konzentrieren. Lernen Sie zu sehen, was alles im Überfluss vorhanden ist, noch bevor es tatsächlich existiert.

Exercise for Excellence 48: Auf Fülle konzentrieren

Führen Sie folgende Gedankenspiele durch:

- Wie wird es sich im Rahmen eines Einstellungsgesprächs auf die Entscheidung auswirken, wenn der Bewerber voller Selbstvertrauen ist? Welche Wirkung hat ein niedriges Selbstbewusstsein?
- Welche Chancen hat ein Mann bei der Damenwelt, wenn er sich selbst für eine gute Partie hält? Welche, wenn nicht?
- Wie konsistent und auch für das Kind nachvollziehbar wird der Erziehungsstil einer Mutter sein, die sich für eine gute Mutter hält beziehungsweise davon überzeugt ist, dass sie alles lernen kann, was sie noch nicht beherrscht?

Die Beschaffenheit Ihrer Gedanken- und Gefühlswelt führt äußere Ereignisse herbei. Genau deshalb machen wir uns ja die Mühe, ein Act-Big!-Publikum zu installieren und uns bei Entscheidungen darauf zu beziehen. Viele Menschen haben Angst, die Fülle im Leben zu sehen. Sie glauben allen Ernstes, dass dadurch erst recht Mangel entsteht. Genauso ging es Brigitte.

Beispiel: Brigittes Preisgestaltung

Brigitte hat schon mehrfach daran gedacht, die Preise für eine Dienstleistung anzuheben, doch bisher hat sie mit der Umsetzung gezögert. Nun kommt dieser Coach daher, der ihr rät, sich auf Fülle zu konzentrieren statt auf Mangel. Sie misstraut dem Vorschlag. Führt die Konzentration auf Fülle nicht zu einer falschen Zufriedenheit mit dem Ist-Zustand? Bleiben damit die Preise nicht erst recht dauerhaft zu günstig? Wie sollen höhere Gewinne (der Soll-Zustand) auf diese Weise erreicht werden? Doch sie gibt der Sache eine Chance und übt einige Tage lang, überall auf Fülle, also auf Chancen, Vorteile, Ressourcen, zu achten.

Nach nur zwei Tagen hat Brigitte ein Aha-Erlebnis: Sie erkennt, dass sie genau aufgrund Ihres Mangelgefühls die Preise nicht erhöhen konnte. Alles, was sie sich vorstellen konnte, waren Kunden, die sich einen anderen Anbieter suchen. Nun versteht sie, dass sie Fülle für sich und ihre Kunden herstellen kann. Sie hebt die Preise an und kombiniert dies mit einer qualitativen Verbesserung ihrer Dienstleistung, die sie wenig kostet, aber dem Kunden etwas bringt.

Exercise for Excellence 49: Die Fülle sehen lernen

- In welchen Lebensarenen wollen Sie sich angewöhnen, noch stärker Chancen zu sehen statt Gefahren, Möglichkeiten statt Hindernisse und Lösungen statt Probleme?
- Wo wollen Sie sich mehr auf Ihre Stärken, Begabungen, Ressourcen, Fähigkeiten und Erfolge konzentrieren, statt auf das, was Ihnen fehlt?
- Denken Sie an drei Situationen in Ihrem Leben zurück, in denen Sie sich benachteiligt, ausgeschlossen, ungerecht behandelt oder vernachlässigt gefühlt haben. Stellen Sie für jede Situation gesondert fest,
  - in welcher Weise Sie damals durch die Augen des Mangels auf das Geschehen geblickt haben? (Sie könnten Mangel an Mitgefühl, Verständnis, Ressourcen wahrgenommen haben.)
  - inwiefern sich Ihr Erleben der Situation verändert, wenn Sie durch die Augen der Fülle darauf blicken? Was wäre alles für Sie verfügbar gewesen, wenn Sie nur Ihre Aufmerksamkeit darauf gerichtet hätten?

Konzentrieren Sie sich auf die Kraft der Fülle, und Fülle wird in Ihr Leben Einzug halten. Wie sieht Ihr Leben aus, wenn Sie jeden Tag das tun, wozu Sie die nötigen Mittel zur Verfügung haben? Je mehr Sie an Ihrem Improvisationstalent arbeiten, desto mehr werden Sie den Eindruck gewinnen, dass Sie fast immer alles zur Verfügung haben, was Sie für die Erfüllung Ihrer Mission brauchen. Genau das macht uns der einfallsreiche MacGyver vor. Natürlich ist MacGyver bloß ein Actionheld aus einer Fernsehserie … Aber – halt! – wollten Sie nicht auch der Held Ihres Lebensfilms werden?

Indem Sie sich auf Fülle konzentrieren, geschieht noch mehr. Sie beginnen, langfristige Projekte zu initiieren, denn Sie haben jetzt mehr Geduld. Dadurch fällt es Ihnen leichter, heute etwas zu tun, das sich mit großer Wahrscheinlichkeit erst in der Zukunft bezahlt macht. Die Fähigkeit, auf Erfolge warten zu können (Belohnungen aufzuschieben) hängt laut neueren Forschungsergebnissen mit dem Intelligenzquotienten positiv zusammen (siehe dazu *Der Lohn des Wartens* von Logue). Je besser Personen in einem Intelligenztest abschneiden, desto leichter gelingt es Ihnen, sich die Zukunft so lebendig vorzustellen, dass Sie in die Lage versetzt werden, auf den Erfolg zu warten.

Die Kraft der Freude

Sind Sie manchmal auf unerklärliche Weise unglücklich? Dann könnte es daran liegen, dass Ihnen der Unterschied zwischen Spaß und Freude nicht wirklich bewusst ist. Freude erfüllt uns, Spaß hinterlässt uns hungrig. Wir leben in einer Spaßgesellschaft, umgeben von der Unterhaltungsindustrie – die Freude kommt dabei oft zu kurz. Wenn Sie zwischen Freude und Spaß zu unterscheiden vermögen, wissen Sie auch, wie Sie zu mehr Freude gelangen, die Sie erfüllt.

- Üblicherweise macht es lediglich Spaß, Sport im TV zu sehen, während die richtige Freude dadurch aufkommt, sich selbst sportlich zu betätigen. Daher mein Plädoyer dafür, aus der Zuschauerrolle herauszutreten (siehe Kapitel 1). Junkfood macht Spaß, denn es schmeckt – aber es nährt nicht, macht nicht satt, und daher werden Sie auf Dauer auch die Freude vermissen.
- Bei alldem mag es immer Ausnahmen von der Regel geben.

In Kapitel 9 werden Feel-Small- und Act-Big!-Qualitäten einander gegenübergestellt. Spaß gehört in die erste Kategorie, Freude in die zweite. Neil Postman stellte in seinem Buch *Wir amüsieren uns zu Tode* fest, dass Medien heutzutage in erster Linie Unterhaltung anstelle von Information bieten. Was aber sind die Nährstoffe für unser Wachstum: Information oder Unterhaltung? Zum Glück müssen wir uns nicht im Entweder-oder verstricken – dank des Infotainments. So werden Lerninhalte auf ansprechende Weise dargestellt. Doch Infotainment ist eher die Ausnahme als die Regel. Was ist nötig, um nicht mehr auf leeres Amüsement hereinzufallen? Es gibt nur einen Ausweg: Bringen Sie Bewusstsein in alles hinein, was Sie tun. Auch hierzu dient Ihnen das Act-Big!-Publikum. Es sorgt dafür, dass Sie sorgfältigere Entscheidungen treffen. Wenn Sie auf diese Weise Achtsamkeit in Ihr Berufsleben, Ihre Ernährung, den Sport, die Kindererziehung und die Partnerschaft bringen, werden Sie alles tiefer, bewusster erleben. Je tiefer Ihr Erleben, desto offensichtlicher wird es für Sie, welche Betätigungen hohl sind, welche Art von Kommunikation oberflächlich und unbefriedigend ist, welche Speisen Sie nicht nähren. Das ist gleichzeitig der Weg, wie Sie von destruktiven Verhaltensweisen Abschied nehmen können.

Der wahre Held weiß, zu welchem guten Zweck er sich etwas verbietet. Disziplin ohne Sinn ist nur etwas für Menschen, die gerne ihre Selbstverantwortung abgeben. Ich fasse zusammen:

- Spaß ist passiv – Freude ist aktiv.
- Spaß kommt in erster Linie von außen, zum Beispiel durch die Unterhaltungsindustrie – Freude stellt eine Verbindung zwischen der Innen- und der Außenwelt her. So ist der Begriff Selbstverwirklichung zu verstehen.
- Spaß ist hohl und macht deshalb süchtig – Freude erzeugt Fülle und macht deshalb frei.
- Spaß vergeht schnell – Freude wirkt nach.

Exercise for Excellence 50: Spaß oder Freude?

- Welche Dinge tun Sie nur zum Zeitvertreib oder aus Langeweile?
- Durch welche Mittel versuchen Sie vergeblich, Ihre innere Leere zu füllen?

- Was hingegen kann Ihnen anhaltende Erfüllung bringen?

Jedes Mal, wenn Sie etwas nur zum Zeitvertreib tun, setzen Sie nicht auf Freude, sondern lediglich auf Spaß. Dann haben Sie wahrscheinlich Ihr inneres Act-Big!-Publikum vergessen und aufgrund alter Gewohnheiten entschieden. Zum Glück ist Ihr Publikum immer nur einen Gedanken von Ihnen entfernt und Sie können jederzeit darauf zurückgreifen. Übrigens: Die Seele baumeln zu lassen ist etwas gänzlich anderes als Zeitvertreib.

Die Kraft der Kritikfähigkeit

Viele Meister ihres Fachs waren selbst ihre schärfsten Kritiker. Wer wahrlich Großes erreichen will, darf sich nicht selbstzufrieden auf seinen Lorbeeren ausruhen. In unserer heutigen Zeit halte ich Kritikfähigkeit für eine der wichtigsten Eigenschaften. Ohne Kritik ist kein Lernen möglich. Viele Menschen erliegen dem Irrglauben, Liebe bestünde darin, so zu bleiben wie man ist. Doch das ist nur in der Welt des Feel Small so.

Tabelle 9: Gegenüberstellung von Selbstliebe in den Welten von Feel Small und Act Big!

Verständnis von *Selbstliebe* in der Feel-Small-Welt	Verständnis von *Selbstliebe* in der Act-Big!-Welt
»Wenn ich mich selbst liebe, kann ich endlich so bleiben wie ich bin. Dann lassen mich alle in Ruhe.«	»Je mehr ich mich selbst liebe, desto freier bin ich zu entscheiden, wo ich so bleiben will, wie ich bin, und wo ich mich lieber verändern möchte. Ich liebe mich so oder so. Ich bin offen, durch Feedback inspiriert zu werden.«

Kritik ist kreativ und macht Freude. Auch ich habe mich lange gegen Kritik gewehrt, oftmals fühlte ich mich ungerecht behandelt. Heute habe ich verstanden, was Kritik bedeuten kann: »Ich traue dir mehr zu als das, was du derzeit kannst. Ich glaube an dich!« Angenommen Caruso lebte noch und Sie könnten bei ihm Gesangsunterricht nehmen. Was glauben Sie, wie schnell er mit Ihrer Leistung vollkommen zufrieden wäre? Wenn Sie über den grünen Klee gelobt werden wollen, gehen Sie ruhig zu einem Feld-Wald-und-Wiesen-Lehrer. Aber ist es nicht ein größerer Akt der Selbstliebe, wenn Sie sich den besten Lehrer nehmen, der Sie entsprechend fordert? Ein gesundes Maß an Selbstkritik schadet nicht. Indem Sie die folgende Exercise for Excellence regelmäßig absolvieren, sorgen Sie für Ihr emotionales Gleichgewicht, Sie idealisieren sich nicht selbst und sind nicht darauf angewiesen, von anderen idealisiert zu werden. Ebenso wenig stellen Sie Ihr Licht unter den Scheffel oder erwarten von anderen falsche Bescheidenheit. Bescheidenheit und Selbstüberhöhung sind gleichermaßen ignorant, und durch Lob und Kritik lernen wir, den goldenen Mittelweg einzuschlagen.

Exercise for Excellence 51: Selbstkritik schulen

- Erstellen Sie eine Liste mit fünf negativen Eigenschaften, die Sie hoffen, auf gar keinen Fall zu besitzen. Rufen Sie sich die Vorwürfe in Erinnerung, die von anderen Leuten kommen, beispielsweise Sie seien egoistisch, kleinkariert, verschwenderisch oder langweilig.
- Finden Sie das positive Pendant zu jeder Eigenschaft und notieren sie dieses. In unserem Beispiel wäre das uneigennützig, offen, sparsam und interessant.
- Im nächsten Schritt testen Sie für sämtliche Eigenschaften jeweils die Hypothese, dass sie auf Sie zutreffen könnte. Finden Sie jeweils mindestens drei Indizien für die jeweilige Hypothese.
- Welche Erkenntnisse ziehen Sie für sich daraus?

Wahrscheinlich haben auch Sie festgestellt, dass es für jede Behauptung, über welche Eigenschaften Sie verfügen, Indizien gibt. Sie erkennen, dass andere Menschen so ziemlich alles über Sie denken können, was ihnen beliebt. Diese Einsicht macht Sie kritikfähig und vor allem frei. Denn nun müssen Sie die Meinung anderer nicht mehr kontrollieren, sondern können sich ganz auf Ihr Act-Big!-Publikum beziehen.

Viele Diskussionen führen zu keinem Ergebnis, weil alle Beteiligten lediglich darauf aus sind, die Schuld von sich zu weisen. Wie viel Zeit in Meetings wohl bereits verschwendet worden ist, weil kaum jemand zu seinen Fehlern stehen wollte? Wenn Sie nicht darauf fokussieren, wie Sie vor den Menschen in der Außenwelt dastehen, sondern was Ihr Act-Big!-Publikum von Ihnen hält, dann wird es Ihnen gelingen, sich aus diesem Schwarzer-Peter-Spiel zu befreien. Wenn Sie verantwortlich für einen Fehler sind, geben Sie es zu. Wenn nicht, verschwenden Sie keine Energie darauf, sich zu rechtfertigen. Eine einmalige klare Stellungnahme genügt.

Ein wahrer Held kann mit Kritik umgehen, sowohl mit Kritik von außen als auch mit Selbstkritik. Dadurch ist er auch in der Lage, andere auf konstruktive Weise zu kritisieren. Dies ist eigentlich die Probe aufs Exempel: Wenn Sie es vermeiden, andere Menschen zu kritisieren, deutet das darauf hin, dass Sie sie vor etwas beschützen, womit Sie selbst glauben, nicht umgehen zu können. Dann betrachten Sie Kritik als etwas grundsätzlich Negatives. Natürlich gibt es destruktive Kritik, die lediglich dazu da ist, die andere Person herunterzumachen. Doch wenn Sie der anderen Person gegenüber wertschätzend eingestellt sind, so ist auch Ihre Kritik wertschätzend.

Was macht echte Kritikfähigkeit aus? Sie wissen, dass Sie kritikfähig sind, wenn Sie Kritik als reine Information betrachten können. Eine Information kann wahr, teilweise wahr oder unwahr sein. Nehmen wir an, jemand bezeichnet Sie als »egoistisch« (das tun Menschen gerne, wenn man nicht tut, was sie wollen). Sollten Sie mit Ihrem Egoismus im Reinen sein, werden Sie keinen weiteren Gedanken daran verschwenden. Fühlen Sie sich jedoch »verletzt«, dann zeigt Ihnen dieses Gefühl, dass Sie mit sich selbst noch etwas zu klären haben: Wie stehen Sie zu Ihrem Egoismus? Wenn Sie getroffen sind, prüfen Sie also die Information »Du bist egoistisch« wie ein Wissenschaftler: Lässt sich die Behauptung empirisch belegen? Eine konstruktive Einstellung zu Kritik sieht so aus:

- »Meine Umgebung ist mir so wichtig, dass ich Konflikte eingehe und auch unangenehme Themen anspreche.«
- »Verletzungen rufen den Wissenschaftler in mir wach, der auf Selbstentdeckungsreise geht.«

- »Positives und negatives Feedback sind gleich wichtig für meinen lebenslangen Lernprozess.«

Viele große Persönlichkeiten hatten entweder Mut zur Selbstkritik (letztlich ist alle Kritik Selbstkritik), oder aber sie mussten diese Fähigkeit dadurch erlangen, dass sie im Brennpunkt des öffentlichen Interesses standen. Egal ob Kopernikus, Galileo Galilei, Martin Luther oder Nelson Mandela – sie alle haben massive Kritik an der vorherrschenden Meinung geübt. Es ist anzunehmen, dass auch sie alle zunächst durch Phasen intensiven Selbstzweifels und der Selbstkritik gehen mussten. Und als sie sich dann in die Öffentlichkeit hinauswagten, mussten sie damit rechnen, kritisiert zu werden.

Exercise for Excellence 52: Offener Umgang mit Kritik

- Gegenüber welchen Menschen in Ihrer Umgebung halten Sie Ihre Kritik zurück? (Beispiele: Sie denken an Trennung, obwohl Ihr Partner nicht einmal weiß, dass Sie etwas an der Beziehung stört. Sie spielen mit dem Gedanken zu kündigen, ohne betriebsintern Ihre Kritik vorgebracht zu haben.)
- Wie wirkt sich Ihre Zurückhaltung auf die jeweilige Beziehung aus?
- Wie wirkt sie sich auf Sie selbst aus?
- Welchen Nutzen könnte das ehrliche Aussprechen Ihrer Kritik für Sie und die anderen haben? Oder liegt Ihr Fokus nur auf den Risiken?
- Welche Beziehungen (zu Personen, Orten, Institutionen) erhalten Sie künstlich aufrecht, obwohl es für Sie nur noch sehr wenig zu lernen und kaum etwas zu geben gibt? Aus welchen Situationen ziehen Sie sich nicht zurück, weil Sie Angst vor der »üblen Nachrede« anderer haben?
- Was werden Sie für sich gewinnen, wenn Sie lernen, in all den genannten Situationen ehrlich und selbstverantwortlich zu denken und zu handeln?
- Welchen Nutzen werden andere Menschen (auch solche, die Sie erst in Zukunft kennenlernen werden) davon haben, wenn Sie ehrlich und selbstverantwortlich agieren?

Vielfach laufen wir vor unserem inneren Kritiker genauso davon wie vor der Kritik von außen. Als Held werden Sie polarisieren. Die Meinungen der anderen, ob Sie nun bewunderns- oder verachtenswert sind, werden auseinandergehen. Jeder Mensch, der zu sich selbst steht, wird für die anderen sichtbar. Er tritt aus der grauen Masse hervor. So entsteht Charisma. Gehen Sie diesen Schritt, wird Sie die Kritik zu Anfang verwirren, irritieren oder auch verletzen. Doch nach kurzer Zeit merken Sie, dass die Urteile anderer Menschen mehr mit diesen Menschen selbst zu tun haben als mit Ihnen. Damit wird es immer sinnloser für Sie, sich nach diesen Meinungen zu richten. Solange Sie mit der Schafherde geblökt haben, ist Ihnen das alles nicht aufgefallen. Doch jetzt singen Sie Ihr eigenes Lied. Viele Menschen trauen sich Zeit ihres Lebens niemals aus ihrem Schneckenhaus. Sie geben sich der Illusion hin, dass sie bei allen anderen einigermaßen beliebt sind. Die Wahrheit darüber, was andere wirklich von einem halten, will kaum jemand herausfinden. Führen Sie einige hitzige Diskussionen und Sie werden mehr über sich erfahren.

Einmal kam ein Klient zu mir ins Coaching, der angab, von Selbstzweifeln geplagt zu sein. Fast wäre ich auf seine Selbstdiagnose hereingefallen, doch ich entschied mich nachzufragen, was denn sein innerer Kritiker so von sich gebe. Daraufhin gab er mir einige Beispiele: »Du kümmerst dich zu wenig um deine Kinder«, »Du bekommst beruflich nichts auf die Reihe«, »Du ernährst dich zu ungesund«. Ich wollte anschließend von ihm wissen, ob denn an der Kritik etwas dran sei. Etwas kleinlaut räumte er ein, dass der Kritiker nicht ganz unrecht hätte. Am Ende unseres Gesprächs war klar, dass sein grundlegendes Problem nicht seine Selbstzweifel waren, sondern sein Widerwille, sich von irgendjemandem etwas sagen zu lassen – sogar von seiner inneren Stimme.

Exercise for Excellence 53:
Wertvolle Kritik der inneren Stimme

Das Act-Big!-Programm zielt darauf ab, Sie von destruktiver und unqualifizierter Kritik durch Ihr Feel-Small-Publikum zu befreien, damit Sie Ihre persönliche Heldenreise erleben können. Doch gibt es auch konstruktive Kritik vonseiten Ihrer inneren Stimme.

- Erstellen Sie eine Liste der Punkte, die Ihre innere Stimme am häufigsten an Ihnen bemängelt.

- In welchen Punkten müssen Sie Ihrer inneren Stimme schlichtweg recht geben? Wo wollen Sie aufhören, die Augen zu verschließen und stattdessen etwas in Ihrem Leben verändern, um mehr im Einklang mit sich selbst zu sein? Dies ist die Voraussetzung für Flow und damit sowohl für Glück als auch für Erfolg.

Die Kraft der Nachsicht

»Was unsere Seele am schnellsten und
schlimmsten abnützt, das ist:
Verzeihen ohne zu vergessen.«

Arthur Schnitzler

Während einige Menschen nicht einmal auf die Idee kommen, dass sie etwas zu verzeihen hätten oder aber die Nachsicht anderer gebrauchen könnten, gibt es wieder andere, die sich mit ihrer voreiligen Großherzigkeit herumplagen. Oftmals versuchen wir nachsichtig mit uns oder anderen zu sein, noch bevor wir begriffen haben, weshalb ein Fehltritt eigentlich ein Fehltritt war. Oder wir haben noch nicht realisiert, dass der vermeintliche Fehltritt gar keiner war. Im ersten Fall haben wir also etwas noch nicht gelernt, im zweiten Fall etwas noch nicht verlernt.

Wie können Sie die Kraft der Nachsicht nutzen? Machen Sie sich bewusst, dass jedes Verzeihen eine Hinwendung zum Leben ist und dass Sie dadurch eingefrorene psychische Kraft zurückgewinnen. Es wird niemals klappen, wenn Sie versuchen, ein Erlebnis zu vergessen. Nachsicht bedeutet, Dinge auf einer tieferen Ebene zu integrieren und zu verstehen. Wer oftmals vom Leben enttäuscht worden ist, der hat wenig Lust, am Leben teilzunehmen. Ich habe deshalb keine bessere Medizin für das Verzeihen gefunden, als die, sich aktiv jeden Tag mehr für das Leben zu interessieren und so dem Leben die Chance zu geben, Sie positiv zu überraschen. Act Big! ist die beste Medizin. Dadurch werden alte, schlechte Erfahrungen durch neue Eindrücke überschrieben.

Exercise for Excellence 54: Das Ende offener Rechnungen

- Wo wollen Sie keine Energie mehr darauf verschwenden, es jemandem heimzuzahlen oder etwas zu beweisen, weil Sie etwas Wichtigeres zu tun haben?
- Wo stehen Sie noch im übertragenen Sinn an der Supermarktkasse des Lebens und warten auf Ihr Wechselgeld? Wem wollen Sie eine Schuld erlassen, weil Sie dadurch an Kraft und Freiheit gewinnen?
- Wer sitzt in Ihrem Act-Big!-Publikum oder lässt sich nachträglich hineinsetzen, der Ihnen Nachsichtigkeit erleichtern kann?

Großherzigkeit wird als etwas missverstanden, das wir allein dem anderen zuliebe tun sollten. Genau dieser Irrtum macht es so schwierig. Je früher Sie begreifen, dass Sie sich selbst einen Gefallen erweisen, wenn Sie nicht auf die Begleichung offener Rechnungen warten, desto besser. Durch das Loslassen vom Groll schenken Sie sich selbst mehr Freiheit. Niemand schuldet Ihnen etwas. Sie sind es sich selbst schuldig, ein großartiges Leben zu führen.

Die Kraft der Ruhe

In der Kraft liegt die Ruhe. Moment mal, das Sprichwort lautet doch andersherum: In der Ruhe liegt die Kraft. Ja, das stimmt. Doch die Umformulierung ist kein Versehen, denn das Umgekehrte gilt genauso. Wie sollten Sie jemals zu Gelassenheit und Ausgeglichenheit finden können, wenn Sie sich schwach und fremdbestimmt fühlen? Bekanntlich sind es die kleinen Hunde, die am lautesten kläffen. Die großen Hunde hingegen wissen um ihre Kraft und sind daher oftmals friedfertiger. Wieso ist es mir so wichtig zu betonen, dass in der Kraft die Ruhe liegt? Weil viele Menschen versuchen, Ihr Seelenheil allein in äußerer Sicherheit suchen:

- »Ich will einen Partner, dem ich hundertprozentig vertrauen kann.«
- »Ich will einen möglichst sicheren Arbeitsplatz.«
- »Ich will keine Konflikte in meiner Beziehung, sondern nur Frieden und Harmonie.«

Ich empfehle aber, auf eine gesunde Mischung aus günstigen Rahmenbedingungen (Act-Big!-Arena) und Ihrer eigenen Stärke zu setzen.

Wie zerbrechlich ist unsere Welt, wenn wir zu viele Forderungen stellen? Wie viel Platz bleibt für das echte Leben oder gar Abenteuer? Je mehr Sie sich auf solche Erwartungen kaprizieren, desto weniger Kraft haben Sie und desto weniger Ruhe werden Sie finden. Ich habe in meinen Seminaren nicht wenige Beamte kennengelernt, die todunglücklich in ihrem Beruf waren und dennoch die Sicherheit des Beamtenstatus für nichts auf der Welt aufgeben wollten. Dabei habe ich gar nichts gegen Sicherheit einzuwenden. Ganz im Gegenteil: Je mehr Vertrauen Sie haben, dass Sie das Leben bewältigen können, ganz gleich, was es Ihnen bringt – seien es Wirtschaftskrisen, Intrigen, eine Krankheit oder was auch immer –, desto weniger Sorgen werden Sie sich machen. Sie suchen das Abenteuer, statt sich nur notgedrungen mit Problemen auseinanderzusetzen. Sorgen Sie also ruhig für Sicherheit, aber tun Sie es zu dem Zweck, sich anschließend umso größere Abenteuer erlauben zu können.

Exercise for Excellence 55:
Zwischen Sicherheit und Risiko

- Für welche Sicherheiten haben Sie in Ihrem Leben gesorgt?
- Welche Risiken können Sie daher ab sofort ganz bewusst eingehen? Was müssten Sie tun, um Ihr inneres Publikum zu begeistern?
- Welche Forderungen in Bezug auf Sicherheit stellen Sie an das Leben, die Sie bei näherer Betrachtung schwächen?
- Wer in Ihrem Act-Big!-Publikum steht für Sportsgeist, Abenteuerlust und Risikobereitschaft in einem vernünftigen Maß?

Die Kraft der Hingabe

Ich nehme an, Sie werden mir zustimmen, dass Sie eine wirklich große Lebensvision nur durch die Konzentration Ihrer Kräfte und Ihre vollkommene Hingabe erreichen können. Als Held Ihres Lebensfilms müssen Sie das Wagnis eingehen, alle alternativen

Lebensentwürfe ziehen zu lassen und sich auf eine Sache zu beschränken. Das ist ein bisschen wie sterben. Hingabe ist eine Fähigkeit, die es zu trainieren gilt wie jede andere. Daher empfehle ich Ihnen, sich eine Act-Big!-Arena zu suchen, in der es Ihnen von vornherein leichtfällt, Ihre ganze Person einzubringen. Nur für eine Sache, von der Sie wirklich überzeugt sind, aktivieren Sie alle bislang verborgenen Kraftressourcen in sich.

Sich auf Ihre Lebensvision einzulassen bedeutet zugleich, dass Sie sich auf sich selbst einlassen, auf Ihre tiefsten Sehnsüchte. Wer nicht beziehungsfähig ist, ob in Bezug auf sich selbst oder in Bezug auf andere, kann auch keine Lebensvision halten. Wer andere inspirieren und das Feuer in ihnen entfachen will, der muss zunächst einmal selbst Feuer und Flamme für seine Idee sein. Das ist sicher leichter gesagt als getan, aber es ist nicht unmöglich. Sie haben als Mensch genauso viel Kraft mitgegeben bekommen, wie Sie zur Erfüllung Ihrer Lebensaufgabe benötigen. Darin besteht die geniale Gleichung der Natur. Daher werden Sie sich von Ihrer Lebensvision nicht überfordert fühlen, sobald Sie bereit sind, sich hundertprozentig einzusetzen. Erin Brockovich weiß, dass das Leben uns Menschen alles abverlangt. Nicht umsonst trägt ihr Bestseller den markanten Titel *Take It From Me. Life's A Struggle, But You Can Win* (»Glaubt mir, das Leben ist ein Kampf, aber Ihr könnt gewinnen«). Betrachten Sie Gefühle von Überforderung als Einladung zur bewussten Aktivierung Ihrer Kraftreserven. Wo halten Sie sich noch zurück? Wo hören Sie aus Gewohnheit noch immer auf Ihr Feel-Small-Publikum?

Wenn Sie andere Menschen mitreißen wollen, achten Sie darauf, dass Sie Ihre Kraft nicht an diese Menschen abtreten. Bleiben Sie vollkommen klar in Ihrer eigenen Entschlossenheit verankert. Mein Umweltprojekt in Kaschmir hat mir gezeigt, dass Menschen bereit sind, sich einer guten Sache anzuschließen, wenn ich bereit bin, das Projekt notfalls auch alleine durchzuziehen. Dieser zweifelsfreie Zustand wirkt ansteckend. Wenn Sie Ihre Lebensvision bestimmen, wird es mehr Menschen geben als Sie denken, die sich bereitwillig anschließen. Viele warten nur darauf, dass endlich jemand auftaucht, der nicht nur denkt und redet, sondern entschlossen handelt.

Die Kraft des Schönheitssinns

Kennen Sie den Film *Klang der Stille* mit Ed Harris in der Rolle als Ludwig van Beethoven? In einer Szene zerstört Beethoven mit den Worten »Ich werde ihnen einen Gefallen tun. Ich werde ihnen ein Geschenk machen.«, das Modell einer Brücke, die der Architekt Martin Bauer entworfen hat. Der junge Architekt ist entsetzt. Beethoven provoziert bewusst die Wut von Bauer, um ihn in Kontakt mit seiner Leidenschaft zu bringen, aus der dann die Kunst hervorgehen könne. Nur wenn Bauer sich wie ein Künstler fühle und aus seiner inneren Überzeugung etwas erschaffe, hätte dies auch einen Wert. Dass Beethoven selbst ein Meister des Schönen war, beweist für mich seine erhebende Musik.

Das Glaubensbekenntnis des modernen Menschen hingegen lautet: »Ich glaube an das Billigste, das Praktischste und das Neueste!« Die meisten modernen Gebäude sind schon nach wenigen Jahren wenig mehr als ein Schandfleck im Stadtbild. Im Management wird in erster Linie auf Effizienz und Effektivität gesetzt. Gehuldigt wird dem Pareto-Prinzip. Ihm liegt die Beobachtung zugrunde, dass sich viele Aufgaben mit einem Einsatz von 20 Prozent der Mittel so erledigen lassen, dass 80 Prozent der Ergebnisse erzielt werden. Dazu gibt es genügend Beispiele aus dem Alltag: Wenn man nur einmal kurz mit dem Staubsauger durch den Innenraum des Autos geht, ist bereits der Großteil des Schmutzes verschwunden. In einem Baumarkt kaufen wenige Kunden sehr viel ein (80 Prozent des Umsatzes), während die meisten nur Kleinigkeiten besorgen (20 Prozent des Umsatzes).

Was hat das alles mit der Kraft der Schönheit zu tun? Meine feste Überzeugung ist, dass diejenigen, die etwas wahrhaft Großes schaffen, sich alle Zeit der Welt dafür nehmen und an ihrem Werk feilen, bis alles perfekt ist. Sie investieren 80 Prozent, um auch noch die letzten 20 Prozent herauszuholen. Ein befreundeter Künstler, Illian Sagenschneider, hat in achtmonatiger Kleinarbeit ein Stillleben einer aufgebrochenen Jackfrucht gemalt. Jeder, der das Ölgemälde sieht, bleibt mit offenem Mund davor stehen. Die Liebe zum Detail, die darin steckt, ist atemberaubend. Natürlich hätte er auch ein Bild innerhalb von einer Woche in Acryl malen können. Aber eben nicht *dieses* Bild. Der Schönheitssinn des Künstlers hat eine enorme Kraft.

Dem Sinn für das Schöne und Gute können wir überall Raum geben. Wenn Sie beispielsweise als Redner, Pädagoge oder Führungskraft wirklich Menschen erreichen wollen, statt sich nur den Mund fusselig zu reden, brauchen Sie diesen Sinn für Schönheit. Ein einziger Satz, den Sie damit ausstatten, entfaltet mehr Wirkung als stundenlange logische Abhandlungen. Auch Sie können sich diese Kraft zunutze machen. Vielleicht glauben Sie, weder genügend Zeit noch Geld zur Verfügung zu haben. Dann beginnen Sie im Kleinen, denn dieselben Gesetzmäßigkeiten gelten auch dort.

- Nehmen Sie sich die Zeit für ein ausführliches Mitarbeitergespräch.
- Bedanken Sie sich bei einem Kollegen, Ihrer Sekretärin oder einem treuen Kunden durch einen sehr sorgfältig ausgewählten Blumenstrauß.
- Kaufen Sie für eine Freundin eine inspirierende Grußkarte und schreiben Sie einige persönliche Zeilen, die von Herzen kommen, darauf.

9
Navigationshilfen für Helden

»Im Hafen ist ein Schiff sicher,
aber dafür ist es nicht gebaut.«

Seneca

Treten Sie Ihre Heldenreise mit dem Grad an Klarheit an, über den Sie derzeit verfügen. Selbstverständlich können Sie Ihre Lebensvision jederzeit verfeinern. Sie können neue Arenen ausprobieren oder Ihr Act-Big!-Publikum mit anderen oder zusätzlichen Personen bestücken. Alles Lebendige entwickelt sich weiter – Sie eingeschlossen. Vielleicht brechen Sie jetzt erst zum Abenteuer Ihres Lebens auf, vielleicht hat Ihre Heldenreise schon vor längerer Zeit begonnen.

Die Act-Big!-Landkarte

In gewisser Weise stellt jede Heldenreise eine Entwicklung vom Kind zum Erwachsenen dar. Doch wer von uns hört schon gerne, in welchen Bereichen sein Denken noch kindlich ist? Keiner, es sei denn, er ist bereits erwachsen, und dann braucht es ihm niemand mehr zu sagen. Dabei ist es nur eine Feststellung, wenn wir bemerken, dass der Großteil der Menschen primär kindlich denkt, fühlt und handelt. Wie sonst ließen sich Korruption, Umweltverschmutzung und vieles andere erklären?

Je weniger sich ein Mensch in Kinderjahren geliebt und geborgen gefühlt hat, desto stärker bleibt er in kindlichen Emotionen stecken. Entsprechend sind die Ränge seines inneren Publikums mit Kindern besetzt: Kindergartenfreunde, denen er imponieren wollte; Geschwister, deren Anerkennung ihm unentbehrlich erschien.

Solange das innere Publikum einer Person mit Kindern oder kindlichen Menschen besetzt ist, kann sie nicht erwachsen sein. In einer kindlichen Arena spielen Gefühle wie Neid, Egoismus, Trotz und Angst eine Schlüsselrolle. Diese Gefühle sind oftmals Ausdruck verpasster Entwicklungsschritte. Entsprechend stehen kindliche Erwachsene beispielsweise unter dem Eindruck,

- ständig zu kurz zu kommen,
- fremdbestimmt leben zu müssen,
- sich nirgendwo zu Hause oder willkommen zu fühlen oder
- innerlich nicht zur Ruhe kommen zu können.

Diese Beispiele deuten an, wie die Gefühlswelt eines Erwachsenen aussehen kann, der in Kindertagen Qualitäten wie Geborgenheit, Wohlwollen und Fürsorge zu wenig erleben konnte. Wie entsteht eine Feel-Small-Welt? Erstens dadurch, dass die Eltern wichtige Act-Big!-Qualitäten selbst nicht kennen und sie daher dem Kind auch nicht emotional vermitteln oder gar vorleben können. Zweitens durch traumatische Erfahrungen, und drittens durch das Unvermögen eines Kindes, größere Zusammenhänge zu verstehen (»Wieso kann Mama nicht rund um die Uhr für mich da sein?«, »Wieso gelten für meine älteren Geschwister andere Regeln als für mich?«).

Das Act-Big!-Programm ist keine psychoanalytische Abhandlung. Doch erscheint es mir unerlässlich festzuhalten, dass die wenigsten Menschen wirklich erwachsen sind. Sie suchen sich eine Nische, in der andere für sie die Verantwortung übernehmen. Sei es der Arbeitgeber, sei es der Staat, sei es ein Partner. Viele haben ein enormes Sicherheitsbedürfnis, und es fällt ihnen daher immens schwer, den Job zu wechseln oder gar sich selbstständig zu machen.

Für einen Helden ist es hingegen selbstverständlich, Verantwortung zu übernehmen. Ein Held jammert weder über die Arbeitgeberverbände noch über die Gewerkschaften, weder über die Umweltverschmutzer noch über die Umweltschützer. Er übt offen Kritik und handelt – und hat schon allein deshalb keine Zeit zum Jammern. Er weiß, dass all jene, die nur auf ihren Eigennutz bedacht sind, nicht »böse« sind, sondern lediglich in ihrer Feel-Small-Welt festsitzen. Dass es davon so viele gibt, liegt an den Gesellschaftsstrukturen selbst, die diese Personen hervorbringt. Viele Strukturen sind ihrerseits von kindlichen Erwachsenen erdacht worden, und so bleibt der Teufelskreis erhalten. Jammern und Fluchen wäre da nur ein kindlicher Lösungsversuch mehr. Im Act-Big!-Programm wird all das, was Sie für verbesserungswürdig halten, zum Bestandteil Ihrer Lebensvision (Inspiration der Unzufriedenheit).

Wenn wir realisieren, dass wir bestimmte Schritte in unserer Entwicklung verpasst haben, dann werden Schuldgefühle oder Scham die entstehende Lücke nicht für uns schließen können. Wir brauchen entsprechende neue Erfahrungen, die uns beweisen, dass wir für uns selbst sorgen können, dass Lernen Freude bereitet, dass Konflikte konstruktiv sein können und friedlich zu lösen sind, dass Teamwork funktionieren kann, dass Religion nicht nur aus leeren Worten besteht, dass es Autoritäten gibt, denen wir vertrauen können, dass Partnerschaft erfüllend sein kann, dass Kommunikation gelingen kann et cetera. Genau hierin besteht die Heldenreise: Sie sorgen dafür, dass Sie und alle anderen, mit denen Sie in Beziehung stehen, neue Erfahrungen machen können. Natürlich gelingt das umso leichter, wenn Sie sich die passenden Act-Big!-Arenen suchen, in denen Sie entsprechende Freunde und Vorbilder finden.

Zwischen Erwachsenen und Kindern besteht das, was ich eine »natürliche Abhängigkeit« nenne, es findet eine Ko-Evolution statt. Das Kind braucht den Erwachsenen und der Erwachsene das Kind. Hat ein Erwachsener niemanden, dem er etwas schenken darf (sei es als Eltern, Lehrer, Mentor, Führungskraft), fühlt er sich überflüssig. Das Kind macht dem Erwachsenen ein Geschenk, indem es so dankbar alles empfängt, was er zu geben hat. Geben und Nehmen bilden eine Einheit. Deswegen ist es wichtig, dass Sie sich eingestehen, in welchen Bereichen Sie noch etwas zu bekommen haben, um selbst erwachsen zu werden und anderen Menschen etwas geben können. Treten Sie Ihre Heldenreise an. Je länger Sie zögern, desto länger müssen andere auf die Geschenke warten, die Sie der Welt zu machen haben.

Es ist eines der grundlegenden Missverständnisse, die in einer Gesellschaft (oder einem Unternehmen/einer Familie) voller Kinder herrschen: Beginnt ein Mensch, für sich selbst zu sorgen, zum Beispiel indem er sich Zeit für sich selbst oder seine Familie nimmt, schreien alle anderen auf: »Du bist ja so egoistisch!« Wenn Sie Ihre Heldenreise antreten, rechnen Sie am besten nicht damit, dass die kindlichen Erwachsenen in Ihrem Freundeskreis, in Ihrem Team oder in Ihrer Familie alle Ihre Schritte verstehen werden. Jeder, der bereits halbwegs erwachsen ist, wird Sie verstehen, Sie unterstützen und in Ihren Vorhaben bestärken. Von Menschen mit einem Feel-Small-Publikum können Sie das nicht erwarten. Also, gönnen Sie sich ein Act-Big!-Publikum in Ihrer Innenwelt und suchen Sie sich eine nährende Act-Big!-Arena in der Außenwelt. Umgeben Sie sich mit Leuten, die an Sie glauben und Sie aufbauen. Und orientieren

Sie sich an Personen, von denen Sie lernen können. Lesen Sie deren Bücher, setzen Sie diese Personen in Ihr Act-Big!-Publikum, heuern Sie bei ihnen an oder werden Sie Freunde.

Es ist natürlich, dass ein neuer Mitarbeiter für eine gewisse Zeit von seinem Mentor abhängig ist. Doch es ist unnatürlich, wenn der Mitarbeiter länger als unbedingt nötig auf die Unterstützung durch den Mentor pocht. Wie viele Menschen kennen Sie, die in ihrem Geben andere Menschen nicht nur abhängig halten wollen, sondern ihre Mitarbeiter, Schüler, Patienten, Kunden oder Kinder herausfordern, auf die nächste Ebene ihrer Selbstbestimmung und Eigenverantwortung zu gehen?

Wer im Erwachsenenalter noch immer weiterhin ständig in der Angst lebt, zu kurz zu kommen, oder permanent um Anerkennung durch andere buhlt, der ist zwar biologisch erwachsen geworden, nicht aber psychisch. Wie oft habe ich Seminarteilnehmer sagen hören: »Mein Chef lobt mich zu wenig.« Ein Erwachsener braucht nicht ständig Lob von seinem Vorgesetzten, denn er handelt aufgrund seiner eigenen Überzeugungen. Er leistet einen Beitrag – nicht aus Pflichtgefühl, denn auch das wäre kindlich, sondern aus Wertschätzung für die Gemeinschaft, als Erfüllung seiner selbst gesteckten Lebensaufgabe.

Wenn Sie sich umsehen und erkennen, mit welcher Haltung Menschen Politik, Pädagogik und Ökonomie betreiben, dann können Sie kaum zu einem anderen Schluss kommen als dem, dass es auf diesem Planeten weitaus mehr Kinder als Erwachsene gibt. Die Menschen, die weithin als große Persönlichkeiten gelten, sind die wenigen Erwachsenen, die wir als Menschheit vorzuweisen haben.

Je mehr Sie sich innerlich wie ein Kind fühlen, desto schwerer wird es Ihnen fallen, der Held Ihres eigenen Lebensfilms zu sein. Umso wichtiger ist es für Sie, es trotzdem zu werden. Was braucht ein kindlicher Erwachsener, um erwachsen zu werden? Die 20 Superkräfte des Helden (Kapitel 8)! Persönliche Entwicklung folgt einer Logik, folgt klaren Gesetzmäßigkeiten. Je mehr wir allerdings von kindlichen Gefühlen beherrscht werden, desto weniger können wir diese Gesetzmäßigkeiten erkennen.

Alles, was wir verurteilen, bleibt uns verschlossen. Nur das, was wir mit der Wertschätzung und Offenheit eines Wissenschaftlers betrachten, können wir verstehen. Ein Kind versteht naturgemäß wenig vom Erwachsensein. Deshalb setzt es Einfluss mit Macht gleich, Erziehung mit Manipulation, Selbstfürsorge mit Egoismus und Führung mit Kontrolle. Es kennt ausschließlich seine Feel-Small-Welt und kann sich nichts anderes vorstellen. Nicht dass es Manipulation, Egoismus und Kontrolle nicht gäbe. Aber ein Kind wirft alles in einen Topf. Genau das macht die Entwicklung vom Kind zum Erwachsenen so schwer. Das Kind beobachtet all die kindlichen Erwachsenen in seiner Umgebung und verspürt nicht den geringsten Reiz, selbst erwachsen zu werden. Kein Wunder. Alles, was es sieht, sind ächzende, jammernde, verbitterte Kinder in Erwachsenengestalt. Groß gewachsene Leute, die einen Job machen, der sie nicht erfüllt und mit einem Partner zusammenleben, den sie nicht lieben. Diese Leute erzählen dem Kind etwas von »Vernunft«, »Verantwortung« und »Liebe«. Doch sie haben nur auswendig gelernt, worin Vernunft, Verantwortung und Liebe bestehen. Sie haben nie eine Heldenreise gemacht und daher niemals die Act-Big!-Welt selbst erlebt. Nun wissen sie nicht, wovon sie reden. Deshalb kann das Kind es auch nicht verstehen. Seine emotionale Verwirrung ist die logische Konsequenz.

Feel-Small-Qualitäten und Act-Big!-Qualitäten

Die Heldenreise besteht darin, den gordischen Knoten aus inkongruenten Botschaften, faulen Kompromissen und Manipulationsversuchen zu lösen. Als Held erlangen Sie wirkliches Urteilsvermögen, die Weisheit, zwischen Qualitäten wie Egoismus und Selbstfürsorge oder Impulsivität und Spontaneität zu unterscheiden (siehe Tabelle 10). Dies gelingt durch lebendige Erfahrungen und die Bereitschaft, sich emotional berühren zu lassen. Doch eine weitere Zutat ist dabei unerlässlich: die Kraft der Intuition. Durch Ihre Hilfe gewöhnen Sie sich (wieder) an, auf Ihr eigenes Urteilsvermögen zu vertrauen. Daher können Selbstvertrauen und Intuition nur im Verbund wachsen.

Intuition setzt voraus, dass Sie sich vorurteilslos auf die Erfahrungen im Laufe Ihrer Heldenreise einlassen können, weil Sie sich zuvor eingestanden haben, dass Sie bestimmte Feel-Small-Qualitäten von Act-Big!-Qualitäten gefühlsmäßig nicht unterscheiden können, zum Beispiel Spaß und Freude oder Kontrolle und Führung. Sie wissen selbst am besten, in welcher Hinsicht Sie sich verwirrt fühlen. In Tabelle 10 sind in der linken Spalte Qualitäten aufgelistet, die für die Welt des Feel Small kennzeichnend sind. In der rechten Spalte finden Sie die erwachsenen Act-Big!-Qualitäten. Doch sie stehen nicht im Gegensatz zueinander. Vielmehr müssen die kindlichen Qualitäten integriert werden, um in die Act-Big!-Welt zu gelangen.

Tabelle 10: Übersicht über Feel-Small- und Act-Big!-Qualitäten

Feel-Small-Qualitäten	Act-Big!-Qualitäten
Abhängigkeit	Verbundenheit
Arroganz	Selbstbewusstsein
Besitzdenken	Verantwortungsbewusstsein
Egoismus	Selbstliebe
Eitelkeit	Sinn für Schönheit
Geiz	Kostenbewusstsein
Impulsivität	Spontaneität
Kontrolle	Führung
Leichtsinn	Heldenmut
Macht	Einfluss
Naivität	Vertrauen
Neid	Inspiration
Verwirrung/Orientierungslosigkeit	Freiheit
Pedanterie	Ordnungssinn
Perfektionismus	Liebe zum Detail
Sorgen	Fürsorge
Spaß	Freude
Wut	Tatkraft

Eine besondere Gefahr besteht darin, sich auf der linken Seite der Tabelle zu verzetteln. Dann versuchen wir, etwas Negatives mit etwas Negativem zu bekämpfen. Im Volksmund heißt es »Den Teufel mit Beelzebub austreiben«. Davon erzählt Annas Geschichte.

Beispiel: Anna auf dem Weg zu Act-Big!-Qualitäten

Anna arbeitet in einem Callcenter und ist häufig frustriert, weil sie aufgrund ihrer eingeschränkten Entscheidungsbefugnisse ihre Kunden kaum zufriedenstellen kann. Die strikten Zeitvorgaben führen dazu, dass sie nicht in der Weise auf die Kunden eingehen kann, wie sie es gerne täte, und dass wenig zwischenmenschlicher Kontakt entsteht. Diesen Frust kompensiert sie durch Schokoladenriegel. Anna schämt sich für ihr Essverhalten und dafür, dass sie kontinuierlich zunimmt. Durch die Scham verstärkt sich das Gefühl der Einsamkeit in ihr. Anna beneidet ihre Kolleginnen, die in anderen Abteilungen desselben Unternehmens, etwa dem Marketing oder der Personalabteilung, beschäftigt sind. Dass sie neidisch ist, will sie jedoch nicht zugeben. Stattdessen kaschiert sie ihre Eifersucht durch Arroganz, weshalb sie den betreffenden Kolleginnen in der Kantine aus dem Weg geht. Zum Teil schämt sie sich aber auch, wenn sie sich dabei ertappt, wie sie wieder einmal über andere Abteilungen lästert.

Anna scheint in einem Teufelskreis aus Frustration, Impulsivität, Scham, Wut, Neid und Arroganz gefangen zu sein. Sie stellt gewissermaßen eine körperliche Fülle her, weil Sie sich noch nicht traut, Fülle in ihrem Leben herzustellen. Es hilft Anna auch nichts, ihrem Kompensationsverhalten den inneren Schweinehund auf den Hals zu hetzen. Denn der würde durch noch mehr Verbote den Eindruck von Mangel nur verstärken. Zum Glück braucht Anna nicht zu verzweifeln, wenn sie sich ihre Lage nur bewusst macht, dass bereits eine kleine Dosis Intuition und Selbstakzeptanz genügen, um den Teufelskreis zu durchbrechen.

Welche kleinen Heldentaten werden Anna befreien?

- Lässt Anna ihre Wut auf die für sie unbefriedigenden Arbeitsbedingungen zu, so wird sie die nötige Kraft zur Verfügung haben, um ihr Leben in Ordnung zu bringen. Aus Wut (Feel-Small-Qualität) wird **Tatkraft**. (Act-Big!-Qualität).

- Erlaubt Anna sich, **spontan** zu sein, ist sie in der Lage, ein Gespräch mit ihrer Teamleiterin zu suchen, sich intern um einen anderen Job zu bewerben oder sogar das Unternehmen zu verlassen. Jedenfalls wird sie nicht weiter einfach nur stillhalten und ihre Unzufriedenheit durch Schokolade auf impulsive Weise kompensieren.

- Verwendet Anna ihre Intuition, um sich zu fragen, was der Neid ihr sagen will, offenbart sich ihr, was sie wirklich will: mehr Entscheidungsspielraum, mehr Zeithoheit, mehr zwischenmenschlichen Kontakt. Während der unterdrückte Neid Anna zunächst blockierte, dient er ihr nun als **Inspiration**.

- Steht Anna öffentlich zu ihrem Neid, verschwindet nicht nur die Scham, sondern auch ihre Arroganz. Nun kann sie mit Kolleginnen anderer Abteilungen zu Mittag essen. Was sie vorher gehemmt hat, kann nun als Eisbrecher für ein Gespräch dienen:»Ich möchte euch kennenlernen. Denn manchmal beneide ich euch, ehrlich gesagt, um euren Job. Ich würde gerne wissen, wie die Arbeit in eurer Abteilung ist …«Auf diese Weise vergrößert sie ihr Netzwerk innerhalb des Unternehmens, und ein Wechsel in eine andere Abteilung wird umso leichter möglich sein. Anna steht nun stärker in Verbindung mit sich selbst, mit ihren wahren Gefühlen. Erst aus dieser Verbundenheit kann die Verbundenheit mit den anderen entstehen. Bisher konnte sie aufgrund ihrer Arroganz den Kolleginnen nur mit einer Maske aus falscher Freundlichkeit begegnen. Doch nun steht sie selbstbewusst zu ihren Gefühlen.

- Sobald Anna das **Selbstbewusstsein** entwickelt hat, für ihre Bedürfnisse einzutreten, wird es für sie vollkommen selbstverständlich sein, auch andere Menschen dazu zu ermutigen. Sie wird anderen ihr Glück gönnen, statt arrogant zu sein.

Beachten Sie die Gesetzmäßigkeiten auf Annas Heldenreise. Anna überwindet ihr impulsives Essverhalten nicht dadurch, dass sie sich einfach »zusammenreißt«. Impulsivität kann Anna nicht in Selbstdisziplin verwandeln. Mit diesem Bestreben ist sie jahrelang gescheitert. Vielmehr lernt sie, ihre wirklichen Bedürfnisse hinter dem Kompensationsverhalten (Schokolade essen, lästern) zu erkennen und zu befriedigen. Anna lernt, die Act-Big!-Botschaften der Feel-Small-Qualitäten zu verstehen. Berge an Schokolade zu verdrücken war eben nie Annas wirkliches Bedürfnis. In dem Moment, in dem Anna selbstbewusst, inspiriert und tatkräftig wird, verschwindet auch die Impulsivität. Tabelle 11 veranschaulicht Annas Entwicklung. Spalte 1 enthält die Feel-Small-Qualitäten, die Anna belasten. Beachten Sie insbesondere die zweite Spalte. Dort sind die Qualitäten enthalten, die Menschen anstreben, wenn sie nicht zu ihren Gefühlen stehen, sondern glauben, etwas stimme nicht mit ihnen. Was dann passiert, nenne ich »aus einem Problem zwei Probleme machen«. Wenn Anna meint, sie habe die falschen Gefühle, statt deren Botschaft zu verstehen, führt sie unzählige Rückschläge herbei. Konfrontiert sich Anna mit ihren Gefühlen aus der Feel-Small-Welt und versteht sie mithilfe ihrer Intuition, so entstehen die Act-Big!-Qualitäten in Spalte 3. Die Act-Big!-Qualitäten in Spalte 4 entwickeln sich dann automatisch. Anna bekommt nun endlich, was sie immer wollte.

Tabelle 11: Annas Entwicklung von Act-Big!-Qualitäten

Feel-Small-Qualität, unter der Anna leidet	Act-Big!-Qualität, die Anna anstrebt, aber innerhalb der Feel-Small-Welt nicht entwickeln kann	Act-Big!-Qualität, die sich durch Annas Intuition entwickelt	Act-Big!-Qualität, die sich als Folge der Qualität in Spalte 3 entwickelt
Neid	Anderen etwas gönnen	Inspiration	Anderen etwas gönnen
Impulsivität	Selbstdisziplin	Spontaneität	Selbstdisziplin
Scham	Selbstliebe	Demut/Bescheidenheit	Selbstliebe
Einsamkeit	Verbundenheit mit anderen	Verbundenheit mit sich selbst	Verbundenheit mit anderen
Wut	Friedfertigkeit	Tatkraft	Friedfertigkeit
Arroganz	Gleichwertigkeit	Selbstbewusstsein	Gleichwertigkeit

Tabelle 11 veranschaulicht, dass beispielsweise Friedfertigkeit niemals durch das Unterdrücken von Wut entstehen kann, sondern nur durch deren Integration und Umwandlung in Tatkraft. Ein Mensch, der gelernt hat, für sich selbst einzutreten und zu sorgen, wird friedfertig. Büßt dieser Mensch einen Teil seiner Tatkraft ein, wird die Wut zurückkommen und das ist gesund. Wie in Annas Fall, so sind auch all Ihre Gefühle vollkommen »richtig«. Richtig nicht in dem Sinne, dass sie den Optimalzustand von Act Big! darstellen, sondern im Sinne von folgerichtig. Wenn Sie sich nicht erlauben, Ihre wirklichen Talente zu entwickeln und als Geschenke an andere Menschen weiterzugeben, dann ist es folgerichtig, dass Sie wütend sind. Wenn Sie sich weder eingestehen wollen, auf wen Sie neidisch sind, noch die entstehende Minderwertigkeit fühlen wollen, so müssen Sie arrogant werden. Das sind die Gesetzmäßigkeiten, von denen ich eingangs gesprochen habe. Verstehen Sie sie, wird es ein Kinderspiel, aus dem Irrgarten der Feel-Small-Qualitäten herauszufinden. Ich spreche übrigens von »Qualitäten«, weil dies ihre wertneutrale Betrachtung und intuitive Erforschung fördert.

Abbildung 3 (A) veranschaulicht, wie Anna aus einem Problem zwei macht, indem Sie in Gegensätzen denkt. Anna hat versucht, Neid auf direktem Weg in Großzügigkeit zu verwandeln. Doch wird dieser Selbstbetrug auf Dauer nicht funktionieren. Es ist, als ob man von einem Bettler verlangt, Geld zu spenden. Der Neid wird nicht aufgelöst, sondern nur ins Unterbewusstsein verbannt. In Abbildung 3 (B) erkennt Anna hingegen, dass ihr Neid eine Act-Big!-Botschaft in sich trägt, kann die Inspiration der Unzufriedenheit für sich nutzen und ihr Leben in Ordnung bringen.

Normalerweise denken Menschen in Gegensätzen. Dann versuchen sie, Wut in Gelassenheit oder Traurigkeit in Freude zu verwandeln. Sie wollen von der »bösen« auf die »gute« Seite wechseln. Wenn Sie hingegen Ihre Intuition anzapfen, dann eröffnet sich Ihnen plötzlich eine neue Entwicklungsmöglichkeit. Sie entwickeln Act-Big!-Qualitäten, indem Sie ein intuitives Verständnis für die in Feel-Small-Qualitäten enthaltenen Act-Big!-Botschaften bekommen. Hier ein weiteres Beispiel zur Veranschaulichung.

Abbildung 3: Wie ein Problem weitere Probleme nach sich zieht (A) und wie Probleme durch die Anwendung von Intuition gelöst werden (B).

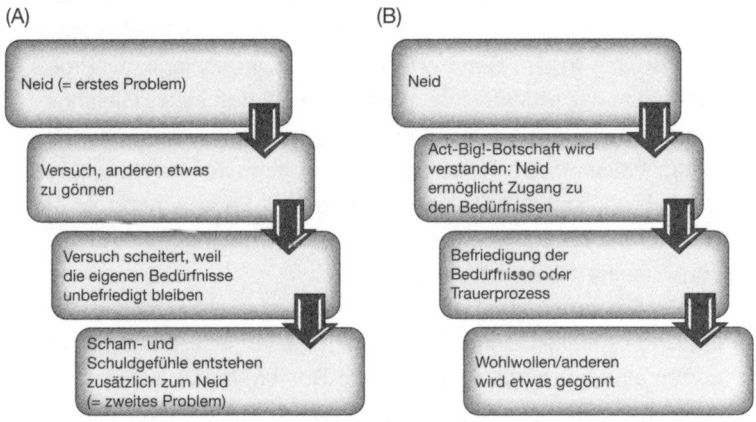

(A)

Neid (= erstes Problem)

Versuch, anderen etwas zu gönnen

Versuch scheitert, weil die eigenen Bedürfnisse unbefriedigt bleiben

Scham- und Schuldgefühle entstehen zusätzlich zum Neid (= zweites Problem)

(B)

Neid

Act-Big!-Botschaft wird verstanden: Neid ermöglicht Zugang zu den Bedürfnissen

Befriedigung der Bedürfnisse oder Trauerprozess

Wohlwollen/anderen wird etwas gegönnt

Beispiel: Henri im Dialog mit den inneren Monstern

Henri ist Abteilungsleiter in einem IT-Unternehmen und gilt als Choleriker. Eines Tages beschließt er, in Klausur zu gehen und seine Wutausbrüche und permanente Ungeduld zu erforschen. Um leichter einen intuitiven Zugang zu finden, stellt er sich seine Ungeduld als Monster vor und stellt ihm Fragen:»Was willst du? Welche positiven Absichten hast du? Wie würdest du meine Abteilung führen, wenn du vollkommen freie Hand hättest?«

Im Laufe des Zwiegesprächs kommt Henri zu einigen erstaunlichen Einsichten: Das Monster ist der Ansicht, dass Henri vor seiner Beförderung zum Abteilungsleiter viel häufiger seine eigenen Ideen eingebracht hat. Nun halte er sich zu stark zurück. Außerdem schlägt das Monster vor, bestimmte Mitarbeiter stärker zu kontrollieren, statt ihnen naiv zu vertrauen und sich anschließend zu ärgern, wenn etwas schiefläuft. Das Monster rät zu weniger Skrupel, sich bei den Mitarbeitern auch einmal unbeliebt zu machen. Es ermahnt Henri zusätzlich, beim Delegieren weniger nachlässig zu sein. Henri solle seine Erwartungen an seine Mitarbeiter offen kommunizieren.

Durch die Erforschung seiner Wut und Ungeduld erkennt Henri zu seiner Überraschung, dass er bislang Schwierigkeiten hatte, sich seine Erwartungen einzugestehen. Bei jedem cholerischen Ausbruch hatte sich dieser fordernde Anteil Gehör verschafft, wurde jedoch von Henri so schnell wie möglich wieder unterdrückt. Indem Henri erfährt, welche Vorschläge zur Problemlösung das Monster hat, stellt sich ein emotionales Gleichgewicht in Henri ein. Da Henri noch andere, nicht-monströse Persönlichkeitsanteile hat, befragt er auch diese, welche Vorschläge zur Führung der Abteilung sie haben. Am Ende schnürt er ein Handlungspaket, das das Beste aus den Vorschlägen aller Persönlichkeitsanteile in sich vereint.

Wie Sie sehen, geht es nicht darum, dass Henri seinen cholerischen Anfällen einfach freien Lauf lassen soll. Vielmehr geht es um eine Integration der Act-Big!-Botschaften in seinen Führungsstil. Zuerst gilt es also, das Gute am Schlechten zu entdecken. Wenn Henri das Positive an seiner Ungeduld erkennt, entwickelt er mehr Innovationskraft und einen klareren Führungsstil.

So wie Henri landen viele von uns immer wieder in einer Sackgasse, weil wir durch das Denken in Gegensätzen versuchen, das Kind mit dem Bade auszuschütten. Wir wollen ein Gefühl loswerden, ohne eine differenzierte Betrachtungsweise für dieses Gefühl zu entwickeln. Wenn wir an uns arbeiten, gehen wir viel zu oft davon aus, dass mit uns etwas nicht stimmt. Dies trifft in gewisser Weise auch zu, aber anders als angenommen. Es geht nicht darum, dass wir wütend, ängstlich, eifersüchtig oder traurig sind. Das ist vollkommen in Ordnung. Vielmehr stimmt unser Verständnis für unsere Gefühlswelt noch nicht. Weil wir die Act-Big!-Botschaften unserer Emotionen nicht entschlüsseln können, können wir die Gefühle auch nicht »loswerden«. Das hat die Natur klug eingerichtet. Es ist wie in einem Computerspiel, in dem man nicht auf die nächste Spielebene vordringen kann, solange man die Rätsel im aktuellen Level nicht gelöst hat.

Mithilfe der Intuition entdecken Sie die positive Absicht all Ihrer Gefühle. Auf diese Weise wird die Funktion des bislang als »negativ« gebrandmarkten Gefühls verstanden, und Ihre Gefühlswelt kommt ins Gleichgewicht. Intuitives Handeln ist nichts anderes als Handeln in emotionaler Balance. Emotionale Balance ist die Folge davon, dass Sie gemäß Ihrer Intuition handeln. Niemand wird erwachsen, indem er das Kind in sich selbst abspaltet. Das Kind muss zum Erwachsenen reifen dürfen. So wie ein unreifer Apfel nicht das Gegenteil eines reifen Apfels ist, sondern die Vorstufe, so ist ein Kind nicht das Gegenteil eines Erwachsenen, sondern die Vorstufe. Ebenso können Feel-Small-Qualitäten nicht ins Gegenteil verwandelt, sondern nur integriert und in Act-Big!-Qualitäten überführt werden.

Act-Big!-Botschaften entschlüsseln

Es kann von niemandem verlangt werden, dass er sich in der Welt der Erwachsenen wohlfühlt, wenn er sich niemals im Spiel ausdrücken und erproben durfte. Ein erwachsener Mensch, der ein erfülltes und glückliches Leben führt, hat den Übergang vom Spielen zum Arbeiten erfolgreich gemeistert. Doch wie sieht die gesellschaftliche Realität aus? Man nimmt dem Kind das Spielzeug weg und sagt zu ihm:»Spielen ist unwichtig – du musst ab jetzt etwas Vernünftiges tun!« Mit dem Schuleintritt erfolgt für viele ein radikaler Bruch. Ein Bruch, der davon zeugt, dass die Beteiligten nichts von dem Zusammenhang zwischen Spiel und Arbeit verstehen. Wenn ein Kind spielt, ist das eine Vorbereitung auf das Arbeiten. Die Puppen, Teddys, Bauklötze und Bagger der Kinderwelt werden durch echte Lebewesen und Werkzeuge ersetzt. Kinder spielen, Erwachsene arbeiten. Wenn Menschen Kinder bekommen, weil sie etwas zum Spielen wollen, dann folgt irgendwann ein böses Erwachen. Ebenso verhält es sich mit einer Partnerschaft. Wer partout nicht einsehen will, dass eine Liebesbeziehung kein Spiel ist, sondern Arbeit, der wird von einer gescheiterten Beziehung in die nächste taumeln oder sich selbst zum Single erklären müssen

Am Anfang mag es sein, dass Sie sich für Ihre kindlich gebliebenen Anteile schämen. Doch wenn Sie dem Kind in Ihnen wirklich die Erlaubnis geben, endlich zu spielen, dann wird so viel Lebensfreude und Kraft in Ihnen entstehen, dass Ihnen die Scham und das, was andere über Sie denken mögen, herzlich egal sein werden. Die Menschen aus der Feel-Small-Welt werden ohnehin versuchen Sie zurückzuhalten, und zwar mithilfe derselben Mechanismen, mit denen diese Menschen sich selbst zurückhalten. Menschen, die vornehmlich in der Act-Big!-Welt zu Hause sind, werden sich hingegen mit Ihnen freuen.

Arbeiten ist nicht das Gegenteil von Spielen, sondern die erfolgreiche Fortsetzung. Wer das weiß, weiß auch, wie man aus einem Beruf seine Berufung macht. Meine heutige Arbeit als Trainer, Berater und Autor ist also nicht etwas, das ich tun muss, weil andere es von mir erwarten, sondern etwas, das ich tun »muss«, weil es mich von innen heraus dazu drängt. Wer gesund sein will, der muss diesem Drang nachgeben, der muss seiner Berufung folgen, sobald er sie fühlt. Im Grunde genommen gibt es nur einen Unterschied zwischen dem Spielen und dem Arbeiten: Beim Spielen haben Fehler kaum negative Konsequenzen. Das ermöglicht dem Spielenden mehr Risikofreude, wodurch er sich mehr Fehler erlauben kann, aus denen er lernt. Man kann beim Computerspiel auf Neustart drücken, den eingestürzten Turm aus Bauklötzen problemlos wieder aufbauen und so viele Sandkuchen backen wie Sand im Sandkasten ist. Die Rohstoffe kosten nichts. Im echten Leben gibt es zwar ebenfalls wie beim Spielen eine nächste Runde, bei der die Karten neu gemischt werden, aber der Lebensfilm lässt sich nicht zurückspulen. Jeder muss die Konsequenzen seines Handelns tragen. Verletzend gemeinte Worte lassen sich nicht ohne zusätzlichen Zeitaufwand zurücknehmen, Nachlässigkeiten in der Erziehung lassen sich nicht ohne zusätzliches Engagement wieder gutmachen. Die Zeit läuft unaufhaltsam. Wer den Ernst der Lage nicht erkennt, an dem zieht das Leben vorbei. Und das trifft leider auf zu viele Menschen zu: Sie mussten zu früh aufhören zu spielen, deswegen haben sie nun erst recht keine Lust zum Arbeiten.

Dass wir die Bedürfnisse hinter den jeweiligen Feel-Small-Qualitäten verstehen, bedeutet nicht, dass wir uns tatsächlich jeden Wunsch auf der Stelle erfüllen können. Aber es bedeutet, dass wir uns selbst wieder näherkommen und dass wir unsere psychische Energie in gesunde Bahnen leiten können, statt sie in Selbstzerfleischung zu vergeuden. Viele Qualitäten, wie Eifersucht, Angst und Ärger, haben ihren Ursprung in Kindertagen. Inzwischen sind wir gereift und können besser abschätzen, wie wir unsere Bedürfnisse auf sozial verträgliche, vernünftige und sinnvolle Weise erfüllen können. Wenn Sie die in den Feel-Small-Qualitäten enthaltenen Act-Big!-Botschaften übersetzen können, gewinnen Sie ungeahnte Willenskraft zurück, die für Ihre weitere Heldenreise von unschätzbarem Wert ist.

Exercise for Excellence 56: Act-Big!-Botschaften

- Welche Feel-Small-Qualitäten versuchen Sie – bislang vergeblich – aus Ihrem Leben zu verbannen?
- Befragen Sie Ihre Intuition, welche positiven Act-Big!-Botschaften diese Qualitäten beinhalten.
- Welche praktischen Konsequenzen ziehen Sie aus den Botschaften? Von welchen Maßnahmen wäre Ihr Act-Big!-Publikum begeistert?
- In welcher Hinsicht haben Sie das Gefühl, etwas nachholen zu müssen (durch ein Hobby, einen neuen Job, ein Abenteuer, eine Reise, eine Auszeit), damit Sie erwachsen werden können? Seien Sie ehrlich zu sich selbst. Holen Sie nach, was nachzuholen ist. Aber tun Sie es konsequent und tun Sie es bald.
- Betrachten Sie Ihre Lebensvision: Inwiefern sind Ihre Utopie, Ihre Lebensaufgabe, Ihre Werte und alles andere Ausdruck Ihres persönlichen Nachholbedarfs? Umfasst Ihre Utopie beispielsweise »Sicherheit für alle«, weil Sie selbst Sicherheit vermisst haben und sie daher ganz besonders hoch für Sie im Kurs steht? Erkennen Sie, dass selbst Ihr Nachholbedarf ein Geschenk für die Gemeinschaft ist, wenn Sie sich bemühen, dass das, was Sie selbst brauchen, auch für andere im Überfluss vorhanden sein soll.

Spielen simuliert den Ernstfall, Arbeit ist der Ernstfall. Doch sehen Sie sich einmal an, wie viele Menschen bereits das Spielen tierisch ernst nehmen und sich dadurch vom Arbeiten heillos überfordert fühlen. Meiner Ansicht nach besteht das Ziel der Heldenreise darin, so viel Selbstvertrauen und Lernbereitschaft zu gewinnen, dass man auch angesichts gigantischer Herausforderungen locker bleiben kann. Eines der wichtigsten Erfolgsgeheimnisse besteht aus meiner Sicht darin, hundertprozentigen Einsatz bringen zu können, ohne sich emotional vom Erfolg abhängig zu machen. Was bedeutet es, erwachsen zu sein? Erwachsensein bedeutet,

- sich aus freien Stücken an Regeln zu halten, weil man den Hintergrund versteht. Es bedeutet, Freiheit auch noch in der freiwilligen Selbstbeschränkung zu finden.
- zu verstehen, dass für Kinder andere Regeln gelten als für Erwachsene. Ein Beispiel dazu: Kinder bekommen vieles geschenkt. Aber unter Erwachsenes gelten die Regeln des fairen Austauschs.
- abschätzen zu können, welche Dinge unseren Horizont übersteigen – nicht weil wir dumm sind, sondern weil wir uns auf etwas anderes spezialisiert haben. Als Erwachsener können wir anderen ihre Kompetenz zugestehen.

Das Umgekehrte ist genauso wahr: Wenn eine Regel nach gründlicher Prüfung keinen Sinn macht oder sogar asozial, umweltfeindlich oder Ähnliches ist oder wenn die Expertenmeinung einfach gegen den gesunden Menschenverstand oder die Humanität verstößt, dann kann ein Erwachsener seinen eigenen Weg gehen. Ein Kind hingegen macht unkritisch bei vielen Dingen mit, um in der Gruppe integriert zu sein.

Als Erwachsener ist man sich bewusst, dass Wachstum Zeit und förderliche Rahmenbedingungen braucht. Im Falle des Act-Big!-Programms werden diese Rahmenbedingungen durch die Lebensvision, passende Arenen und ein wohlwollendes inneres Publikum geschaffen.

Lebensvision stabil – Strategie flexibel

Es ist hilfreich, wenn Sie sich entschlossen und ausgerichtet auf die Heldenreise begeben. Aber mit Starrsinn werden Sie kaum Erfolg haben. Je länger Ihre Heldenreise andauert, desto mehr neue Erfahrungen werden Sie sammeln und das wird Sie verändern. Ihre Lebensvision muss mit Ihnen wachsen können. Je mehr Lebensweisheit Sie erlangen, desto stabiler wird Ihre Lebensvision. Doch bevor sich diese Weisheit eingestellt hat, wäre es töricht, Stabilität zu erwarten.

Jeder Ihrer Entwicklungsschritte beginnt mit Zweifeln an dem, was Ihnen bislang als richtig und selbstverständlich erschienen ist. Mit der zunehmenden Lebensweisheit werden Ihre Motive immer edler. Daher scheiden auf der einen Seite immer mehr Verhaltensoptionen für Sie aus: Rache, beleidigter Rückzug, Rechthaberei, Manipulation, falsche Zugeständnisse. Auf der anderen Seite entfalten sich Ihre kreative Problemlösungskompetenz, Ihre Kooperationsbereitschaft und Ihre Teamfähigkeit. Dadurch tun sich ungeahnte Handlungsmöglichkeiten auf: Plötzlich sind Sie in der Lage, mit Personen zu kommunizieren, denen Sie früher nur aus dem Weg gehen konnten. Wo Sie glaubten, heillos überfordert zu sein, werden Menschen Ihnen zu Hilfe eilen oder ein Geistesblitz rettet Sie. Aus diesem Grund ist es wichtig, dass Sie jederzeit bereit sind, Ihre Strategien und Pläne zu optimieren.

Stellen Sie sich einen Sportler vor, der zu Beginn seiner Laufbahn in erster Linie auf seinen eisernen Willen baute. Je erfolgreicher er wird, desto eher stehen ihm innovative Trainingsmethoden, teure Trainingsgeräte und ein Mental Coach zur Verfügung. Dann tauchen Sponsoren auf, die ihm nicht nur die neuesten Materialien zur Verfügung stellen (etwa Skiwachs oder einen Laufschuh), sondern diese Materialien sogar nach seinen Wünschen weiterentwickeln. All das hätte der Sportler sich nicht träumen lassen als er noch wenig erfolgreich war. Zwar war es von Anfang seine Vision gewesen, eines Tages auf dem Siegerpodest zu stehen. Doch seine Art zu trainieren, in der Öffentlichkeit aufzutreten und vieles andere mehr, hat er von Grund auf verändern müssen. Der Erfolg dieses Sportlers basiert nun auf weit mehr Faktoren als nur seinem eisernen Willen. Je mehr also auch Sie sich darüber im Klaren sind, dass alles so kommen wird, wie Sie es sich erträumen, aber wahrscheinlich nicht exakt in der Art und auf dem Weg, den Sie sich ausgemalt haben, desto besser stehen Ihre Chancen.

Selbstverantwortlich umdeuten

Bedeutung im Leben finden Sie nicht nur, indem Sie eine Lebensvision definieren, sondern zusätzlich dadurch, dass Sie den Personen, Situationen, Orten und Ereignissen eine Bedeutung geben, die zu Ihrer Lebensvision passt. Auf diese Weise wird alles um Sie herum Sie an die Umsetzung Ihrer Lebensvision erinnern. Je häufiger Sie sich beim Handeln auf Ihr Act-Big!-Publikum beziehen, desto mehr Gelegenheiten für heldenhaftes Handeln werden Sie entdecken, in denen Sie in der Vergangenheit nur Anlass für Langeweile oder Frustration gesehen haben.

Beispiel: Jens und die E-Mails

Immer wenn Jens den Posteingang seines E-Mail-Accounts öffnet, fühlt er sich unter Zeitdruck. Gleichzeitig hat er das Gefühl, dass seine Arbeit keinen tieferen Sinn hat, sodass er die E-Mails nur widerwillig beantwortet. Hinzu kommt, dass Jens sich dabei unaufrichtig fühlt, weil er sich an das Corporate Wording seiner Firma hält, mit deren Zielen er sich aber nicht identifiziert. Diesen Gefühls-Cocktail rufen derzeit die eingehenden E-Mails in Jens hervor.

Doch heute stellt er sich die Frage, wozu ihn sein Act-Big!-Publikum inspiriert. Allein dadurch fühlt er sich schon etwas besser. Er erkennt, dass er bislang den E-Mails Macht über sein Wohlbefinden gegeben hat. Er fragt sich, welche Bedeutung die E-Mails wirklich für ihn haben sollen. Da er in seiner Stellung viel mit Kollegen im Ausland zu tun hat, bietet seine berufliche Arena ihm mehr Möglichkeiten zur Umsetzung seiner Lebensvision, als ihm bislang bewusst war: Jens beschließt, dass er beim Bearbeiten der E-Mails ab sofort an bestimmte Begabungen (diplomatisches Geschick/präziser verbaler Ausdruck), Werte (Freundschaft/Zuverlässigkeit) und seine Utopie von einer besseren Welt (Völkerverständigung/Gefühle ins Berufsleben integrieren) denken will. Dieselbe Haltung möchte er auch bei Conference Calls einsetzen. Zwar kann sich Jens noch immer nicht mit den Zielen seines Unternehmens identifizieren, aber durch seine neue Einstellung hat er einen wichtigen Schritt in Richtung

Selbstbestimmung getan. Auf diese Weise wächst sein Selbstvertrauen, was ihm wiederum einen späteren Arbeitsplatzwechsel erleichtern wird.

Solange Sie die Neuassoziation mithilfe Ihres Act-Big!-Publikums nicht bewusst und systematisch vornehmen, werden die Subjekte und Objekte in Ihrer Wahrnehmung automatisch die alten Verhaltensmuster in Gang setzen. Wenn Sie sich einreden, dass

- Ihr Chef ein Folterknecht ist,
- Ihr Partner die Hosen anhat,
- Ihre Kinder Ihnen immer auf der Nase herumtanzen,
- Meetings sterbenslangweilig sind,
- Projektarbeit stressig ist,
- Liebesbeziehungen nichts als Enttäuschungen bereithalten,

dann wird es auch so sein. Selbst wenn es objektiv nicht so ist, werden Sie es subjektiv so erleben.

Das Gute ist: Das funktioniert auch in die andere Richtung. Wenn Sie also beschließen, dass alles in Ihrer äußeren Lebensarena dazu da ist, Sie an Ihre Lebensvision zu erinnern, dann wird es so sein. Überprüfen Sie deshalb, ob das, was Sie wahrnehmen, noch immer durchtränkt ist von den Erwartungen Ihres früheren Feel-Small-Publikum. Eine einmalige Entscheidung für Ihr Act-Big!-Publikum reicht leider nicht aus. Ihr Gehirn wird denken, was es gewohnt ist zu denken. Es sei denn, Sie bringen Ihrem Gehirn etwas anderes bei. Das erfordert eine bewusste Willensanstrengung und gezielte Selbstbeobachtung. Sie stehen also an der Schwelle zu einem bewussteren Leben im Hier und Jetzt. Nur im Hier und Jetzt können Sie sich an Ihr Act-Big!-Publikum erinnern und neue Assoziationen herstellen.

Um Ihnen eine bessere Vorstellung davon zu geben, wie einflussreich das Feel-Small-Publikum noch immer sein kann, hier ein weiteres Beispiel: Astrid hat über Jahre die Überzeugung gewonnen, dass sie schwache Nerven hat. Schnell fühlt sie sich überfordert. »Auslöser« sind insbesondere laut spielende Kinder, die täglichen Anrufe ihrer Mutter sowie der hohe Geräuschpegel im Großraumbüro, in dem Astrid arbeitet. Je genauer sie hinsieht, desto mehr realisiert Astrid, dass es eine Unzahl von kleinen Ereignissen und Dingen gibt, die das Gefühl von Überforderung in ihr aktivieren. Solche Reiz-Reaktions-Muster laufen bei jedem in Sekundenbruchteilen ab. Deshalb können Sie diese nur durch Ihre gründliche Aufmerksamkeit aufspüren und verändern. Es mag so aussehen, als ob tatsächlich das Telefon oder die Kinder schuld an der Überforderung wären. Unsere Sprache der kollektiven Verantwortungslosigkeit suggeriert das: »Das Telefon macht mich fertig«, »Die Kinder treiben mich in den Wahnsinn«. De facto sind Sie es, der Telefonen, Kindern und allem anderen die entsprechende subjektive Bedeutung gibt. Vielleicht denken Sie dann: »Wenn es nach mir ginge – ich würde nicht ans Telefon gehen, sondern es einfach lautlos schalten.« Fakt ist: Es geht nach Ihnen! Jeder einzelne Gedanke ist Ihr Gedanke. Fragen Sie sich: Sind dies die Gedanken eines Hauptdarstellers oder eines Statisten? Es liegt allein in Ihrer Hand, an Ihrer Situation etwas zu ändern. Ein Held übernimmt für alle seine Taten die volle Verantwortung.

Wo immer Sie sich nicht als Held Ihres Films, sondern als Statist fühlen: Verfolgen Sie Ihre Geschichte zurück, bis zu dem Tag, an dem Sie die Entscheidung getroffen haben, die Sie an den heutigen Punkt gebracht hat. Machen Sie nachträglich alle Konsequenzen Ihrer Entscheidungen zum integralen Bestandteil Ihrer Wahl (mehr zu diesem Thema in meinem Buch *Selbstdisziplin: Handeln statt aufschieben*). Sie sind *immer* der Hauptdarsteller, auch wenn alles darauf hinzudeuten scheint, dass Sie bloß ein Statist sind. Was also würden Sie tun, wenn Sie sich erlauben, sich als Held zu fühlen und vor Ihrem Act-Big!-Publikum auftreten? Würden Sie

- zur Wahl gehen oder nicht?
- Konflikten aus dem Weg gehen oder öffentlich zu Ihrer Meinung stehen?
- Ihren Kindern gegenüber zu nachgiebig/streng sein (beides aus Angst) oder auf Ihr Bauchgefühl hören?
- in Ihrer Freizeit immer das Gleiche tun oder Neues ausprobieren?
- Versicherungen für jeden noch so unwahrscheinlichen Not- und Unfall abschließen oder sich auf die nötigsten Versicherungen beschränken?

Exercise for Excellence 57:
Die Sprache der Selbstverantwortung

- Wo glauben Sie der Sprache der kollektiven Verantwortungslosigkeit? Wo fallen Sie auf Aussagen wie etwa »Der Tag war anstrengend« oder »Der Job ist langweilig« herein – sowohl bei sich als
auch bei anderen?
- Wie können Sie sich anhand der Sprache, die Sie verwenden, Ihre
Selbstverantwortung bewusster machen? Welche Formulierungen
können Sie wählen, um sich stets daran zu erinnern, dass Sie sich
bewusst entscheiden, welche Bedeutung Sie den Dingen geben
und wie Sie auf Situationen reagieren wollen? Im Beispiel würde
das so klingen: »Ich habe mich heute angesichts der Aufgaben zu
viel angestrengt« oder »Mir sind heute im Job zu wenig Handlungsmöglichkeiten eingefallen.«

Obwohl ich Ihnen ausdrücklich empfehle, Ihre Lebensarenen klug zu wählen, ist es wichtig zu verstehen, dass letztlich eine Lebensarena keine Macht über Sie hat. Die Wahl der Act-Big!-Arena dient vor allem dazu, Ihnen ein *harmonischeres* Wachstum zu ermöglichen. Denn je weniger eine Arena in Ihrer Wahrnehmung zu Ihrer Lebensvision passt, desto weniger Kräfte mobilisieren Sie. Wie schon gesagt, ist es manchmal nicht leicht, endgültig in eine Act-Big!-Arena zu wechseln. Es dauert oft eine Weile, bis man den nötigen Mut angesammelt hat (zum Beispiel durch ein Training mithilfe der Mut-Leiter). Dabei ist es beruhigend zu wissen, dass Sie überall zum Helden Ihres Lebensfilms werden können. Die nächste Exercise for Excellence demonstriert, wie Sie jederzeit so viel Kraft und Heldenmut in Ihr Leben bringen können, wie Sie nur wollen.

Exercise for Excellence 58:
Kräfte und Heldenmut sammeln

Sollten Sie sich bei der folgenden Übung »affig« vorkommen, üben
Sie sich darin, Ihre Stärke auch dann noch im Bewusstsein zu be-
halten, wenn Sie sich affig fühlen. Machen Sie sich bewusst, dass Ihr
Feel-Small-Publikum aktiviert wurde und rufen Sie sich aktiv Ihr Act-
Big!-Publikum in Erinnerung. Fühlen Sie die Aufmunterung, das Wohl-

wollen, die Unterstützung, den Respekt. Erkennen Sie, dass Sie sich mit Ihrer eigenen Stärke verbinden können, unabhängig davon, was Sie gerade tun. Außerdem müssen Sie die Übung ja nicht öffentlich vorführen, sondern können sich dafür zurückziehen.

- Gehen Sie auf Zehenspitzen – konzentrieren Sie sich dabei auf Ihre Stärke.
- Stampfen Sie auf – fokussieren Sie sich auf Ihre Stärke.
- Gehen Sie ganz normal – assoziieren Sie auch das mit Stärke.
- Bleiben Sie für eine Weile stehen, hüpfen Sie, rennen Sie … tun Sie, wonach Ihnen zumute ist – aber achten Sie darauf, sich auf Ihre Stärke zu konzentrieren, statt auf andere Stimmen in Ihnen, die Ihnen einreden wollen, dass Sie sich gerade zum Narren machen.

Durch Übungen wie diese erkennen Sie, dass Ihre Kraft in Ihrer Aufmerksamkeit steckt. Niemand kann Sie niedermachen, wenn Sie es nicht zulassen. Auch wenn Sie überall zum Helden werden können, ist es aus meiner Erfahrung oftmals der freudvollere Weg, kurzerhand die Lebensarena zu wechseln. All die Dinge, die mit Gefühlen von Hilflosigkeit, Schwäche, Frustration und anderen Feel-Small-Qualitäten assoziiert waren, fallen erst einmal weg. Sie können aufatmen. Wenn Sie im Act Big! genügend gefestigt sind, ist es ratsam, sich gezielt in frühere Arenen zu begeben (also zum Beispiel Ihren früheren Arbeitsplatz zu besuchen oder die Freunde aus dem Tennisclub zu treffen, die Sie seit Jahrzehnten nicht mehr gesehen haben). So wird Ihnen vielleicht besser bewusst, woran Sie noch arbeiten oder wo das Feel-Small-Publikum unverhofft wieder auftaucht.

Über den eigenen Tellerrand schauen

Die meisten Menschen scannen die Objekte in ihrer Umgebung nur sehr oberflächlich und unbewusst daraufhin ab, ob diese zu ihren derzeitigen Zielen passen oder nicht. Alles, was nicht augenblicklich mit den eigenen Zielen in Deckung zu bringen ist, wird als überflüssig oder gar feindlich eingestuft.

- Der mit Blaulicht und Sirene vorbeifahrende Krankenwagen ist nichts weiter als eine Lärmbelästigung.

- Mit dem Gartenzwerg im Vorgarten des Nachbarn lässt sich nichts anfangen.
- Die Autobahnbaustelle verursacht zähfließenden Verkehr – sie hält unnötig auf.

Als Held eignen Sie sich eine andere Sichtweise an. Sie entdecken nicht nur den Sinn in Dingen und Situationen für Ihre Lebensvision, sondern auch den Sinn, den etwas für andere Menschen hat.

- Der Krankenwagen hilft vielleicht gerade dabei, einem Menschen das Leben zu retten, auch wenn Sie gerade entspannen wollten.
- Der Gartenzwerg bereitet dem Nachbarn Freude, auch wenn er nicht Ihr Geschmack ist.
- Durch die Baustelle wird die Fahrbahn verbreitert und so die Sicherheit für alle Verkehrsteilnehmer erhöht, auch wenn Sie dadurch heute Zeit verlieren.

Anhand der Beispiele erkennen Sie, dass, indem Sie über den Tellerrand hinaus blicken, Ihnen Verbindungen zu Ihrer Vision auffallen, die Ihnen zuvor entgangen waren. Gewissermaßen ist Ihre Fähigkeit, den Sinn hinter den Dingen zu erkennen, auch wenn Ihr Leben nach anderen Werten ausgerichtet ist, eine Form des Mitgefühls. Welchen Nutzen ziehen Sie daraus, wenn Sie diese Denkweise kultivieren? Sie werden damit in einer Welt leben, die von viel mehr Sinn erfüllt ist. Sie werden das Gefühl haben, dass alles, was um Sie herum geschieht, seine Richtigkeit hat. Und je mehr Ihnen das bewusst wird, desto besser können Sie sich auf Ihre eigene Heldenreise konzentrieren, statt sich darüber aufzuregen, was Ihr Umfeld tut oder nicht tut. Je weniger Sie versuchen, andere zu kontrollieren, desto mehr können Sie sich auf sich selbst besinnen – Sie bekommen mehr Klarheit über Ihre eigenen Wünsche, Ihren Charakter, Ihre Möglichkeiten.

Schreiben Sie Ihr Heldenepos

Wenn wir an große Erfinder, barmherzige Retter, kühne Unternehmer oder weltberühmte Künstler denken, so sehen wir in der

Regel nur einen winzigen Ausschnitt ihres Lebens. Doch auch diese Menschen wurden sicherlich von Zeit zu Zeit von Selbstzweifeln geplagt und mussten herbe Rückschläge verkraften. Nun möchte ich Sie dazu ermutigen, Ihre gesamte Lebensgeschichte in einem neuen Licht zu sehen, nämlich als die Geschichte eines Menschen, der zweifellos zum Helden geboren ist. Schreiben Sie ein neues Drehbuch zu Ihrem bisherigen Lebensfilm, das sich auf Ihr Glück und Ihren Erfolg hin zuspitzt. Nun da Sie wissen, dass Sie es selbst sind, der allem die entsprechende Bedeutung gibt – warum sollten Sie nicht das Beste in sich selbst sehen und dadurch auch im echten Leben zum Vorschein bringen (Stichwort selbsterfüllende Prophezeiung)? Ein Mensch, der bereits das Maß an Glück und Erfolg erreicht hat, das er sich immer erträumt hat, käme zu dem Schluss:»Nichts, was ich erlebt und durchgemacht habe, war überflüssig. Alles musste genauso passieren, wie es letztlich passiert ist.« Machen Sie sich diese Denkweise schon heute zu eigen.

Exercise for Excellence 59: Schreiben Sie Ihr Heldenepos

 Ihr Heldenepos besteht aus

- wichtigen Erfahrungen, die Sie gesammelt haben, auch wenn sie schmerzlich waren,
- Lebensweisheiten, die Sie gewonnen haben,
- Prüfungen, die Sie bestanden haben,
- Leuten, die erkannt haben, welche Fähigkeiten in Ihnen stecken und
- vielen weiteren Details, die Ihnen hilfreich erscheinen.

Entwickeln Sie eine stringente Geschichte, in der Sie herausarbeiten, wie letztlich alles, was Sie durchgemacht haben, Sinn ergibt.

Entscheidend ist, dass Sie nicht nur die Ereignisse zu Papier bringen, aus denen Sie sowieso schon gelernt haben, sondern auch jene, die Ihnen überflüssig, unnötig, ungerecht vorkommen. Diese Ereignisse gilt es, in neuem Licht zu betrachten. Alles, was Ihnen armselig vorgekommen ist, machen Sie zu einer wichtigen Lehrstunde oder Vorbereitung auf größere Aufgaben.

Alles, was Sie jemals getan oder unterlassen haben, läuft auf die Erfüllung Ihrer Lebensvision hinaus – selbst wenn Sie sich noch nicht sicher sind, worin diese eigentlich besteht. Nichts war jemals umsonst: Sei es, dass Sie als Kind so dickköpfig waren, in der Schule Konzentrationsprobleme hatten, Ihre Ehe in die Brüche gegangen ist oder Sie in Ihrem letzten Job gemobbt wurden.

Sobald Sie Ihr Drehbuch niedergeschrieben haben und die Geschichte zusammenhängend und sinnerfüllt ist, gehen Sie alle Erfahrungen noch einmal in Ihrer Vorstellung durch. Erleben Sie alles in dem Bewusstsein, dass es eine wichtige Station auf Ihrer Heldenreise war. Damit stärken Sie viele Ihrer Superkräfte (siehe Kapitel 8). Je mehr Sie Ihren bisherigen Lebensweg als Heldenreise betrachten können, desto mehr Lust werden Sie bekommen, die Reise fortzusetzen. Sie gewinnen das Vertrauen in sich, dass Sie für alle künftigen Herausforderungen gut gerüstet sind und aus etwaigen Rückschlägen sogar gestärkt hervorgehen werden. Mithilfe dieser Übung trainieren Sie Ihr Selbstverständnis als Held. Indem Sie Ihr Heldenepos verfassen, machen Sie Schluss mit dem Opferdasein.

Das Visionboard

Ein ideales Werkzeug, um mit seiner Lebensvision in Kontakt zu bleiben, ist ein Visionboard (Visionstafel). Das Visionboard ist eine Collage aus Ausschnitten, die Sie aus Magazinen, Katalogen, Broschüren herausschneiden oder aber aus dem Internet kopieren, auf einem Farbdrucker ausdrucken und auf eine große Leinwand kleben. Das können Fotos, Zeichnungen und Symbole, aber auch Schlagworte und Überschriften sein. Hauptsache, Sie geben damit Ihrer Lebensvision eine visuelle Form. Sammeln Sie alles, was Sie an Ihre Lebensvision erinnert. Am besten ist es, die Ausschnitte nach Themenbereichen zu ordnen, also zum Beispiel nach den sieben Publikumsmagneten oder entsprechend Ihrer Act-Big!-Arenen. Platzieren Sie Ihr Visionboard anschließend an einem zentralen Platz, sodass Sie Ihre Lebensvision stets auf einen Blick erfassen können. Es ist sozusagen die Visualisierung und Ergänzung Ihres Drehbuchs, eine Art Storyboard, wenn wir in der

Filmmetapher bleiben. Lassen Sie Ihrer Kreativität freien Lauf! Unter www.act-big.de können Sie sich als Anregung Fotos einiger solcher Visionstafeln ansehen.

10

An Rückschlägen wachsen

Die Kunst des Scheiterns

»Der größte Ruhm im Leben besteht nicht darin,
nie zu fallen,
sondern jedes Mal wieder aufzustehen.«
Nelson Mandela

Wenn Sie die Leitgedanken von Act Big! in Ihr Leben integrieren, kann es passieren, dass Sie zwischenzeitlich Versagensängste plagen. Das verwundert nicht, denn je größer Ihre Lebensvision ist, desto mehr steht schließlich auf dem Spiel. Helden gehen, wenn nötig, Risiken ein, die durch die Brille einer nüchternen Kosten-Nutzen-Rechnung betrachtet absurd erscheinen müssen. Mit der Zeit verwandeln sich diese Ängste jedoch in die 20 Superkräfte des Helden. Es ist diese Risikofreude, die Ihr Act-Big!-Publikum inspiriert.

Unerwünscht wäre hingegen, wenn Sie sich durch das Act-Big!-Programm unter Leistungsdruck setzen, ohne dass Sie fundamental an Inspiration gewinnen. Dann treiben psychische Mechanismen im Sinne von Stufe 1 der Selbstentfaltung ihr Unwesen. In diesem Fall tun Sie gut daran, sich zunächst von dem Gefühl der Fremdbestimmung zu befreien. Den Helden in sich zu kultivieren bedeutet, die Kunst des Scheiterns zu erlernen. Auch beim Boxen gewinnt schließlich nicht unbedingt immer der technisch überlegene Boxer den Kampf, sondern derjenige, der am Ende mehr einstecken kann und den längeren Atem hat. Oliver Kahn, der dreimal in Folge zum Welttorhüter des Jahres gekürt wurde, schreibt in seinem Buch *Ich! Erfolg kommt von innen*, dass es im Lauf seiner Karriere immer Konkurrenten gegeben habe, die talentierter gewesen seien als er selbst. Aber er war derjenige, der auch angesichts von Misserfolgen nie aufgegeben hat. Wer die Kunst des Scheiterns erlernt, der erlernt auch die Kunst des Siegens.

Exercise for Excellence 60: Scheitern will gelernt sein

- In welchen Bereichen haben Sie im Laufe der Jahre so viele Fehler begangen, dass Sie nicht nur fürchten müssen, versagt zu haben, sondern sich endlich Ihr Versagen eingestehen müssen? Machen Sie sich bewusst, in wessen Augen Sie sich längst blamiert haben, in wessen Augen Sie schon immer ein Versager sind.
- Welche Rückschläge würden Ihnen bei näherer Betrachtung sogar guttun, weil Sie dadurch die Angst vor dem Scheitern verlieren (zum Beispiel öffentlich bloßgestellt werden, sich bis auf die Knochen vor einem großen Publikum blamieren)? Denn es gibt zwei befreiende Strategien, vom Leistungsdruck zur Leistungsfreude zu gelangen:

Sie können einerseits die Heldenkraft der Neugier entwickeln und andererseits die Angst vor dem Versagen verlieren.

- Welche Talente und Fähigkeiten können Sie entwickeln, wenn Sie sich bewusst machen, dass ein Fehler mehr oder weniger gar keinen Unterschied macht? Wo werden Sie mehr Erfolg haben, wenn Sie zulassen, dass mehr Späne beim Hobeln fallen?
- Denken Sie an eine der größten Katastrophen, die Ihnen je widerfahren ist:
  - Inwiefern hat diese Katastrophe Ihr Leben für Ihr Act-Big!-Publikum spannend gemacht? Inwiefern hat es sich in den Augen Ihres Publikums um eine wichtige Erfahrung gehandelt?
  - Welche negativen Überzeugungen haben Sie aufgrund der Katastrophe entwickelt?
  - Welche Konsequenzen haben diese negativen Überzeugungen für den weiteren Verlauf Ihres Lebens gehabt?
  - Welche Menschen fallen Ihnen ein, die aufgrund derselben Katastrophe positive Überzeugungen entwickelt hätten? Nehmen Sie sich einige Minuten Zeit, diese positiven, Kraft spendenden Überzeugungen zu verinnerlichen.
  - Wenn Sie sich bereit fühlen, erleben Sie die Situation noch einmal in Ihrer Vorstellung und Ihr Act-Big!-Publikum sieht dabei zu. Was verändert sich in Ihrem emotionalen Erleben? Welche neuen Handlungsoptionen eröffnen sich? Wie wird sich Ihr Leben entwickeln, wenn Sie die neu gewonnenen Überzeugungen weiterhin beibehalten und kultivieren?

Der innere Mutmacher

»Nicht weil es schwer ist, wagen wir es nicht,
sondern weil wir es nicht wagen, ist es schwer.«

Seneca

Beispiel: Karsten und die Existenzängste

Karsten hat seit einiger Zeit Schwierigkeiten, von der Arbeit abzuschalten. Wenn er nichts zu tun hat, befallen ihn Existenzängste. Besonders schlimm wird es nachts vor dem Schlafen.

Doch nach zwei Wochen macht es plötzlich »Klick« in seinem Kopf, und er hat schlagartig die Erkenntnis: »Ich mache diese Ängste selbst!« In einem einzigen Augenblick begreift er, dass sorgenvolle Gedanken sich nicht ohne sein aktives Interesse an ihnen aufdrängen können. Bis dahin waren Karsten die Ängste als Fremdkörper erschienen. Karsten ist enorm erleichtert und zugleich schockiert, wie lange er auf die Ängste hereingefallen ist.

Nach einiger Zeit kommt er zu einer noch tieferen Einsicht: Alles, was er wahrnimmt, spielt sich in einem einzigen Raum (Bewusstsein) ab. Sowohl die Gefühle und Gedanken in seinem Inneren als auch alle Objekte in der Außenwelt. Doch die Tragweite dieser Einsicht wird ihm erst im Laufe der nächsten Wochen bewusst. Karsten erkennt, dass es nicht darauf ankommt, ob er sich selbst lobt oder ob andere Personen ihm Anerkennung entgegenbringen. So oder so handelt es sich um einen Gedanken in seiner Wahrnehmung.

Sie entscheiden, welche Dinge Sie glauben und welche nicht. Sie entscheiden, welchen Gedanken Sie Kraft geben und welchen nicht. Und zwar ohne jede Ausnahme. Die Erkenntnis, dass sich ausnahmslos alles in Ihrem Bewusstsein abspielt, stellt das Ende der Fremdbestimmung dar. Sie bedeutet, dass

- niemand mehr Sie runterziehen oder fertigmachen kann – es sei denn, Sie lassen es zu. Sie entscheiden, wie groß Ihr Selbstvertrauen ist. Napoleon Hill, einer der Urväter des positiven Denkens, empfiehlt uns, die Kontrolle über das Einzige zu übernehmen, über das wir die vollkommene Kontrolle haben: unser Denken.
- kein Ereignis Sie demotivieren oder frustrieren kann – es sei denn, Sie geben dem Ereignis die Macht.
- Sie auf niemanden wütend sein müssen, weil er Ihnen die Liebe vorenthält, die Sie verdienen. Die Selbstliebe liegt in Ihren Händen.
- Sie nie wieder darauf angewiesen sind, dass jemand Ihnen Mut macht oder Ihre Leistungen anerkennt. Sie können einen inneren Mutmacher installieren.

- niemand ohne Ihre Einladung in Ihrem Act-Big!-Publikum sitzen darf. Sie vergeben sämtliche Eintrittskarten. In einem Satz: Ihr Heldentum liegt in Ihrer Hand.

Exercise for Excellence 61: Der innere Mutmacher (1)

- Überlegen Sie gründlich, welche Konsequenzen es für Ihr Leben hat, wenn Sie die Erkenntnis, dass Ihr Bewusstsein allein Ihnen gehört, tiefer und tiefer verinnerlichen?
- In welchen Situationen können Sie eine gute Portion Aufmunterung, Fürsprache, Nachsicht und Heldenmut gebrauchen? Finden Sie mindestens zehn solcher Situationen und stellen Sie sich vor, wie Sie sich selbst alle Gedanken schenken, die Sie brauchen.

Achten Sie bei diesem mentalen Training insbesondere darauf, dass Sie Ihrem inneren Mutmacher eine überzeugende Stimme geben. Seine Stimme sollte sonor klingen, tief, warm, kräftig und gelassen.

Es geht nicht darum, ob andere an Sie glauben, obwohl auch das natürlich guttut. Aber alles, was in anderen Händen liegt, kann sich niemals stabil anfühlen. Indem Sie Ihren eigenen inneren Mutmacher installieren, lernen Sie, einen innerlichen Kollaps zu verhindern. Was meine ich damit und wie fühlt sich ein innerlicher Kollaps an? Sie fühlen sich, als ob jemand bei Ihnen den Netzstecker gezogen hat. Rückschläge, mit denen Sie nicht gelernt haben umzugehen, lassen die Lebensgeister aus Ihrem Körper entweichen. Jeder Versuch sich zusammenzureißen, den inneren Schweinehund zu überwinden oder positiv zu denken, scheitert an der Tatsache, dass Ihnen dazu schlichtweg die Energie fehlt.

Daher kommt es darauf an, den innerlichen Kollaps frühzeitig abzufangen. Es findet eine unmerkliche, aber äußerst folgenreiche innere Bewegung statt. Und wenn Sie mitbekommen können, dass Sie selbst es sind, der den Kollaps zulässt, dann können Sie Ihr Motivationsniveau immer besser aufrechterhalten und sogar steigern.

Sie können lernen, an Rückschlägen zu wachsen. Alles, was Sie dazu tun müssen, ist ein Bewusstsein dafür zu entwickeln, dass es nicht die äußeren Ereignisse allein sind, die Gefühle von Resignation auslösen. Es bedarf immer eines Zusammenspiels von äußeren Ereignissen und Ihrer innerlichen Reaktion. Um Sie für den Unterschied zwischen innerlichem Kollaps und bewusster Aktivierung von Kraft zu sensibilisieren, habe ich die folgende Exercise for Excellence entwickelt. Dabei geht es darum, dass Sie beobachten, wie das Ausmaß an Energie, das Sie je nach Situation zur Verfügung haben, variiert. Im zweiten Schritt finden Sie heraus, wie Sie diese Energie beeinflussen können. Gelingt Ihnen das, sind Sie zukünftig durch Ihren inneren Mutmacher bestens für alle Herausforderungen des Lebens gerüstet. Dann ist es für Sie selbstverständlich geworden, dass nicht die Kunden Ihnen den letzten Nerv rauben und dass es nicht die Videokamera ist, die Sie verunsichert. Es gibt genügend Menschen, die durch Kundenkontakt Energie gewinnen, und offensichtlich gibt es Leute, die vor der Kamera erst so richtig aufblühen.

Exercise for Excellence 62: Der innere Mutmacher (2)

Schritt 1: Gehen Sie die folgende Liste mit Stichworten durch, stellen Sie sich die Situation vor und achten Sie darauf, wie Ihr Mutniveau darauf reagiert. Konzentrieren Sie sich in erster Linie auf die subtilen Veränderungen Ihres Energiepegels beim Wechsel von einem Szenario zum nächsten.

- Kritik durch den Vorgesetzten
- Größere Ausgaben für Reparaturen (zum Beispiel am Haus oder Auto)
- Die Steuererklärung machen
- Verzögerungen bei der Projektabwicklung
- Der Partner möchte keinen Sex
- Einen Kredit mit einer Laufzeit von 20 Jahren aufnehmen
- Es bieten sich keine interessanten Freizeitmöglichkeiten an (verregnetes Wochenende, keine Party in Sicht, Freunde sind verreist)
- Zur Wahl gehen
- Einem Kollegen eine Bitte abschlagen
- Die Kinder bitten, im Haushalt mitzuhelfen

Schritt 2: Gehen Sie die Liste ein zweites Mal durch und achten Sie dieses Mal ganz besonders darauf, welcher Gedanke dafür verantwortlich ist, dass Ihr Mutniveau abfällt. Manchmal wird es Ihnen leicht fallen, den entsprechenden Gedanken dingfest zu machen (»Die Kritik meines Vorgesetzten muss ich ohne Murren über mich ergehen lassen«). Manchmal wird es Ihnen so vorkommen, als ob der Energieabfall von keinem Gedanken begleitet würde. Treten Sie dann einen Schritt zurück und fragen Sie sich, welche Grundüberzeugungen im Hintergrund wirken und Ihren Mut beeinflussen (»Ich bin einfach nicht intelligent genug«).

Schritt 3: Sie haben zwei Möglichkeiten: Entweder Sie ersetzen den für den Energieabfall verantwortlichen Gedanken durch einen neuen, kraftspendenden Gedanken. Oder Sie konzentrieren sich darauf, die Energie aufrechtzuerhalten und warten, welche neuen Gedanken aus Ihrer verbesserten Verfassung hervorgehen. Aus einer guten Verfassung entstehen ganz von selbst kraftvolle Gedanken.

Wenn es bisher beispielsweise so war, dass jemand nur das Wort »Steuererklärung« fallen lassen musste, und schon war Ihre Energie im Keller, können Sie lernen, wie Sie gegensteuern. Sie haben gelernt, in Ihrer Kraft zu bleiben. Das bedeutet nicht, dass Sie sich mit Feuereifer an die Steuererklärung machen müssen, wie Sie vielleicht befürchten. Sie können die neu gewonnene Kraft ebenso gut dazu nutzen, um sich jemanden für die Buchhaltung zu suchen. Ideen wie diese wären Ihnen ohne den inneren Mutmacher entweder nicht eingefallen oder Sie hätten nicht die Kraft gehabt, Sie in die Tat umzusetzen. Je besser Ihre Verfassung ist, desto bessere Einfälle haben Sie. Wer sich langweilt, dem fällt meist gar nichts ein. Wer sich ärgert, dem fällt ein, wie er sich rächen kann. Wer viel positive Energie zur Verfügung hat, der hat brillante Einfälle, und das ermöglicht ihm die Verwirklichung seiner Lebensträume.

Lernen Sie, Ihre Energie willentlich zu regulieren. Der innere Mutmacher basiert auf Ihrer Fähigkeit, subtile Veränderungen Ihres Energiepegels in dem Moment wahrzunehmen, in dem sie stattfinden, sodass Sie gegensteuern können. Dazu ein Vergleich: In dem Moment, in dem Sie einen Raum voller Menschen betreten, wird es Ihnen leichtfallen, die dortige Stimmung wahrzunehmen. Je länger Sie sich in dem Raum aufhalten, desto weniger nehmen Sie die Stimmung wahr. Sie haben sich akklimatisiert. Ebenso verhält es sich mit Ihrer Motivation, Ihrem Mut, Ihrer Energie. Angenommen, Sie leben Ihr gesamtes Leben nur mit 50 Prozent Ihrer Energie, wird Ihnen das wahrscheinlich gar nicht auffallen. Sie kennen es einfach nicht anders. Für die Schwankungen hingegen können Sie sich sensibilisieren und auf diese Weise zum Meister Ihres Energiehaushalts werden. Es gibt zwei Ansätze, wie Sie Ihr Leben verändern können: Entweder Sie lernen, neue Gedanken zu denken, oder aber Sie lernen, Ihren Energiepegel zu steuern, sodass ganz von selbst neue Gedanken entstehen.

Angst vor Erfolg

»Der Feigling stirbt tausend Tode,
der Held aber nur einen.«

William Shakespeare

Meiner Erfahrung nach halten die Angst vor dem Versagen und die Angst vor dem Erfolg sich die Waage. Wenn Sie Angst haben, die Karriereleiter hinunterzufallen, werden Sie auch Angst haben, Sie hinaufzusteigen. So merkwürdig es klingt, aber viele bremsen sich und ihren Erfolg selbst aus, weil sie befürchten, durch den Erfolg noch mehr unter Leistungsdruck zu geraten, noch weniger Freiraum zu haben, noch mehr Verantwortung tragen zu müssen. Sie begnügen sich damit, hohe Papiertürme auf ihrem Schreibtisch zu stapeln oder sich auf andere Weise sehr beschäftigt zu geben. Den Fuß von der Bremse zu nehmen, ist aus meiner Sicht eine Voraussetzung dafür, dass Sie befördert werden beziehungsweise überhaupt beruflich vorankommen. Es ist gut, wenn alle Welt merkt, dass Sie unterfordert sind. Erfolg stellt sich also ein, wenn Sie spüren, dass Sie noch Luft nach oben haben!

Wie schaffen Sie es, diesen Spielraum zu bekommen? Wie immer ist es bloß eine Entscheidung. Gewöhnen Sie sich an, Stress als Indikator dafür anzusehen, dass Sie intuitiv erahnen, dass es knapp wird mit der Zielerreichung. Welchen Sinn hat es, im selben Fahrwasser weiter zu rudern? Nehmen Sie sich dann Zeit, setzen Sie sich in Ruhe hin und fragen Sie sich: »Was kann ich anders machen?«, »Wie kann ich meine Strategie optimieren?« Es ist wichtig, dass Sie sich weigern, sich weiter abzustrampeln. Machen Sie Ihr Wohlbefinden zur absoluten Priorität. Nur ein Erfolg, den Sie auf diese Weise erzielen, wird Sie erfüllen und auch bei anderen den Eindruck erzeugen, dass man Ihnen mehr zutrauen darf. Am besten fragen Sie sich nicht nur »Was kann ich tun, um meine Ziele zu erreichen?«, sondern »Was kann ich tun, um meine Ziele *souverän* zu erreichen?« Wie Sie an diesem Beispiel sehen, bauen Sie die gewünschte Luft nach oben in die Frage ein. So können Sie es in Bezug auf Ihre gesamte Lebensvision halten. Die Qualität der Fragen, die Sie sich stellen, bestimmt die Qualität der Antworten, die Sie erhalten.

Ich bin vielen Menschen begegnet, die bereits bei kleinen Herausforderungen das Handtuch werfen – bei Umstrukturierungen im Unternehmen, bei der Einführung neuer Arbeitsprozesse, bei Steuererhöhungen. Halten Sie für einen Augenblick inne und bekommen Sie ein Gefühl dafür, wie ein Held sich in derartigen Situationen fühlt, wie er denkt und handelt. Wozu haben Sie Ihr Act-Big!-Publikum? Wenn Sie wachsen wollen, müssen Sie sich für Ihr aktuelles Leben zu groß vorkommen. Erst dann beschert Ihnen das Leben einen größeren Topf, in den Sie verpflanzt werden. Bei diesem größeren Topf (leitende Position, Elternschaft, Verlegung des Wohnsitzes ins Ausland) geht es um eine Bereicherung Ihres Erfahrungsschatzes.

Exercise for Excellence 63: Luft nach oben schaffen

- Wo in Ihrer Vergangenheit haben Sie Erfolg als etwas Negatives erfahren (noch mehr Arbeit aufgebürdet bekommen/andere werden eifersüchtig)?
- Aufgrund welcher Erfahrungen wurden Sie verleitet zu glauben, dass Scheitern mehr Vorteile in sich birgt als Erfolg (man nimmt Ihnen die Arbeit ab/Sie bekommen »Anerkennung«, wenn Sie sich über sich selbst lustig machen)?
- Vor welchen negativen Begleiterscheinungen von Erfolg fürchten Sie sich (Sie wissen nicht mehr, wer Ihre wahren Freunde sind/Sie stehen im Rampenlicht und damit unter dem Druck, sich vorbildlich zu benehmen)?

- Inwiefern überwiegen die Vorteile von Erfolg deutlich die Nachteile? Lassen Sie nicht locker, bis Ihnen das vollkommen einleuchtet.
- Wie fühlt es sich an, wenn Sie sich erlauben, sich größer als die Herausforderungen zu fühlen, vor denen Sie stehen? Bekommen Sie ein Gefühl dafür, wie groß Sie sich als Person fühlen und wie groß sich die jeweilige Herausforderung anfühlt. Dann lassen Sie in Ihrer Vorstellung sich selbst wachsen und die Herausforderung schrumpfen.

Die Kunst des Trauerns

Ich kann mir Ihre Überraschung angesichts der Kapitelüberschrift vorstellen. Vielleicht denken Sie, dass Trauern und Heldentum nichts miteinander zu tun haben. Und da innerliches Kollabieren nicht sein muss, auch gar kein Anlass zur Trauer besteht. Was meine ich also damit? Die Kunst des Trauerns besteht darin, eine schmerzhafte Erfahrung anzuerkennen, die Gefühle nicht einfach unter den Teppich zu kehren – und dennoch in seiner Kraft zu bleiben. Gerade dadurch, dass Ihnen immer bewusster wird, wie viel Macht über Ihre eigenen Gedanken und Gefühle Ihnen von Natur aus gegeben ist, kann es sein, dass so manche Ihrer Grundüberzeugungen einer selbstkritischen Überprüfung nicht standhalten und Sie sich davon verabschieden müssen. Und das kann wehtun. Die frei werdende Kraft, die an überholte Überzeugungen gebunden war, kann sich in Form von Trauer zeigen. Manchmal sind es aber auch Tränen der Erleichterung, wenn Sie merken, wie unnötig schwer Sie sich das Leben gemacht haben.

Der Begriff »Loslassen« ist heutzutage in aller Munde. Doch kaum jemandem ist bewusst, wie eng Trauerarbeit mit dem Loslassen verbunden ist. Nur wer trauern kann, der kann auch loslassen. Wer meint, dass das Leben immer nur eitel Sonnenschein sei, der wird oberflächlich bleiben oder aber umso herber enttäuscht werden. Trauerarbeit hat die Funktion, dass Sie als Mensch lernen, überkommene Vorstellungen davon, wie das Leben sein sollte, durch Realitätsnähe zu ersetzen. Eine solche Vorstellung ist, dass das Leben einfach sein muss, unkompliziert, schmerzfrei. Durch Trauern lernen wir, uns auf widrige Umstände wie Krankheit, Steuernachzahlungen oder Mobbing einzustellen:»Ja, dies ist Teil des Lebens – auch wenn es mühsam, ungerecht, lieblos ist!« Trauern zu können, bedeutet jedoch nicht aufzugeben, sondern ganz im Gegenteil die Erfahrung zu integrieren. Es ist wohl noch niemand zum Helden geworden, der meinte, er käme auf der Heldenreise ohne Blessuren davon. Gelungene Trauerarbeit sorgt dafür, dass Sie

- positiv mit dem Älterwerden umgehen können – und zwar ohne Fatalismus. Mit jedem Jahr, das ins Land geht, verwirklichen Sie zwar gewisse Teile Ihrer Lebensvision, aber die Umsetzung anderer Teile wird unwahrscheinlicher. Wenn Sie einmal als Jugendlicher davon geträumt haben, Profifußballer zu werden, dann wird Ihnen spätestens im Alter von 40 Jahren klar, dass dieser Wunsch nicht mehr in Erfüllung gehen wird.
- nachsichtig sein können, statt sich rächen zu wollen. Wer eine einseitige Vorstellung von Stärke hat, der versteht nicht, wie viel Kraft in einem facettenreichen Gefühlsleben liegt. Genau diese Fähigkeit, unterschiedlichste Gefühle zuzulassen, gibt Ihnen erst die Möglichkeit, in den Flow-Zustand zu gelangen.
- Abschied nehmen können – zum Beispiel von überflüssigem Luxus. So sind wir als Menschheit in der Lage, die Massentierhaltung zu beenden, nachhaltig zu wirtschaften, fairen Handel zu betreiben und vieles andere mehr. Dass tiefgreifende gesellschaftliche Veränderungen immer wieder notwendig sind, hat die Menschheit bereits mehrfach in ihrer Geschichte eingesehen.

Wie bereits gesagt, gehört es zu einer intakten Fantasie, sich auch Negatives lebhaft vorstellen zu können. Nicht zum Zeitvertreib, sondern weil absehbar ist, dass mit negativen Konsequenzen einer Handlung zu rechnen ist. Die Kunst des Trauerns bedeutet also, dass Sie sich dem Schmerz vorbehaltlos stellen, statt die Augen zu verschließen:»Ja, wenn ich gesund bleiben will, muss ich meine Ernährung umstellen und auf gewisse Leckereien verzichten«. Nur so können Sie am Schmerz wachsen und gestärkt aus allen Erfahrungen hervorgehen.

Helden sind Stehaufmännchen

Schon in der Natur gilt: Am widerstandsfähigsten sind jene Pflanzen, die eine optimale Mischung aus Festigkeit und Flexibilität aufweisen. Ein Schilfrohr übersteht auch den heftigsten Sturm – weil es biegsam genug ist, aber gleichzeitig auch enorm robust. Hingegen kann selbst eine starke Eiche vom Sturm geknickt werden, weil ihr Stamm starr ist. Können wir uns diese Beobachtung zunutze machen?

Das Prinzip von Standfestigkeit bei gleichzeitiger Flexibilität wird zum Beispiel im Aikido erfolgreich praktiziert. Hier gelangt der Kämpfer nicht zur optimalen Verteidigungskunst, indem er Widerstand leistet, sondern den Schwung des Angreifers umlenkt und für seine Abwehr nutzt. Das Aikido bietet eine hervorragende Metapher für unseren Alltag: Wir verweilen in einer friedfertigen, nicht aggressiven Geisteshaltung – und sind dennoch allen Herausforderungen des Alltags gewachsen. Aber wir müssen wachsam sein, sonst erwischt uns der Angreifer kalt. Deshalb ist es entscheidend, dass wir als Menschen selbstkritisch sind:»Inwiefern folge ich nur meinen Gewohnheiten?«,»Inwiefern will ich nichts von technischen Neuerungen wissen, nichts mit der nächsten Umstrukturierung in meinem Unternehmen zu tun haben, nicht einsehen, dass mein Partner andere Wünsche hat als noch vor zehn Jahren?«

Das Problem des modernen Menschen besteht darin, dass er in Bezug auf Nebensächliches viel zu gut weiß, was er alles will beziehungsweise nicht will.»Es darf nur Vollmilchschokolade sein, auf keinen Fall Zartbitter«,»Die Hecke meines Nachbarn darf keinen Zentimeter höher sein als vorgeschrieben«. In all diesem Firlefanz ist er sich total sicher. Aber was ist mit seinen tieferen Wünschen? Ist er in der Lage, eine Lebensvision zu entwerfen? Kann er sich auf etwas versteifen, was mehr Sinn hat als Vollmilchschokolade und die vorschriftsmäßige Höhe einer Hecke?

Die starre Haltung ist es, mit der wir uns das Leben selbst schwermachen. Im Sinne der Resilienz hingegen gilt: Es ist gut, wenn wir unsere Ziele definieren – doch in der Umsetzung ist es wichtig, dass wir ausgesprochen flexibel bleiben. Wir können dann spontan auf sich bietende Gelegenheiten eingehen oder Fallgruben geschickt umgehen. Im Prinzip ist es wie im Schach. Sie können sich nicht darauf versteifen, einen bestimmten Zug auszuführen. Mit jedem Zug, den der Gegner (oder sagen wir besser: Partner) macht, müssen Sie aufs Neue Ihre ganze Intelligenz einsetzen, um das Beste aus der Situation herauszuholen. Natürlich hinkt wie immer auch dieser Vergleich: Ein Schachspiel endet entweder mit einem Unentschieden oder Schachmatt. Im Leben hingegen geht es immer um ein gemeinsames Wachstum aller Beteiligten.

Die Bis-jetzt!-Formel

»Das schaffe ich nie!« Resignierte Aussagen wie diese hört man häufig, sowohl von sich selbst als auch von anderen. Entweder fühlt man sich den eigenen negativen Gedanken ausgeliefert oder erkennt in Gesprächen mit Freunden und Kollegen, dass man unglaubliche Mengen an Zeit mit Zuhören vergeudet, weil der Gesprächspartner sich endlos im Kreis dreht.

Hören Sie mit beidem auf. Es macht keinen Unterschied, ob Sie Ihren eigenen negativen Gedanken Raum geben oder denen der anderen. Werden Sie für eines von beidem immun, schützt Sie das auch vor dem anderen. Die absolut simple Strategie »Bis jetzt!« ist sehr wirksam, um Gefühlen von Hilflosigkeit und Ohnmacht den Nährboden zu entziehen. Jeder noch so eingefleischte negative Glaubenssatz lässt sich durch die simplen Worte »bis jetzt« unterbrechen. Die Aussage »Das habe ich *bis jetzt* nicht geschafft« hat schließlich mehr Wahrheitsgehalt als die Verallgemeinerung »Das schaffe ich nie«.

Es ist also gar nicht notwendig, gegen negative Gedanken anzukämpfen. Es genügt vollkommen, in den Gedanken »bis jetzt!« einzusetzen. Probieren Sie es aus! Gerade im Anschluss an Niederlagen aktivieren sich viele negative Glaubenssätze in uns. Mit der Bis-jetzt!-Formel sind Sie in der Lage, diese Gedanken zu entschärfen. Nur über die Vergangenheit lassen sich verallgemeinernde Aussagen treffen, die Zukunft ist nun einmal ungewiss. Auch wenn viele diese Ungewissheit stören mag – bei der Bis-jetzt!-Formel ist diese Eigenschaft der Zukunft sehr willkommen.

11

Helden reiten den wilden Mustang

»Wer die richtige Einstellung hat, den kann nichts
und niemand aufhalten.
Wer die falsche Einstellung hat, dem kann nichts
und niemand helfen.«

Thomas Jefferson

Die meisten Menschen streben einen problemlosen Zustand an. Ein wahrer Held geht einen gänzlich anderen Weg. Dieser Weg lässt sich am besten anhand einer Metapher beschreiben. Stellen Sie sich vor, das Leben sei ein wilder Mustang und Sie der Reiter, der das kostbare Tier zähmen will. Das Zähmen kann Ihnen viel geben: das Gefühl von Selbstvertrauen und Kraft. Aber natürlich auch die Möglichkeit, sich mithilfe des Mustangs schneller fortzubewegen, mehr zu erleben. Dennoch: Viele Menschen werden den Mustang (also das Leben) niemals bändigen. Denn sie streben einen problemlosen Zustand an. Entweder werden sie sich dem Tier nicht nähern, weil sie Angst haben, dass die Krankenkasse etwaige Unfälle nicht zahlt. Oder sie werden sich einreden, dass es ja bereits genüge, den schönen Mustang aus der Ferne zu bewundern. Letzteres Beispiel der »Problemlösung« symbolisiert das Leben aus zweiter Hand: Abenteuer werden nur noch auf dem Bildschirm erlebt, in Form von Actionfilmen, Videospielen und Kitschgeschichten. Und ein Teil der Menschen, die mutig sind und versuchen, den Mustang zu zähmen, wird nach dem ersten oder vielleicht auch erst nach dem zehnten Abwurf enttäuscht aufgeben.

Was tun Sie als Held? Für Sie ist jeder Rückschlag nichts anderes als eine Einladung, Ihre Strategie zu überdenken, noch differenzierter wahrzunehmen, noch aufmerksamer und noch kraftvoller zu sein. Sie lernen, mit dem Mustang zu verschmelzen. Wenn Sie eins mit dem Mustang werden, können Sie ihn zähmen. Also erforschen Sie den Mustang von innen heraus. Mit jeder Faser Ihres Seins passen Sie sich den Bewegungen des Mustangs an – und genau dadurch behalten Sie am Ende die Oberhand und gewinnen ihn für sich. Je wilder Sie selbst sind, desto weniger wild wird Ihnen der Mustang vorkommen. Balance hat für Sie die höchste Priorität: Gehen Sie zu verkrampft an die Aufgabe heran, werden Sie verlieren. Nehmen Sie es zu locker, werden Sie ebenfalls versagen. Also gehen Sie sehr bewusst zu Werke. Sie beobachten den Mustang sehr genau, Sie studieren ihn und bekommen ein Gefühl für ihn. Sie sammeln Informationen, Erfahrungen und daraus entwickeln Sie eine lebendige Theorie darüber, wie sich ein Mustang am besten zureiten lässt. Zudem ist Ihnen bewusst, dass Ihre Wahrnehmung nicht »die Wahrheit« darstellt, sondern ein Produkt Ihrer Gedanken ist: Ihre Wahrnehmung resultiert aus Ihrer Haltung, Ihren Überzeugungen, Ihren Ziele, Ihren Perspektiven, Ihren Theorien, Ihrem Gedächtnis et cetera. Daher wissen Sie als Held, dass Sie Ihre Wahrnehmung jederzeit ändern und ausdifferenzieren können, um sie den Erfordernissen des Lebens anzupassen. Ihre Wahrnehmung ist nur ein Werkzeug, nicht mehr und nicht weniger.

Vergleiche hinken bekanntlich immer, so auch dieser. Was in dem Bild vom Mustang fehlt, ist die Tatsache, dass sich das Leben ständig verändert. Es reicht, einen Mustang einmal zu zähmen – er bleibt daraufhin zahm. Doch das Leben muss jeden Tag aufs Neue gezähmt werden (aufgrund der technischen Entwicklung oder den ökologischen Veränderungen) – und das ist genau das, was die meisten Menschen nicht einsehen wollen. Sie bilden eine starre Persönlichkeit mit starren Überzeugungen, Zielen und Meinungen aus und werden im Laufe des Lebens immer verzweifelter, weil diese Persönlichkeit dem Leben zusehends weniger gerecht wird.

Es besteht ein Unterschied zwischen Gedanken, die auf konkreten Erfahrungen beruhen, und jenen Gedanken, die auf Illusionen basieren: Sie mögen alle möglichen Annahmen haben, was möglich und was unmöglich ist. Aber erst die konkrete Erfahrung wird Ihnen das nötige Feedback liefern. Ihre Wahrnehmung hat also den Sinn, Sie überlebensfähig, erfolgreich, handlungsfähig und glücklich zu machen. Die meisten Menschen nutzen ihre Wahrnehmung nicht richtig: Sie erlauben sich, eingebildet zu sein, spielen falsche Gefühle vor, bemühen zahllose Verdrängungsmechanismen. Sie tun alles, um sich mit der Realität nicht konfrontieren zu müssen. Eigentlich müssten sich diese Menschen ehrlich eingestehen: »Ich bin derzeit weder fähig noch willens, meinen persönlichen Mustang zu zähmen und zu reiten. Ich lebe mein Leben nicht, sondern bevorzuge es, mehr oder weniger lebendig begraben zu sein und mir diesen Umstand auch noch schönzureden.«

Exercise for Excellence 64:
Das Leben zähmen – Tag für Tag

 Erstellen Sie eine Liste mit fünf Problemen, die Sie derzeit belasten. Wie gut lösbar ist das jeweilige Problem, wenn Sie bereit sind

- sich Ihre fehlenden Kompetenzen oder Ressourcen einzugestehen, um dann die richtigen Menschen und Mittel in die Lösung einbeziehen zu können (Delegation, Kooperation, Beratung, diverse Dienstleistungen, Technologie)?
- die notwendige Zeit zu investieren, Geduld aufzubringen und konsequent am Ball zu bleiben?
- den nötigen Einsatz zu bringen?
- die finanziellen Mittel bereitzustellen beziehungsweise aufzutreiben?
- kraftvolle Entscheidungen zu treffen und mit allen Konsequenzen zu leben?

Notieren Sie, welche Erkenntnisse Sie aus dieser Übung ziehen.

Wenn Sie an diesem Punkt des Act-Big!-Programms wirklich noch Zweifel daran hegen, dass auch Sie zum Helden Ihres ganz persönlichen Lebensfilms geboren sind, dann ermutige ich Sie dazu, noch einmal ganz bewusst Ihre Aufmerksamkeit auf Dinge zu richten, die Ihnen bislang entgangen sind:

- Wo erfahren Sie von anderen Menschen, die spätberufen sind oder erst im höheren Alter aufgrund einer massiven Krise den Helden in sich gefunden haben?
- Welche Menschen haben Dinge erreicht, die sie selbst vor ein paar Jahren nicht für möglich gehalten hätten?
- Wessen Aussagen, er sei glücklich, haben Sie bislang misstraut? Was wäre, wenn er tatsächlich glücklich ist? Was können Sie von dieser Person lernen, wenn Sie sich eingestehen, dass es etwas zu lernen gibt? Als Held wissen Sie, dass Sie von jedem Menschen etwas lernen können, weil niemand klug genug ist, alles falsch zu machen. Halten Sie Ausschau nach denen, die Glück und Erfolg miteinander zu vereinen wissen und setzen Sie sie zusätzlich in Ihr Act-Big!-Publikum.

Es lohnt sich, wenn Sie Ihren Fokus darauf richten, was alles in den Bereich des Möglichen rückt, wenn Menschen große Ziele verfolgen oder gar eine Lebensvision vor Augen haben. Arnold Schwarzenegger hat es geschafft, gleich drei vollkommen verschiedene Karrieren zu machen. Einem Titel als Mister Universum folgte die Karriere als Schauspieler und schließlich die als Politiker. Mag sein, dass Schwarzenegger in Ihren Augen weder ein begnadeter Schauspieler noch Politiker ist – aber er hat unglaublich viel auf seiner Heldenreise erlebt!

Feuerproben bestehen

Kennen Sie das? Kaum haben Sie beschlossen, die Kosten zu reduzieren und Rücklagen zu bilden, fallen unerwartete Reparaturen an oder Steuernachzahlungen werden fällig. Kaum wollen Sie Ihre Ernährung umstellen, folgt eine Party auf die nächste.

Sobald Sie wichtige Entscheidungen in Ihrem Leben treffen, die Sie bislang aus Angst hinausgezögert haben, begeben Sie sich damit auf eine neue Ebene. Daher ist es ziemlich wahrscheinlich, dass Sie in dem Moment, da Sie beschließen, der Held Ihres Lebensfilms zu sein und das Act-Big!-Programm in die Tat umzusetzen, eine oder sogar mehrere Feuerproben bestehen müssen. Wie wird zum Beispiel Ihr Umfeld reagieren? Häufig wird es Sie testen und versuchen, auf der bisherigen Ebene zu halten. Also, wie ernst meinen Sie es? Bleiben Sie sich und Ihrer Entscheidung treu? Welche Priorität hat Ihre Lebensvision für Sie? Wenn Sie wissen, dass es sich um einen Test handelt, können Sie viel positiver damit umgehen. Sie aktivieren von vornherein die nötige Extraportion Kraft. Stellen Sie sich vor, Sie seien ein Düsenjet, der drauf und dran ist, die Schallmauer zu durchbrechen. Das wird nicht ohne einen gehörigen Knall vonstattengehen. Genießen Sie das Abenteuer. War es nicht ursprünglich genau das, was Sie am Act-Big!-Programm interessiert hat?

Helden nutzen ihren Hinterkopf

Auf Ihrer Heldenreise werden Sie viele Hindernisse überwinden müssen. Es wird Befürworter Ihrer Lebensvision und strikte Gegner geben. Aber selbst wenn sich Ihnen nichts und niemand in den Weg stellt, kann es sein, dass Sie Ihrer Zeit voraus sind. Oder

Sie haben einfach viel zu viele großartige Ideen im Kopf, zu viele für ein kurzes Menschenleben. Es kann sein, dass sie einige Ziele, die Ihnen am Herzen liegen, derzeit nicht aktiv verfolgen können oder wollen.

Doch Helden geben niemals auf, sondern stellen Projekte hintan, um sie wieder aufzunehmen, wenn die Rahmenbedingungen passen, sich beispielsweise die öffentliche Meinung, die Regierungspolitik oder der Stand der Technik in günstiger Weise entwickelt hat. Mit Resignation hat das nichts zu tun, sondern mit Umsichtigkeit. Was ein Held derzeit nicht umsetzen kann, das behält er eben im Hinterkopf.

Exercise for Excellence 65: Projekte im Hinterkopf

- Für die Umsetzung welcher Teile Ihrer Lebensvision stehen die Vorzeichen derzeit besonders gut?
- Welche Teile Ihrer Lebensvision werden sich wahrscheinlich zu einem späteren Zeitpunkt besser umsetzen lassen?

Auf ins Abenteuer!

Vielfach warten Menschen auf ihre Kraft, bevor sie die entscheidende Veränderung in ihrem Leben vornehmen. Dabei verstricken sie sich in endlose Diskussionen über das Für und Wider einer Entscheidung, lesen unzählige Bücher, besuchen Seminar um Seminar – und kommen am Ende nirgendwohin. Und das muss so sein, denn die eigentliche Kraft kommt meiner Erfahrung nach erst, nachdem Sie das nächste Kapitel in Ihrem Leben mutig aufgeschlagen haben. Sie wachsen erst mit Ihren Taten über sich hinaus.

- Machen Sie sich selbstständig – und anschließend werden Sie das befreiende Gefühl erfahren.
- Kündigen Sie alte, verkrustete Freundschaften auf – und nach kurzer Zeit werden Sie Selbstrespekt ernten.
- Spenden Sie einen Teil Ihres Einkommens für einen guten Zweck – danach werden Sie in den Genuss eines neuen Selbst-

vertrauens kommen, Ihr Leben im Griff zu haben und finanziell größer denken zu können.

In jedem Fall: Wagen Sie den ersten Schritt, auch wenn Ihnen dabei die Knie schlottern. Selbstvertrauen, Liebe, Respekt – all das sind Dinge, die Sie sich aktiv holen müssen. Niemand wird Sie Ihnen einfach so schenken. Vor einigen Jahren arbeitete ich als Coach mit Armin Assinger zusammen. Armin ist ehemaliger Skirennfahrer und wurde später Moderator der *Millionenshow* in Österreich (das Pendant zu *Wer wird Millionär?* in Deutschland). Die Erkenntnis, die ihm zum Durchbruch in seiner Karriere verholfen hat, lautet: Angst akzeptieren heißt Angst abschalten! Also: Warten Sie nicht darauf, dass die Angst verfliegt. Kümmern Sie sich nicht um die Angst. Tun Sie, was Sie wirklich wollen – auch mit Angst. Leben Sie Ihre Träume!

Abspann

»Mut steht am Anfang des Handelns,
Glück am Ende.«

Demokrit

Wie Martin Luther King seinerzeit habe auch ich einen Traum.
Ich stelle mir vor, dass sich eines gar nicht so fernen Tages wild-
fremde Menschen auf der Straße um den Hals fallen werden. So
als wären sie beste Freunde, die sich viele Jahre lang nicht mehr
gesehen haben. Inspirierend finde ich Friedrich Schillers Gedicht
An die Freude, das Ludwig van Beethoven in seiner 9. Sinfonie
vertont hat. Die Melodie kennen Sie alle: Sie wurde vom Europa-
rat 1972 zur Europahymne erklärt – als Symbol für die europäischen Werte Freiheit, Frieden und Solidarität.

> *Freude schöner Götterfunken,*
> *Tochter aus Elysium,*
> *Wir betreten feuertrunken,*
> *Himmlische, dein Heiligthum,*
> *Deine Zauber binden wieder,*
> *was die Mode streng getheilt,*
> *Alle Menschen werden Brüder,*
> *Wo Dein sanfter Flügel weilt.*

Die »Mode« hat die Menschen einander entfremdet, obwohl
wir uns alle im Kern so ähnlich sind. Jeder Mensch will letztlich Freude, Liebe, Freiheit, persönliche Entfaltung … das ganze
Paket eben. Wenn wir wieder lernen, das zu tun, was uns wirklich Freude bereitet, und wenn jeder den anderen unterstützt, werden sich alle Menschen als Brüder wiederbegegnen. Kein leichtes
Unterfangen, aber dennoch halte ich es für unausweichlich. Um
diese Utopie wahr werden zu lassen, muss jeder den Helden in sich

entdecken und kultivieren. Jeder zu seiner Zeit. Jeder in seinem Tempo.

Jeder ist auf seiner persönlichen Heldenreise, und es gibt bereits einen »prächtigen Plan«, auch wenn wir ihn noch nicht in vollem Umfang verstehen. Ob die Überwindung der nationalen Grenzen der Europäischen Union aus Freude entstanden ist? Eher nicht. Es standen mehr wirtschaftliche Überlegungen im Vordergrund. Aber wenn es wirtschaftliche Interessen sind, die einen ehemaligen Erzfeind Deutschlands wie Frankreich zum Geschäftspartner und guten Nachbarn werden lassen, soll es mir recht sein. Ich glaube, dass wir manchmal das Richtige aus zweifelhaften Motiven tun, aber letztlich zählt, dass wir es tun. Und aus meiner Erfahrung leitet mich die Intuition oftmals selbst dann, wenn ich mir dessen nicht bewusst bin. So geht es auch anderen Menschen.

Ob ich den Tag, an dem alle Menschen Brüder werden, noch erleben werde, weiß ich nicht. Denn bevor wir alle gemeinsam die Freude der schönen Götterfunken ernten können, braucht jeder von uns eine Menge Mut. Sie sind am Ende des Act-Big!-Programms angekommen und haben viele Exercises for Excellence absolviert. Nun liegt Ihr Lebensglück in Ihrer Hand. Obwohl ich Sie nicht persönlich kenne, kann ich mir vorstellen, dass Sie sich alle Lebensträume erfüllen können. Tun Sie es auch!

Unter www.act-big.de finden Sie weitere Exercises for Excellence sowie Videos mit wertvollen Tipps. Auf dieser Website können Sie sich durch die Lebensvision anderer Leser und Seminarteilnehmer inspirieren lassen, sich deren Collagen des Act-Big!-Publikums ansehen und viele andere mehr.

Wenn Sie mit mir persönlich in Kontakt treten wollen, weil Sie Fragen und Wünsche haben, freue ich mich über Ihre Zuschriften unter office@stollreiter-academy.com. Ihre Anregungen, Erfahrungsberichte und Erfolgserlebnisse sind ebenfalls willkommen.

Für all jene, die den Eindruck haben, dass sie über das Act-Big!-Programm hinaus persönliches Feedback brauchen, um sich selbst klarer zu sehen, habe ich die Connecting-Coaching-Methode entwickelt. Das Connecting umfasst zahlreiche Beratungswerkzeuge, die den Kontakt von Mensch zu Mensch erfordern. Sollten Sie sich dafür interessieren, können Sie gerne meine Webseite www.stollreiter-academy.com besuchen.

Literatur

Adler, A. (2008). *Der Sinn des Lebens*. Berlin: Elektrischer Verlag.

Assinger, A. & Klug, G. (2002). *Auch Sieger haben Angst. Was Sie von Spitzensportlern lernen können*. Graz: WV Buch-Kunst-Musikverlag.

Bandura, A. (1994). *Lernen am Modell. Ansätze zu einer sozial-kognitiven Lerntheorie*. Stuttgart: Klett-Cotta.

Baumeister, R. & Tierney, J. (2012). *Die Macht der Disziplin: Wie wir unseren Willen trainieren können*. Frankfurt am Main: Campus.

Brecht, B. (2001). *Die Dreigroschenoper*. Berlin: Suhrkamp.

Brownson, T. & Strelecky, J. (2012). *Reich und glücklich! Wie Sie alles bekommen, was Sie sich wünschen*. München: dtv.

Coelho, P. (2006). *Handbuch des Kriegers des Lichts*. Zürich: Diogenes.

Coelho, P. (2008). *Der Alchimist*. Zürich: Diogenes.

Covey, S. R. (2005). *Die 7 Wege zur Effektivität: Prinzipien für persönlichen und beruflichen Erfolg*. Offenbach: Gabal.

Covey, S. R. (2010). *Die 7 Wege zur Effektivität. Workbook: So integrieren Sie die 7 Wege in Ihr Leben*. Offenbach: Gabal.

Covey, S. R. & Colosimo, J. (2011). *Vom Beruf zur Berufung: Wie Sie einen tollen Job und persönliche Erfüllung finden*. Offenbach: Gabal.

Covey, S. R. & England, B. (2012). *Die 3. Alternative: So lösen wir die schwierigsten Probleme des Lebens*. Offenbach: Gabal.

Csíkszentmihályi, M. (2001). *Lebe gut! Wie Sie das Beste aus Ihrem Leben machen*. München: dtv.

Csíkszentmihályi, M. (2004). *Flow im Beruf. Das Geheimnis des Glücks am Arbeitsplatz*. Stuttgart: Klett-Cotta.

Csíkszentmihályi, M. (2005). *Dem Sinn des Lebens eine Zukunft geben: Eine Psychologie für das 3. Jahrtausend*. Stuttgart: Klett-Cotta.

Demartini, J. (2009). *Wie Visionen wahr werden: Die revolutionäre De-martini-Methode.* München: Kösel.

Estés, C. P. (1997). *Die Wolfsfrau – Die Kraft der weiblichen Urinstinkte.* München: Heyne.

Faltin, G. (2012). *Kopf schlägt Kapital: Die ganz andere Art, ein Unternehmen zu gründen und von der Lust, ein Entrepreneur zu sein.* München: dtv.

Festinger, L. (2012). *Theorie der Kognitiven Dissonanz.* Mannheim: Huber.

Frankl, V. (2009). *... trotzdem Ja zum Leben sagen: Ein Psychologe erlebt das Konzentrationslager.* München: Kösel.

Fromm, E. (2005a). *Die Kunst des Liebens.* Berlin: Ullstein.

Fromm, E. (2005b). *Haben oder Sein. Die seelischen Grundlagen einer neuen Gesellschaft.* München: dtv.

Gigerenzer, G. (2007). *Gut feelings.* New York: Viking.

Gladwell, M. (2007). *Blink!: Die Macht des Moments.* München: Piper.

Goodall, J. (2010). *Mein Leben für Tiere und Natur: 50 Jahre in Gombe.* München: Bassermann.

Gruen, A. (1992). *Der Verrat am Selbst: Die Angst vor Autonomie bei Mann und Frau.* München: dtv.

Hawkins, D. (2002). *Power versus force. The hidden determinants of human behavior.* Carlsbad: Hay House.

Hendricks, G. & Hendricks, K. (2004). *Liebe macht stark.* München: Mosaik.

Hendricks, G. & Hendricks, K. (2010). *Lebe Dein Leben, bevor andere es für Dich tun: Mehr wagen und über sich selbst hinauswachsen.* München: Mosaik.

Hill, J. B. (2002). *Die Botschaft der Baumfrau.* München: Goldmann.

Hill, N. (2005). *Denke nach und werde reich. Die Erfolgsgesetze.* Kreuzlingen: Heinrich Hugendubel.

Hill, N. (2008). *Die Gesetze von Reichtum und Erfolg.* Kreuzlingen: Heinrich Hugendubel.

Hörmann, K. Z. (2010). *Fühlen ist klüger als denken!: Mit Intuition die richtigen Entscheidungen treffen.* Bielefeld: Kamphausen.

Isaacson, W. (2011). *Steve Jobs: Die autorisierte Biografie des Apple-Gründers.* Gütersloh: Bertelsmann.

Izzo, J. (2010). *Die fünf Geheimnisse, die Sie entdecken sollten, bevor Sie sterben.* München: Goldmann.

Kahn, O. (2010). *Ich. Erfolg kommt von innen.* München: Goldmann.

Logue, A. W. (1996). *Der Lohn des Wartens: Über die Psychologie der Geduld.* Heidelberg: Spektrum.

McLeod, H. (2009). *Ignore everybody and 39 other keys to creativity.* New York: Portfolio.

McLeod, H. (2012). *Keine Skrupel. Schmieden Sie böse Pläne und haben Sie Spaß auf dem Weg zur Nummer 1.* Kulmbach: books4success.

Miller, A. (2012). *Das Drama des begabten Kindes und die Suche nach dem wahren Selbst.* Frankfurt: Suhrkamp.

Millman, D. (2013). *Der Pfad des friedvollen Kriegers: Das Buch, das Leben verändert.* München: Heyne.

Molinari, P. (2010). *Lebe, statt zu funktionieren: So nutzen Sie die Kraft der Intuition.* München: Gräfe & Unzer.

Pavlina, S. (2010). *Das universelle Prinzip der Selbstentfaltung. Persönlichkeitsentwicklung für intelligente Menschen.* Goldmann: München.

Postman, N. (2008). *Wir amüsieren uns zu Tode: Urteilsbildung im Zeitalter der Unterhaltungsindustrie.* Frankfurt am Main: Fischer.

Robbins, A. (1997). *Awaken the giant within. Take immediate control of your mental, emotional, physical and financial destiny.* London: Simon & Schuster.

Robbins, A. (2004). *Grenzenlose Energie – Das Powerprinzip: Wie Sie Ihre persönlichen Schwächen in positive Energie verwandeln.* Berlin: Allegria.

Roddick, A. (2001). *Die Body Shop Story.* Berlin: Econ.

Rodham Clinton, H. (2007). *Gelebte Geschichte.* Berlin: Ullstein.

Scherer, H. (2012). *Schatzsucher. Warum manche das Leben ihrer Träume suchen – und andere es längst leben.* Frankfurt: Campus.

Schiller, F. (1808). *Gedichte – Zweiter Theil.* Leipzig: Siegfried Lebrecht Crusius.

Schultz, H. (1999). *Pour your heart into it: How Starbucks built a company one cup at a time.* New York: Hyperion.

Schultz, H. & Jones Yang, D. (2003). *Die Erfolgsstory Starbucks. Eine trendige Kaffeebar erobert die Welt.* Seedorf: Signum.

Schweitzer, A. (2009). *Die Ehrfurcht vor dem Leben: Grundtexte aus fünf Jahrzenten*. München: Beck.

Sheldrake, R. (2012a). *Der siebte Sinn des Menschen. Gedankenübertragung, Vorahnungen und andere unerklärliche Fähigkeiten*. Frankfurt am Main: S. Fischer.

Sheldrake, R. (2012b). *Der Wissenschaftswahn: Warum der Materialismus ausgedient hat*. O. W. Barth.

Siegrist, U. (2011). *30 Minuten Resilienz*. Offenbach: Gabal.

Spitzer, M. (2012). *Digitale Demenz: Wie wir uns und unsere Kinder um den Verstand bringen*. München: Droemer.

Sprenger, R. K. (2007). *Das Prinzip Selbstverantwortung. Wege zur Motivation*. Frankfurt: Campus.

Sprenger, R. K. (2010a). *Die Entscheidung liegt bei dir. Wege aus der alltäglichen Unzufriedenheit*. Frankfurt: Campus.

Sprenger, R. K. (2010b). *Mythos Motivation. Wege aus einer Sackgasse*. Frankfurt: Campus.

Sprenger, R. K. (2012). *Radikal führen*. Frankfurt: Campus.

Sprenger, R. K. (2013). *An der Freiheit des anderen kommt keiner vorbei: Das Beste von Reinhard K. Sprenger*. Frankfurt: Campus.

Stollreiter, M. (2014). *Schluss mit dem Aufschieben. Endlich anfangen zu leben*. München: mvg.

Stollreiter, M., Ebner, M. & Völgyfy, J. (2007). *Gut aufgelegt! Kommunikationspsychologie am Telefon*. Wien: facultas.

Stollreiter, M. & Völgyfy, J. (2000). *Stress-Management. Das WAAGE-Programm: Mehr Erfolg mit weniger Stress*. Weinheim: Beltz.

Stollreiter, M. & Völgyfy, J. (2001). *Selbstdisziplin: Handeln statt aufschieben*. Offenbach: Gabal.

Stone, H. & Stone S. (1993). *Embracing Your Inner Critic: Turning Self-Criticism into a Creative Asset*. San Francisco: Harper San Francisco.

Strelecky, J. (2007). *Das Café am Rande der Welt: Eine Erzählung über den Sinn des Lebens*. München: dtv.

Strelecky, J. (2009). *The Big Five for Life: Was wirklich zählt im Leben*. München: dtv.

Strelecky, J. (2010). *Safari des Lebens*. München: dtv.

Stutz, P. & Michels, B. (2012). *The Tools. Wie Sie wirklich Selbstvertrauen, Lebensfreude, Gelassenheit und innere Stärke gewinnen*. München: Arkana.

Tolkien, J. R. R. (2013). *Herr der Ringe – Die Gefährten*. Stuttgart: Klett-Cotta.

Traufetter, G. (2007). *Intuition. Die Weisheit der Gefühle*. Reinbek bei Hamburg: Rowohlt.

Watzlawick, P. (2005a). *Wie wirklich ist die Wirklichkeit?: Wahn, Täuschung, Verstehen*. München: Piper.

Watzlawick, P. (2005b). *Vom Schlechten des Guten oder Hekates Lösung*. München: Piper.

Wellensiek, S. K. (2011). *Handbuch Resilienz-Training: Widerstandskraft und Flexibilität für Unternehmen und Mitarbeiter*. Weinheim: Beltz.